대방광불화엄경 5

대방광불화엄경 5 - 용어설해&품별 요약

발행일	2026년 3월 27일

지은이	일지 이건표
펴낸이	손형국
펴낸곳	(주)북랩

출판등록	2004. 12. 1(제2012-000051호)
주소	서울특별시 금천구 가산디지털 1로 168, 우림라이온스밸리 B동 B111호, B113~115호
홈페이지	www.book.co.kr
전화번호	(02)2026-5777 팩스 (02)3159-9637

ISBN	979-11-7598-199-7 04220 (종이책) 979-11-7598-200-0 05220 (전자책)
	979-11-7224-525-2 04220 (세트)

잘못된 책은 구입한 곳에서 교환해드립니다.

본 도서는 (주)북랩이 보유한 리코 인쇄 장비 등 자체 생산 인프라를 통해 제작되었습니다.

작가 연락처 문의 ▸ ask.book.co.kr

전용 게시판에 문의를 남기시면 저자에게 직접 전달됩니다.

(주)북랩 성공출판의 파트너

북랩 홈페이지와 SNS에서 다양한 출판 솔루션을 만나 보세요!

홈페이지 book.co.kr • **블로그** blog.naver.com/essaybook • **출판문의** text@book.co.kr

카톡채널 북랩

수행자의 눈으로 풀이한 화엄경의 핵심 사상과 불교 용어

대방광불화엄경 ⑤ 용어설해&품별 요약

일지 이건표 번역
一智 李健杓

모든 법이 공함을 깨닫고
집착을 벗어나 진정한 지혜에 이르라!

난해한 불교 용어로 가려진
화엄경의 핵심 사상을 밝히기 위해
수행자의 눈으로 다시 풀이한
대방광불화엄경 용어 해설 및 품별 요약

북랩

들어가는 길

반야지般若智 공空을 근본根本으로 한 십신十信의 신심信心을 초발심주初發心住로 삼아 수행修行에 마땅한 적정寂靜의 마음자리에 들어가 머물면서 불생중불멸중不生中不滅中 불구중부정중不垢中不淨中 부증중불감중不增中不減中한 중중묘원中中妙圓의 선근善根 수행修行 공덕功德으로 보살행菩薩行과 보살도菩薩道의 마음자리를 보고見 듣고聞 깨우치고覺 알아서知 아뇩다라삼먁삼보리심阿耨多羅三藐三菩提心을 일으키길 기원합니다.

모쪼록 좋은 스승, 눈 밝은 납자衲子와의 인연因緣으로 바른 법법을 듣고 얻어서 소원所願하는 바를 빠짐없이 모두 이루어 막힘이나 걸림 없는 자신自信의 마음자리에 안주安住하기를 빕니다.

계방산桂芳山 시발산방始發山房에서

一智 이건표 合掌拜禮합니다.

佛紀 2570년 2월 23일

고생하셨습니다.
계방산 시발산방始發山房에서
홍묘선
波羅蜜 한주아 合掌拜禮합니다.

佛紀 2570년 2월 23일

수고하셨습니다.
김홍규. 김남영. 장종원. 박철근. 최길인. 김학기. 한광현.
김은희. 김순묵. 김은주. 김리현. 송기정. 박은조. 김미희.
조규대. 조성현. 조제현.
이광수. 이다정.

佛紀 2570년 2월 25일

고생하셨습니다.
일야 이귀민

佛紀 2570년 2월 27일

애쓰셨습니다.
양평 居 도반 윤성 스님
조연수

佛紀 2570년 2월 29일

2부
품별 요약品別 要約

첫째 모임.
보리도량菩提道場**에서 설說하신 부처님의 법문**法門

둘째 모임.
보광명전普光明殿**에서 설說하신 부처님의 법문**法門

셋째 모임.
도리천궁忉利天宮**에서 설說하신 부처님의 법문**法門

넷째 모임.

야마천궁夜摩天宮**에서 설**說**하신 부처님의 법문**法門

다섯째 모임.

도솔천궁兜率天宮**에서 설**說**하신 부처님의 법문**法門

여덟째 모임.
보광명전普光明殿에서 설說하신 부처님의 3번째 법문法門

아홉째 모임.
급고독원給孤獨園에서 설說하신 부처님의 법문法門

1부
용어설해

用語說解

각覺: 진여眞如를 볼 수 있는 마음자리에 이른 것을 뜻한다. 곧 공여래장空如來藏(等覺. 無上道. 無垢地. 眞空妙有)과 불공여래장不空如來藏(金剛慧心. 善知識)을 가리킨다. 일체 모든 법法과 불보살佛菩薩에 따른 언어나 문자, 모양이나 상태의 식견識見으로서는 얻을 수 있는 것이 아니다.

1) 식견識見으로서의 반야般若 공空(我空. 我執)과 이웃한 허공虛空이 둘이 아님과 이 둘(我空. 虛空)이 아님도 또한 색色(法空. 法執)으로서 간혜지乾慧地일 뿐임을 분명하게 알아차리고 의지하거나 처하거나 머물거나 집착할 바가 아님을 분명하게 깨달아 얻은 반야바라밀般若波羅蜜의 지혜, 곧 반야지般若智 공空으로서 불생불멸不生不滅 불구부정不垢不淨 부증불감不增不減이라 이른 모든 법法이 공空한 모양이나 상태의 지혜(般若智 空)를 분명하게 깨달아 얻고 마쳐야 한다.

2) 반야지般若智 공空에 대한 믿음을 근본根本(十信)으로 수행修行에 마땅한 적정寂靜의 마음자리(十住)에 들어가 머물며, 중중묘원中中妙圓의 불생중불멸중不生中不滅中 불구중부정중不垢中不淨中 부증중불감중不增中不減中한 선근善根 수행修行으로 공덕功德을 거듭 쌓고 쌓아서 반야지般若智 공空의 중중묘원中中妙圓함을 더욱 성숙成熟하

게 이루어야 한다.

3) 반야지般若智 공空의 중중묘원中中妙圓한 선근善根 수행修行의 공덕功德을 거듭 쌓고 쌓아서 더욱 성숙成熟해지고 청정淸淨해진 적정寂靜의 마음자리(十行. 普賢行)에서 하화중생下化衆生하는 일에 막힘이나 걸림 없이 자재하고 상구보리上求菩提하는 일에 막힘이나 걸림 없이 자재하며, 또한 선정禪定 삼매三昧에 자유자재한 무색정無色定의 마음자리(十迴向)를 깨달아 얻어야 할 뿐만 아니라 견고하게 만들어야 한다.

반야지般若智 공空의 중중묘원中中妙圓함이 더욱 성숙成熟해지며, 견고堅固해지고 자유자재自由自在함을 얻는 무색정無色定의 마음자리에서 반야般若 식견識見(我空. 我執)과 이웃한 허공虛空이 둘이 아님과 이 둘(我空. 虛空)이 아님도 또한 색색色(法空. 法執)으로서 간혜지乾慧地일 뿐임과 반야지般若智 공空과 적정寂靜의 마음자리를 자세히 살펴서 들여다보는 일(止行)에 막힘이나 걸림이 없고 위로는 두타행頭陀行(如來行)으로서 생생生함이 없는 법法(般若智 空으로서 中中妙圓), 곧 무생법인無生法忍의 마음자리(十地)를 자세히 살펴서 들여다보는 일(觀行)에 막힘이나 걸림 없는 자재自在함을 깨달아 얻어야 한다.

4) 두타행頭陀行의 무생법인無生法忍(十地)을 분명하게 깨달아 얻고 반야般若 식견識見(我空. 我執)과 이웃한 허공虛空이 둘이 아님과 이 둘(我空. 虛空) 아님도 또한 색색色(法空. 法執)일 뿐인 간혜지乾慧地와 반야지般若智 공空과 적정寂靜의 마음자리와 무색정無色定의 마음자리와 두타행頭陀行(如來行)으로서 무생법인無生法忍의 마음자리(十地)를 청정淸淨하게 또 세밀細密하고 능숙能熟하면서 견고堅固하게 아우르

는 공여래장空如來藏의 마음자리(等覺. 無上道. 離垢地. 眞空妙有)를 증득證得해야 한다.

일체 모든 법法과 불보살佛菩薩에 따른 언어나 문자, 모양이나 상태란 공空한 것(의지하거나 처하거나 머물거나 집착할 바가 아님을)임을 자세히 들여다보는 마음자리를 각覺이라 한다. 즉 궁극적窮極的이면서 지극至極한 반야바라밀다般若波羅蜜多가 가리키는 바를 바르게 깨달아 얻었음을 이른다.

실질적實質的인 본바탕, 실상實相의 본바탕을 나타내는 불공여래장不空如來藏(金剛慧心. 善知識)을 확실確實하고 명료明了하게 깨달아 얻고 또 얻기 위해서는 공여래장空如來藏(等覺. 無上道. 無垢地. 眞空妙有)에 대한 깨우침이 선재先在 조건條件이며, 진여眞如의 실질적實質的인 하나의 이치란 곧 불공여래장不空如來藏(金剛慧心. 善知識)과 실상實相의 본바탕이 둘이 없는 모양이나 상태로서 원융무이상圓融無二相(妙覺. 不二門)이라 이른 "이것"이 공여래장空如來藏(廓然無聖: 넓고 텅 비어서 성스러운 깨우침이라 이를 만한 것도 없음. 第一義. 不生中不滅中 不垢中 不淨中 不增中不減中)의 참된 의미이며, 부처님의 삼신三身, 곧 법신法身, 보신報身, 응신應身 가운데 공여래장空如來藏으로 드러내어 나타낸 불공여래장不空如來藏을 법신法身이라 이른다.

각분覺分: 모든 법法이 공空한 모양이나 상태가 불생불멸不生不滅 불구부정不垢不淨 부증불감不增不減하다는 식견識見(我空. 我執)과 이웃한 허공虛空이 둘이 아님과 이 둘(我空. 虛空)이 아님도 또한 색色(法空. 法執)으로서 간혜지乾慧地일 뿐임을 분명하게 알아서 의지하거나 처하거나 머물거나 집착할 할 바가 없음을 깨달아 얻음이 반야바라밀다般若波羅蜜多의 지혜로서 바른 반야지般若智 공空이며, 이 반야지般若智 공空의 마음자리에 대한 믿음(十信)이 선근善根 수행修行의 근본根本이 된다.

반야지般若智 공空을 근본으로 한 십신十信의 신심信心을 초발심주初發心住로 수행修行에 마땅한 적정寂靜의 마음자리는 불생중불멸중不生中不滅中 불구중부정중不垢中不淨中 부증중불감중不增中不減中의 중중묘원中中妙圓한 선근善根 공덕功德으로서 영원永遠함과 무한無限함과 한량限量없음을 벗어나 불가량不可量, 불가수不可數, 불가칭不可稱, 불가사不可思, 불가설不可說함을 거듭 쌓고 쌓아가는 선근善根 수행修行(止行. 刹那中劫中)의 마음자리(十住. 十行)를 이른다.

중중묘원中中妙圓한 선근善根 수행(十行)으로 공덕功德을 거듭 쌓고 쌓아서 하화중생下化衆生에 막힘이나 걸림 없음과 상구보리上求菩提에 막힘이나 걸림 없는 자재自在함과 또한 선정禪定 삼매三昧에 막힘이나 걸림 없는 자유자재自由自在한 무색정無色定의 마음자리(十迴向)를 얻는다. 이 무색정無色定의 자유자재한 선정禪定 삼매三昧로 마주 대하는 경계를 자세히 살펴서 들여다보고 분별分別해서 알아보며(觀行), 두타행頭陀行(如來行)으로서 무생법인無生法忍의 마음자리(十地)를 얻고 이 모두를 청정淸淨하게 아우르는 공여래장空如來藏(等覺. 無上道. 無垢地. 眞空妙有)을 분명하게 깨달아 얻고 마치며, 이 공여래장空如來藏(等覺. 無上道)으로 드러낸 불공여래장不空如來藏(金剛慧. 善知識)과 실상實相의 본바탕이 원융무이상圓融無二相(妙覺. 不二門)임을 밝고 명료明了하게 알아봄을 얻는다. 이를 통해 "나我와 내 것我所"이라 가리킬 수도 이를 수도 없고 생각과 생각 아닌 것으로도 가리킬 수도 이를 수도 없음을 본다.

덧붙여 설명하자면 이렇다. 공여래장空如來藏으로 드러낸 불공여래장不空如來藏이란 일체 모든 법法과 불보살佛菩薩에 따른 언어나 문자, 모양이나 상태에 의지하거나 처하거나 머물거나 집착하지 않는 "이것"을 이르는 것이니, 이는 원융무이상圓融無二相(妙覺. 不二門)임을 깨우쳐 명료明了하게 알아보는 일로서(깨우침을 깨달아 얻음, 智慧의 智慧) 본래면목本來面目인 부처님과 여래如來를 보는 문門이라 이르며, 이와 같음을 이해理解하는 일로서 식별識別하는 것을 각분覺分이라 이른다.

각심覺心: 깨우침의 거친 밭을 사유思惟하는 일에 있어 자세히 살펴서 들여다보는 일과 또 섬세하고 능숙하게 자세히 살펴서 들여다보는 마음, 이 두 마음을 가리킨다. 깨우침의 거친 밭을 사유思惟하는 일에 있어 자세히 살펴서 들여다보는 마음이란, 오직 반야바라밀다般若波羅蜜多 하나만을 사유思惟한다는 일로 인과因果를 가리킨다. 인과因果란 곧 오온五蘊(我, 我所)을 바탕으로 한 식견識見 반야般若(我空. 我執)에 대한 모든 생각, 이 모든 생각에 대한 식견識見이 쌓인 이유와 까닭이 되는 "이것이 무엇인가?"라는 것에 대한 답으로서의 결과, 곧 오온五蘊의 식견識見으로서 모든 법法의 공空한 모양이나 상태를 이른 불생불멸不生不滅 불구부정不垢不淨 부증불감不增不減하다는 불과佛果와의 인연因緣을 가리킨다.

덧붙이면 "모든 법法의 공空한 모양이나 상태는 불생불멸不生不滅 불구부정不垢不淨 부증불감不增不減하다."에서 모든 법法이 공空하다고 이른 가르침은 생각 밖으로 내던지고 모든 법法이 공空한 모양이나 상태를 언어와 문자로 드러낸 불생불멸不生不滅 불구부정不垢不淨 부증불감不增不減하다는 것만을 믿고 따르면서 의지하고 처하고 머물고 집착함을 가리킨다. 이는 "나我와 내 것我所"만을 더욱 견고堅固하게 만들고 탐진치貪瞋癡로서 삼독三毒만을 쌓고 쌓아감을 이른다.

또 섬세하고 능숙하게 깨우침의 밭을 사유思惟하는 일이란 식견識見으로서의 반야般若 공空(我空. 我執)과 이웃한 허공虛空이 둘(我空. 虛空)이 아님을 분명하게 알아차리고 곧 모든 법法의 공空한 모양이나 상태로서 불생불멸不生不滅 불구부정不垢不淨 부증불감不增不減한 시간의 영원성永遠性과 공간의 무한無限함과 수량의 한량限量없는 반야般若 식견識見과 이웃한 허공虛空이 둘이 아님을 알아차리고 이 둘이 아님도 색色(法空. 法執)으로서 간혜지乾慧地일 뿐임을 분명하게 알아서 의지하거나 처하거나 머물거나 집착할 바가 없음을 바르게 깨달아 얻는 반야지般若智 공空의 두루 원만圓滿함을 얻는 것이 각심覺心이다.

다시 한번 말하지만 오온五蘊의 식견識見 반야般若로 보는 시간의 영원성永遠性과 공간의 무한無限함과 수량의 한량限量없음은 "나我와 내 것我所"으로서 생주이멸生住異滅하는 마음(我空. 我執)을 이르는 것이며, 반야般若 식견識見과 이웃한 허공虛空이 둘이 아님을 알아차리고 이 둘이 아님도 색色(法空. 法執)으로서 간혜지乾慧地일 뿐임을 분명하게 알고 성주괴공成住壞空하는 마음(法空. 法執)을 이른다. 이를 아는 마음이 각심覺心이니, 생주이멸生住異滅(我空. 我執)하고 성주괴공成住壞空(法空. 法執)하는 것은 의지하고 처하고 머물고 집착하는 일로 인하여 일어나는 것임을 분명하게 깨달아 얻어야만 반야바라밀다般若波羅蜜多의 지혜智慧, 곧 반야지般若智 공空을 바르게 깨우친 마음(覺心)이라 이른다.

객진번뇌客塵煩惱: 객진客塵이란 번뇌煩惱를 가리킨다. 곧 모든 법

法이 공空한 모양이나 상태를 이른 불생불멸不生不滅 불구부정不垢不淨 부중불감不增不減에 대한 식견識見(我空. 我執)과 이웃한 허공虛空을 객진번뇌客塵煩惱라 이른다.

자세히 설명하자면, 모양이나 상태가 불생불멸不生不滅 불구부정不垢不淨 부중불감不增不減하다는 식견識見으로서 모든 법法이 공空함이란 시간時間, 공간空間, 수량數量을 초월하는 것으로 생각으로는 헤아려 알 수가 없고 온계처蘊界處, 계정혜戒定慧, 신구의身口意 업과業果 또한 이와 같음을 가리킨다. 이와 같음에 곧 불생불멸不生不滅하다는 시간時間과 불구부정不垢不淨하다는 공간空間과 부중불감不增不減하다는 수량數量에 의지하거나 처하거나 집착하는 오온五蘊으로서의 식견識見 반야般若가 무궁무진無窮無盡한 객진客塵으로서 첫 번째를 이른다.

그리고 불생불멸不生不滅하다는 시간時間과 불구부정不垢不淨하다는 공간空間과 부중불감不增不減하다는 수량數量으로서의 반야般若 공空(我空. 我執)과 이웃한 허공虛空이 둘이 아님을 알아차림과 이 둘(我空. 虛空)이 아님도 식견識見(法空. 法執)으로서 반야般若 공空의 곱빼기가 되는 객진번뇌客塵煩惱로서 두 번째다.

왜 그런가 하면 둘(我空. 虛空)이 아님도 또한 색色(法空. 法執)으로서 간혜지乾慧地일 뿐임을 알아차리고 의지하거나 처하거나 머물거나 집착할 바가 없음을 분명하게 깨달아 얻는 온전한 반야바라밀다般若波羅蜜多의 지혜로 가리킨 색불이공色不異空 공불이색空不異色 색즉시공色卽是空 공즉시색空卽是色 수상행식受想行識 역부여시亦復如是 시제법공상是諸法空相 불생불멸不生不滅 불구부정不垢不淨 부중불감不增不減을 반야바라밀般若波羅蜜의 지혜, 반야지般若智 공空이라 이르기 때문이다.

겁劫: 겁劫을 이를 때 보통 년年, 월月, 일日, 시時로서는 헤아릴 수 없음을 가리키는 것이니, 시간時間, 공간空間, 수량數量이 불생불멸不生不滅 불구부정不垢不淨 부증불감不增不減이라는 언어나 문자, 모양이나 상태를 초월超越함이며, 이와 같은 초월함을 인지認知하고 육근탐六根貪, 육진진六塵瞋, 육식치六識癡라는 탐진치貪瞋癡의 18계로 태어나 죽을 때까지 헤아려 생각할 수 없음이 겁劫이다.

모든 법法이 공空하다는 식견識見으로서의 반야般若 공空(我空. 我執)과 이웃한 허공虛空이 둘이 아님을 알아차리고 이 둘(我空. 虛空)이 아님도 또한 색色(法空. 法執)일 뿐인 간혜지乾慧地임을 알아서 의지하거나 처하거나 머물거나 집착할 바가 없음을 깨달아 얻는 반야지般若智 공空(法) 위에 세운 불생중불멸중不生中不滅中의 중중묘원中中妙圓한 시간時間과 불구중부정중不垢中不淨中의 중중묘원中中妙圓한 공간空間과 부증중불감중不增中不減中의 중중묘원中中妙圓한 수량數量을 겁劫이라 이른다.

견도見道: 명료明了하게 길(道)을 본다(안다. 알아차린다. 믿고 이해한다.)는 것을 이른다.

식견識見으로서의 반야般若 공空(我空. 我執)과 이웃한 허공虛空이 둘이 아님을 알아차리고 이 둘(我空. 虛空) 아님도 또한 색色(法空. 法執)일 뿐인 간혜지乾慧地임을 알아서 의지하거나 처하거나 머물거나 집착할 바가 없음을 바르게 깨달아 얻고 마친 반야지般若智 공空을 견도見道라 이른다. 공부하는 이들이 늘 말하는 일승一乘을 가리키는 것이며, 도道에 입류入流했음을 이른다.

아공我空과 법공法空, 즉 식견識見으로서의 반야般若 공空(我空, 我

執)과 이웃한 허공虛空이 둘이 아님을 알아차리고 이 둘(我空. 虛空)이 아님도 또한 색色(我空. 法空)일 뿐인 간혜지乾慧地를 두고 "한 소식을 했다."라고 말하지만 이를 두고 견도見道라 이를 수 없다.

　반야지般若智 공空을 근본으로 깨우침에 대한 믿음으로서 십신十信과 반야지般若智 공空에 대한 믿음을 바탕으로 공덕功德 수행修行에 마땅한 적정寂靜의 마음자리에 들어가 마땅히 머무는 십주十住와 보살菩薩의 행행을 닦는 십행十行, 이 삼현三賢의 선근善根 수행修行으로 공덕功德을 거듭 쌓고 쌓아서 상구보리하화중생上求菩提下化衆生하는 일에 막힘이나 걸림이 없는 십회향十廻向, 즉 무색정無色定의 마음자리로 법계무량회향法界無量廻向이라는 세제일지世第一地에 올라 선정禪定 삼매三昧에 자유자재自由自在함으로 진여眞如의 이치를 들여다볼 수 있음을 견도見道라 이른다. 이는 이승二乘을 가리키며, 곧바로 무루無漏의 지혜인 두타행頭陀行(如來行)의 무생법인無生法忍을 일으켜서 기뻐하고 즐거워하는 십지十地의 처음 자리인 환희지歡喜地에 이른다.

　이 무생법인無生法忍의 두타행頭陀行(如來行)인 환희지歡喜地로부터 법운지法雲地에 이르고 곧바로 이 모두를 청정하게 아우르는 공여래장空如來藏(等覺. 無上道. 無垢地. 眞空妙有)을 증득證得한다. 이를 무상도無上道라 가리킬 수 있음이니, 공여래장空如來藏을 증득하고 마쳐야 참된 견도見道라 할 수 있다. 무슨 까닭인가 하면, 반야지般若智 공空이 지극至極함에 이른 이 공여래장空如來藏으로서 실상實相의 본바탕을 드러내고 이렇듯 드러낸 불공여래장不空如來藏(金剛慧心. 善知識)과 실상實相의 본바탕이 원융무이상圓融無二相(妙覺. 不二門)임을 가리키며, 원융무이상圓融無二相이 가리키는 "이것"을 증득證得할 수 있기 때문이다. "이것"은 곧 "나我와 내 것我所"이 없음을 가리키며,

궁극적窮極的으로는 "나我와 내 것我所"이 없다는 생각과 생각 아닌 것(實相의 본바탕)에 이르기까지를 가리킨다.

　견분見分: 모든 법法의 공空한 모양이나 상태를 객관적客觀的으로 인식認識하기에 적합適合하도록 드러내어 나타내는 그림자(見相)로서 주관적主觀的인 언어나 문자, 모양이나 상태(不生不滅 不垢不淨 不增不滅)를 분별分別하고 판단判斷해서 아는 작용作用을 이른다.

　식견識見 반야般若(我空. 我執)로서 계정혜戒定慧, 온계처蘊界處, 신구의身口意 업과業果의 불생불멸不生不滅 불구부정不垢不淨 부증불감不增不減한 작용作用과 이웃한 허공虛空이 둘이 아님을 알아차리고 이 둘(我空. 虛空)이 아님도 또한 색色(法空. 法執)으로서 간혜지乾慧地일 뿐임을 알아서 의지하거나 처하거나 머물거나 집착할 바가 없음을 명료明了하게 깨달아 얻는 반야지般若智 공空을 근본(十信)으로 수행修行에 마땅한 적정寂靜의 마음자리(十住)에 들어가 중중묘원中中妙圓한 선근善根 수행修行(十行. 不生中不滅中 不垢中不淨中 不增中不減中)으로 공덕功德을 거듭 쌓고 쌓아서 상구하화上求下化에 자재한 무색정無色定의 마음자리(十迴向. 法界無量廻向)로 아래로는 식견識見 반야般若와 둘이 아닌 색으로서 간혜지乾慧地와 반야지般若智 공空과 적정寂靜의 중중묘원中中妙圓한 선근善根 수행修行 공덕功德을 자세히 살펴서 들여다보고 위로는 두타행頭陀行의 무생법인無生法忍(十地. 法雲地)과 이 모두를 청정하게 아우르는 공여래장空如來藏(等覺. 無上道. 無垢地)과 실상實相의 본바탕을 드러내어 나타낸 불공여래장不空如來藏(金剛慧. 善知識)을 자세하게 살펴서 들여다보고 분별分別하여 불공여래장不空如來藏과 실상實相의 본바탕이 무르녹아(圓融) 모양이나 상태가 둘이 없는(無二相. 不二門. 妙覺), 즉 "이것이 무엇인가?"의 "이것"을 증득證得하는 일이며, "이것"이란 곧 "나我와 내 것我所"이 없음을 이르고 "나我와 내 것我所"이 없다는 생각과 생각 아님에 이르기까지를 말한다.

견성見性: 불생불멸不生不滅 불구부정不垢不淨 부증불감不增不減하다고 이르는 모든 법法이 공空한 모양이나 상태를 들여다볼 때 오온五蘊을 바탕으로 보는 일을 두고 식견識見으로서의 반야 공空(我空. 我執)이라 한다.

모든 법法의 공空한 모양이나 상태를 이른 불생불멸不生不滅 불구부정不垢不淨 부증불감不增不減이란 시간時間, 공간空間, 수량數量의 영원永遠함과 무한無限함과 한량限量없는 계정혜戒定慧 온계처蘊界處 신구의身口意 업과業果가 공空하다는 것을 분명하게 가리키는 것이지만, 불생불멸不生不滅 불구부정不垢不淨 부증불감不增不減하다는 것에 의지하고 처하고 머물고 집착을 한다. 이러한 식견識見으로서의 반야般若 공空(我空. 我執)과 이웃한 허공虛空이란 둘이 아님을 알아차리고 이 둘(我空. 虛空)이 아님도 또한 색色(法空. 法執)일 뿐인 간혜지乾慧地임을 알아서 의지하거나 처하거나 머물거나 집착할 바가 없음을 깨달아 얻은 반야바라밀般若波羅蜜의 지혜智慧, 즉 반야지般若智 공空을 견성見性(悟)이라 한다.

덧붙이면 온전한 반야바라밀般若波羅蜜의 지혜, 곧 반야지般若智 공空(不立五蘊)으로서 모든 법法이 공空한 모양이나 상태인 불생중불멸중不生中不滅中 불구중부정중不垢中不淨中 부증중불감중不增中不減中의 중중묘원中中妙圓함을 본 것(不離證得)을 두고 성품을 보았다(見

性, 모든 妄靈된 疑心을 버리고 自己 本然의 性品을 깨달음)고 이른다.

경經: 음역音譯으로는 수다라修多羅이고 계경契經, 직설直說, 성교聖教, 법본法本, 선어교善語教 등등으로 이르며, 부처님이 말씀하신 가르침의 법法과 이 가르침을 기록한 불교佛教 경전經典을 이른다.

부처님이 설하신 법法은 활짝 핀 꽃을 하나하나 꿰어서 화관華冠을 이루어가는 것과 같음을 이른다. 곧 공空한 모양이나 상태를 이른 불생불멸不生不滅 불구부정不垢不淨 부증불감不增不減한 식견識見으로서의 모든 법法(我空. 我執)과 이웃한 허공虛空이 둘이 아님을 알아차리고 이 둘(我空. 虛空)이 아님도 또한 색色(法空. 法執)으로서 간혜지乾慧地일 뿐임을 알아서 의지하거나 처하거나 머물거나 집착할 바가 없음을 명료明了하게 깨달아 얻은 반야지般若智 공空을 바탕(十信)으로 수행에 마땅한 적정寂靜의 마음자리에 들어가(十住) 불생중불멸중不生中不滅中 불구중부정중不垢中不淨中 부증중불감중不增中不減中한 중중묘원中中妙圓의 공덕功德을 거듭 더하여 쌓고 쌓은 선근善根 수행修行(十行)으로 상구하화上求下化에 자재한 무색정無色定(十迴向)과 두타행頭陀行의 무생법인無生法忍(十地)과 이 모두를 청정하게 아우르는 공여래장空如來藏(等覺. 無上道. 無垢地)으로 실상實相의 본바탕을 드러내어 나타낸 불공여래장不空如來藏(金剛慧. 善知識)의 법法을 꿰어 염주念珠와 같이 만들어 흩어짐이 없게 또 언제든 접할 수 있게끔 만든 것을 경經이라 이른다.

공空: 모든 법法이 공空한 모양이나 상태는 불생불멸不生不滅 불구

부정不垢不淨 부증불감不增不減이라 이르니, 공空의 모양이나 상태를
이르자면 이렇다. 불생불멸不生不滅은 시간時間의 영원성永遠性을 가
리키는 것이니, 이는 공空이란 시간적時間的으로 무한無限함을 이르
는 것이며, 불구부정不垢不淨은 공간空間의 영원성永遠性을 가리키는
것이니, 이는 공空이란 정신적精神的 공간空間으로 헤아려 알 수 없
음을 이르는 것이며, 부증불감不增不減은 수량數量의 영원성永遠性을
가리키는 것이니, 이는 공空이란 수량적數量的으로 한량限量이 없음
을 이른다. 이 공空에 따르는 계정혜戒定慧 온계처蘊界處 신구의身口
意 업과業果에 의지하거나 처하거나 머물거나 집착하는 것을 두고
아공我空 또 아집我執이라 이른다. 이러한 식견識見으로서 모든 법法
이 공空한 모양이나 상태를 이른 불생불멸不生不滅 불구부정不垢不淨
부증불감不增不減한 계정혜戒定慧 온계처蘊處界 신구의身口意 업과業
果(我空. 我執)와 이웃한 허공虛空(隣虛)이 둘이 아님과 이 둘이 아님이
란 아공我空과 허공虛空이라는 허무함만을 가리킬 뿐이다. 그리고
식견識見으로서 모든 법法이 공空한 모양이나 상태를 언어나 문자로
나타낸 불생불멸不生不滅 불구부정不垢不淨 부증불감不增不減함과 이
웃한 허공虛空이 둘이 아님을 알아차린 것을 가리켜 법공法空 또 법
집法執이라 이른다.

　아공我空과 허공虛空이 둘이 아님을 얻었다는 이 또한 색色(法空.
法執)으로서 간혜지乾慧地일 뿐임을 알아차리고 의지하거나 처하거
나 머물거나 집착할 바가 없음을 분명하게 깨달아 얻었음을 바르고
온전한 반야바라밀般若波羅蜜의 지혜, 곧 반야지般若智 공空이라 한
다. 즉 공空이란 불생중불멸중不生中不滅中 불구중부정중不垢中不淨中
부증중불감중不增中不減中한 중중묘원中中妙圓의 선근善根 수행修行
으로 공덕功德을 얻기 위한 제일第一의 방편方便이라는 것이며, 또한

제일의第一義로서 둘이 아닌 공空(我空. 虛空) 또한 색色(法空. 法執)일 뿐인 간혜지乾慧地에 의지하거나 처하거나 머물거나 집착하지 않는 반야지般若智 공空임을 이른다.

덧붙이면 반야지般若智 공空에 대한 깨우침이란 불생중불멸중不生中不滅中 불구중부정중不垢中不淨中 부증중불감중不增中不減中으로 중중묘원中中妙圓하기에 무불무불무불無不無不無不한 것임을 가리키며, 언어나 문자, 모양이나 상태에 의지하거나 처하거나 머물거나 집착할 바가 없음을 가리키는 것이 공空이다.

공여래장空如來藏: 모든 부처님이 증득證得한 청정한 법신法身의 실질적實質的인 모양이나 상태(體)를 이른다. 이는 한량없는 공덕功德의 작용作用으로 여래如來라 이르며, 모든 법과 불보살에 따른 언어나 문자, 모양이나 상태에 의지하거나 처하거나 머물거나 집착하지 않는 행행(如來行)을 이른다. 즉 번뇌煩惱가 될만한 것과 서로 응應하지 않는 행행(如來行)의 작용作用이기에 공여래장空如來藏(等覺. 無上道. 無垢地. 眞空妙有)이라 이른다.

덧붙이면 이렇다. 모든 법法이 공空한 모양이나 상태를 이른 불생불멸不生不滅 불구부정不垢不淨 부증불감不增不減하다는 식견識見으로서의 반야般若 공空(我空. 我執)과 이웃한 허공이 둘이 아님을 알아차린 것과 이 둘(我空. 虛空)이 아님도 또한 색色(法空. 法執)으로서 간혜지乾慧地일 뿐임을 분명하게 알아서 의지하거나 처하거나 머물거나 집착할 바가 없음을 깨달아 얻은 온전한 반야지般若智 공空과 반야지般若智 공空을 근본根本(十信. 地輪)으로 수행에 마땅한 마음자리인 적정寂靜과 이 마음자리(十住. 水輪)에서 중중묘원中中妙圓의 선근

善根 수행修行(十行.不生中不滅中 不垢中不淨中 不增中不減中)으로 공덕功
德을 거듭 쌓고 쌓아서 상구하화上求下化에 막힘이나 걸림이 없고 선
정禪定 삼매三昧에 자유자재한 무색정無色定의 마음자리(十迴向. 火輪)
와 막힘이나 걸림 없는 선정禪定 삼매三昧에 따른 두타행頭陀行으로
무생법인無生法忍의 마음자리(十地.風輪), 이 모두를 아우르는 청정한
마음자리를 공여래장空如來藏(等覺. 無上道)이라 이른다. 즉 공여래장
空如來藏이란 불생중불멸중不生中不滅中 불구중부정중不垢中不淨中 부
증중불감중不增中不減中의 중중묘원中中妙圓으로서 모든 법륜法輪을
청정하게 아우르는 행행(如來行)으로서의 작용作用(地水火風輪轉, 法輪
轉)을 이른다.

　반야般若에 대한 식견識見으로서의 모든 법法이 공空한 모양이나
상태를 이르는 불생불멸不生不滅 불구부정不垢不淨 부증불감不增不減
이란 달(月)의 언어나 문자, 모양이나 상태(보름달. 상현달. 하현달. 초승달.
그믐달)가 늘고 줄어드는 것을 가리킨다. 달이 늘고 줄어드는 일이 태
양으로 인한 것이지만 허공虛空이란 늘고 줄어듦이 없다. 이와 같은
달과 태양과 별과 이웃한 허공虛空이 둘이 아님을 알아차리고 이 둘
(我空. 虛空)이 아님도 또한 색色(法空. 法執)으로서 간혜지乾慧地일 뿐
임을 알아서 의지하거나 처하거나 머물거나 집착할 바가 없음을 분
명하게 깨달아 얻음이 반야바라밀般若波羅蜜의 지혜, 곧 반야지般若
智 공空이다.

　반야지般若智 공空의 모양이나 상태를 이르자면 불생불멸不生不滅
불구부정不垢不淨 부증불감不增不減하다는 것을 가리킨다. 그러므로
이와 같은 반야지般若智 공空에 대한 깨우침이 티끌이라면 공여래장
空如來藏은 백억 만억 헤아릴 수 없는 부처 세계의 티끌(般若智 空) 수
와 같음을 이른다. 그러므로 반야지般若智 공空에 대한 깨우침을 일

규一竅, 일승一乘이라 이르며, 이 반야지般若智 공空이 지극함에 이른 공여래장空如來藏을 무상도無上道, 곧 위 없는 길道이라 이르고 또한 등각等覺으로서 이승二乘이라 말한다.

공여래장空如來藏으로 드러낸 불공여래장不空如來藏(金剛慧. 善知識)과 실상實相의 본바탕이 원융무이상圓融無二相(妙覺. 不二門)으로서 "이것"을 가리키고 더할 나위 없이 위 없는 길道이라 이르며, 삼승三乘이라 말한다. 원융무이상圓融無二相(妙覺. 不二門)이 가리키는 "이것"이란 "나와 내 것"이 없음(不立五蘊 不離證得)을 가리킨다. 이러한 까닭으로 삼승三乘 사과四果 해탈승解脫乘이라 한다. 곧 삼승三乘이란 삼세제불三世諸佛 의반야바라밀다依般若波羅蜜多 고득아뇩다라삼먁삼보리故得阿耨多羅三藐三菩提 고지반야바라밀다故知般若波羅蜜多 시대신주是大神呪 시대명주是大明呪(般若智 空. 一乘. 一竅) 시무상주是無上呪(空如來藏. 等覺. 無上道. 眞空妙有. 二乘) 시무등등주是無等等呪(圓融無二相. 妙覺. 不二門. 三乘)를 이른다.

관행觀行: 모든 법法이 공空한 모양이나 상태를 이른 불생불멸不生不滅 불구부정不垢不淨 부증불감不增不減한 반야般若 공空, 곧 반야 식견識見(我空. 我執. 一世)과 이웃한 허공虛空이 둘이 아님을 알아차리고(我空. 虛空. 二世) 이 둘이 아님도 또한 색色(法空. 法執. 三世)으로서 간혜지乾慧地일 뿐임을 알아서 의지하거나 처하거나 머물거나 집착할 바가 없음을 분명하게 깨달아 얻는 반야지般若智 공空과 이를 바탕으로 한 적정寂靜의 마음자리에서 거듭 쌓고 더하는 중중묘원中中妙圓의 선근善根 수행修行을 통해 상구하화上求下化에 막힘이나 걸림이 없는 무색정無色定의 마음자리를 성취하고 또한 선정禪定 삼매三

昧에 막힘이나 걸림 없이 자유자재自由自在한 무색정無色定의 지혜로
마주 대하는 경계境界를 자세히 살펴서 들여다보며, 분별分別하는
것을 두고 관행觀行(毗婆舍那)이라 이른다.

믿고 이해理解하고 수행修行하여 증득證得한다는(信解修證) 등등의
일에서 벗어나 생각과 생각이 아닌 것으로도 이를 수 없는 보살행菩
薩行과 보살도菩薩道를 행行하는 일에 매우 긴요緊要한 자리로 삼마
지三摩地, 선나禪那라고도 이른다. 곧 무색정無色定의 지혜로서 반야
식견識見(我空. 我執)과 이웃한 허공虛空이 둘이 아님과 이 둘(我空. 虛
空)도 또한 색색色(法空. 法執)일 뿐인 간혜지乾慧地임을 알아서 의지하
거나 처하거나 머물거나 집착할 바가 없음을 분명하게 깨달아 얻는
반야지般若智 공空(十信)과 적정寂靜의 마음자리(十住)로 마주 대한 경
계(中中妙圓)를 자세히 살펴서 들여다보고(十行) 의지하거나 처하거나
머물거나 집착하지 않음이 삼매三昧의 자리三摩地이며, 생각과 생각
마다 또 찰나刹那와 겁겁劫마다(不生中不滅中 不垢中不淨中 不增中不減中.
中中妙圓. 十迴向) 선정禪定에 드는 일이 선나禪那이다. 범어梵語로 비
바사나毗婆舍那라고 한다.

극락세계極樂世界: 극락정토極樂淨土, 극락국토極樂國土, 극락極樂
이라 이른다. 불생중불멸중不生中不滅中 불구중부정중不垢中不淨中
부증중불감중不增中不減中한 계정혜戒定慧, 온계처蘊界處, 신구의身口
意 업과業果에 자재自在한 공여래장空如來藏(等覺. 無上道. 眞空妙有.
百億 萬億 般若智 空의 無垢地)으로서 밝고 바르게 드러난 세계를 이르
는 것이니, 아미타불阿彌陀佛이 법法을 설설說함에 있어서 두루 원만圓
滿한 불공여래장不空如來藏(金剛慧. 善知識)을 온전하게 갖추고 편안하

게 머무는 이상향理想鄕을 이른다.

기세간상器世間相: 3가지 세간世間의 모양이나 상태를 이른다.

1) 기세간器世間: 중생衆生을 받아들이는 세간世間을 이른다. 곧 우리가 살아가고 있는 산하山河, 대지大地 등등의 세계世界를 가리킨다.

2) 중생세간衆生世間: 불생불멸不生不滅 불구부정不垢不淨 부증불감不增不減한 모양이나 상태로서 모든 법法이 공空한 계정혜戒定慧 온계처蘊界處 신구의身口意 업과業果에 의지하고 처하고 머물고자 집착하는 불법佛法(般若波羅蜜 智慧)과의 인연因緣을 따른 세간世間을 가리킨다. 곧 반야般若 식견識見에 의지하거나 처하거나 머물거나 집착하는 세간世間를 가리킨다.

3) 지정각세간智正覺世間: 식견識見으로서의 반야般若 공空(我空. 我執)과 이웃한 허공虛空이 둘이 아님을 알아차리고 이 둘(我空. 虛空)이 아님도 색色(我空. 法空)일 뿐인 간혜지乾慧地임을 알아서 의지하거나 처하거나 머물거나 집착할 바 없는 반야바라밀般若波羅蜜의 지혜, 곧 반야지般若智 공空을 분명하게 깨달아 얻고도 불생불멸不生不滅 불구부정不垢不淨 부증불감不增不減한 모양이나 상태라 이른 모든 법法의 공空함에 의지하고 처하고 머물면서 지혜의 바른 가르침과 또 바르게 깨우친 이들이 살아가고 있는 세간世間을 가리킨다.

노사나불盧舍那佛: 변일체처遍一切處, 광명변조光明遍照라 이른다. 부처님의 진신眞身을 드러내는 칭호稱號, 곧 공여래장空如來藏(等覺. 無上道. 無垢地. 眞空妙有)으로 실상實相의 본바탕과 이를 드러내어 나타낸 불공여래장不空如來藏(金剛慧心. 善知識), 이 둘은 원융무이상圓融無二相(妙覺. 不二門)으로서 부처님의 진신眞身이며, 노사나불盧舍那佛이라 부른다. 모든 법계法界(空界), 곧 청정한 공여래장空如來藏(等覺. 無上道. 無垢地)의 세계를 두루 원만하게 비추어 밝히는 분을 의미한다.

두타頭陀: 수치修治를 이르는 것이니, 세완洗浣과 기제棄除를 의미한다. 번뇌의 티끌을 거듭해서 씻어내고 버리고 없애는 일을 이른다.

식견識見으로서의 반야般若 공空(我空. 我執)과 이웃한 허공虛空이 둘이 아님과 이 둘(我空. 虛空)이 아님도 또한 색色(法空. 法執)으로 간혜지乾慧地일 뿐임을 알아차리고 의지하거나 처하거나 머물거나 집착할 바가 없음을 밝고 분명하게 깨달아 얻는 반야지般若智 공空(地輪)으로 적정寂靜의 마음자리에 들어가 거듭된 선근善根 수행修行(中中妙圓, 水輪)의 공덕功德으로 더욱 원만圓滿해지고 청정清淨해진 무색정無色定의 마음자리와 이 무색정無色定의 마음자리로 상구하화上求下化에 막힘이나 걸림 없이 자재自在하고 또한 선정禪定 삼매三昧에 막힘이나 걸림 없이 자유자재함(火輪)을 얻는 십지十地의 법운지法雲地로서 무생법인無生法忍의 행행(風輪)이 두타행頭陀行(如來行)이다.

이 모든 행행을 섭수攝受(자비로운 마음으로 중생을 살피어 보호함)함이 공여래장空如來藏(等覺. 無上道. 無垢地)의 이치理致이며, 식견識見으로

서의 반야般若 공空과 이웃한 허공虛空이 둘이 아님과 이 둘이 아님
도 또한 색色일 뿐인 간혜지乾慧地임을 알아차리고 분명하게 깨달아
얻는 궁극적窮極的이면서 지극至極한 반야바라밀般若波羅蜜의 지혜,
곧 반야지般若智 공空으로서 불생중불멸중不生中不滅中 불구중부정
중不垢中不淨中 부증중불감중不增中不減中한 중중묘원中中妙圓의 선근
수행修行의 공덕功德이 두루 원만圓滿해질 뿐만 아니라 청정淸淨해지
고 견고堅固해짐이 공여래장空如來藏의 바른 이치다.

  무루無漏: 누漏란 객관적客觀的으로 마주 대한 언어나 문자, 모양
이나 상태를 따라 끊임없이 육근六根에서 허물이 샌다는 의미로 번
뇌煩惱를 말한다. 소승小乘에서 번뇌煩惱란 더는 늘지 않음을 말하
고, 대승大乘에서는 번뇌를 끊어내고 멀리 벗어나 함께 하지 않음을
말한다.

  모든 법法이 공空한 모양이나 상태가 불생불멸不生不滅 불구부정不
垢不淨 부증불감不增不減하다는 식견識見으로서 계정혜戒定慧 온계처
蘊界處 신구의身口意 업과業果(我空. 我執)와 이웃한 허공虛空이 둘이
아님과 이 둘(我空. 虛空)이 아님도 또한 색色(法空. 法執)으로서 간혜
지乾慧地일 뿐임을 알아차리고는 계정혜 온계처 신구의 업과業果에
의지하거나 처하거나 머물거나 집착할 바가 없음을 분명하게 깨달
아 얻는 반야지般若智 공空과 이를 바탕(十信)으로 한 선근善根 수행
修行의 마음자리(十住)인 적정寂靜과 중중묘원中中妙圓한 적정寂靜의
마음자리에서 선근善根 공덕功德 수행修行(十行)을 거듭 쌓고 쌓으며,
상구하화上求下化에 막힘이나 걸림 없이 자재自在할 뿐만 아니라 선
정禪定 삼매三昧에 막힘이나 걸림 없이 자유자재自由自在한 무색정無

色定의 마음자리(十廻向)로 무생법인無生法忍의 두타행頭陀行(十地)과
이 모두를 청정하게 아우르는 반야지般若智 공空의 궁극적窮極的이면
서 지극至極한 공여래장空如來藏(等覺. 無上道)이 무루無漏(無垢地)다.

공여래장空如來藏의 마음자리(等覺. 無上道. 無垢地)를 분명하게 증
득證得하고 청정淸淨할 뿐만 아니라 견고堅固해져야 무루無漏라 이를
수 있다.

무명無明: 모든 법法이 공空한 모양이나 상태로서의 불생불멸不生
不滅 불구부정不垢不淨 부증불감不增不減한 계정혜戒定慧 온계처蘊界
處 신구의身口意 업業 등등은 공空한 것으로서 늘 한결같이 공空한
것이며, 즉 의지하거나 처하거나 머물거나 집착할 바가 없는 것으로
서 이러한 공空이 평등平等한 것임을 알지 못하고 오온五蘊의 식견識
見으로 태어나 죽을 때까지 계정혜戒定慧 온계처蘊界處 신구의身口意
업과業果에 따르는 차별적差別的이면서 헤아릴 수 없는 모양이나 상
태에 의지하고 처하고 머물고 집착執著함을 무명無明이라 이른다.

무명無明은 계정혜戒定慧의 영원永遠함, 무한無限함, 한량限量없음
과 온계처蘊界處의 영원함, 무한함, 한량없음과 신구의身口意 업과業
果로서 영원함, 무한함, 한량없음에 의지하고 처하고 머물고 집착하
여 모든 번뇌煩惱뿐만 아니라 망상妄想을 이루게 되는 바탕이 되니,
이것이 무명無明이다.

무명無明이란 모든 있음(諸有)에 대하여 즉 일체 모든 법法과 불보
살佛菩薩에 따른 언어나 문자, 모양이나 상태를 "나我와 내 것我所"이
라는 망상妄想에 의지하고 처하고 머물고 집착하는 것을 무명無明이
라 이른다.

무분별지無分別智: 올바른 진여眞如, 아뇩다라삼먁삼보리阿耨多羅三藐三菩提, 본래면목本來面目을 분명하게 깨달아 얻을 수 있는 지혜智慧를 이른다.

진여眞如의 모양이나 상태는 일체 모든 법법法과 불보살佛菩薩에 따른 언어나 문자, 모양이나 상태로써는 나타내어 드러낼 수 없다. 그리고 모든 법법法이 공空한 모양이나 상태를 이른 불생불멸不生不滅 불구부정不垢不淨 부증불감不增不減과 이웃한 허공虛空이 둘이 아님을 깨우쳤다는 식견識見으로로서의 분별심分別心을 가지고 진여眞如의 체성體性을 어긋남 없이 나타낼 수도 없다. 이러한 까닭으로 일체 모든 법법法과 불보살佛菩薩에 따른 언어나 문자, 모양이나 상태로서의 분별分別을 벗어난 진여眞如란 바른 지혜智慧로만 비로소 알 수 있으니, 이러한 지혜를 무분별지無分別智라고 이른다.

식견識見으로서의 반야般若 공空(我空. 我執)과 이웃한 허공虛空이 둘이 아님과 이 둘(我空. 虛空)이 아님도 또한 색색色(法空. 法執)으로서 간혜지乾慧地일 뿐임을 알아차리고 의지하거나 처하거나 머물거나 집착할 바가 없음을 분명하게 깨달아 얻고 마친 반야지般若智 공空과 이 반야지般若智 공空을 바탕(十信)으로 수행修行에 마땅한 적정寂靜의 마음자리(十住)에 들어가 불생중불멸중不生中不滅中 불구중부정중不垢中不淨中 부증중불감중不增中不減中한 중중묘원中中妙圓의 반야지般若智 공空이라는 선근善根을 거듭 수행修行(十行)하여 쌓고 쌓아서 상구보리하화중생上求菩提下化衆生에 막힘이나 걸림이 없을 뿐만 아니라 선정禪定 삼매三昧에 막힘이나 걸림 없이 자유자재한 무색정無色定의 마음자리(十迴向)로 두타행頭陀行으로서 무생법인無生法忍의 마음자리(十地)에 이르고 이 모두를 청정하게 아우르면서 분별分別하지 않는 지혜, 또 구분區分 지음이 없는 지혜智慧, 즉 공여래장空如來

藏의 마음자리(等覺. 無上道. 無垢地. 眞空妙有)를 무분별지無分別智라 이른다.

　　무상無常: 인간의 감각感覺으로 느낄 수 있는 실재적實在的 사물事物을 이르며, 또는 느낄 수 없어도 그 존재存在를 사유思惟할 수 있는 일체 모든 것을 이르는 물物과 그리고 오온五蘊을 통한 감각感覺과 사유思惟로도 느낄 수 없으며, 일체 모든 언어나 문자, 모양이나 상태로도 그 존재存在를 표현表現할 수 없는 것을 이르는 심心의 모든 현상現像은 한 생각 한 찰나刹那에도 생生하고 멸滅하면서 변하여 달라지고 머무는 모양이나 상태가 항상 다함이 없음을 이른다. 오온五蘊으로서의 생주이멸生住異滅(我空. 我執)과 중중묘원中中妙圓으로서의 성주괴공成住壞空함을 이른다.

　　무상정등각無上正等覺: 아뇩다라삼먁삼보리阿耨多羅三藐三菩提를 이른다. 아뇩阿耨은 비탈진 저 언덕(圓融無二相)을 김매어 나쁜 것을 없앤다는 뜻이니, 중중묘원中中妙圓의 불생중불멸중不生中不滅中 불구중부정중不垢中不淨中 부증중불감중不增中不減中한 생각과 생각 아닌 언어나 문자, 모양이나 상태까지도 의지하거나 처하거나 머물거나 집착할 바가 없음을 이르며, 곧 “나我와 내 것我所”이 없음이라는 생각과 생각 아님에 이르기까지를 가리키고 다라多羅는 공여래장空如來藏(等覺. 無上道)으로 드러낸 다라니陀羅尼(總持)로서 불공여래장不空如來藏(金剛慧. 善知識)을 가리키니, 무상도無上道 곧 더는 위가 없는 길(道)임을 뜻하며, 삼먁삼三藐三은 차례를 따라서 아득함을 이르는 것이니, 불생불멸不生不滅 불구부정不垢不淨 부증불감不增不減의 아득함과 불생중불멸중不生中不滅中 불구중부정중不垢中不淨中 부증중불감중不增中不減中의 아득함과 불가량不可量 불가수不可數 불가칭不可稱 불가사不可思 불가설不可說 불가설불가설不可說不可說 불가설불가설전不可說不可說轉의 아득함으로 또 그와 같은 아득함으로 "나我와 내 것我所"이 없음을 가리키는 보리菩提(智慧)를 이른다. 그러므로 정변지正遍智 또는 정등정각正等正覺이라 이르며, 원융무이상圓融無二相(妙覺. 不二門), 전삼삼후삼삼前三三後三三을 이른다. 요긴한 점은 찰나刹那와 겁겁 가운데(中中妙圓. 一中觀) 단 한 차례 있는 일을 가리킨다.

모든 법法이 공空한 모양이나 상태를 가리킨 불생불멸不生不滅 불구부정不垢不淨 부증불감不增不減한 반야지般若智 공空을 식견識見으로서 보고 듣고 아는 반야般若 공空(我空. 我執)과 이웃한 허공虛空이 둘이 아님과 이 둘(我空. 虛空)이 아님도 또한 색色(我空. 法空)으로서 간혜지乾慧地일 뿐임을 자세히 보고 듣고 알아차리고 의지하거나 머물거나 처하거나 집착할 바가 없음을 분명하게 깨달아 얻고 마친 반야지般若智 공空에 대한 믿음을 근본根本(十信)으로 적정寂靜의 마음자리(十住)에 들어가 불생중불멸중不生中不滅中 불구중부정중不垢中不淨中 부증중불감중不增中不減中의 중중묘원中中妙圓한 선근 수행修行(十行)의 공덕功德을 거듭 쌓고 쌓아서 상구하화上求下化에 막힘이나 걸림 없이 자재할 뿐만 아니라 선정禪定 삼매三昧에 막힘이나 걸림 없이 자유자재한 무색정無色定의 마음자리(十迴向)를 견고堅固하게 하여 청정淸淨한 선정禪定 삼매三昧로 두타행頭陀行(十地)의 무생법인無生法忍과 이 모두를 청정하게 또 바르게 아우를 뿐만 아니라 실상實相의 본바탕을 드러내고 나타내는 방편으로서 공여래장空如來藏(等覺)의 무상도無上道로 실상實相의 본바탕을 곧바로 가리키는 불공여래장不空如來藏(金剛慧心. 善知識. 正覺)을 체득體得하고 불공여래장不空如來藏과 실상實相의 본바탕이라는 생각과 생각이 아닌 "이것" 즉 원융무이상圓融無二相(妙覺. 不二門)이 가리키는 "나我와 내 것我所"이 없음을 무상정등각無上正等覺이라 이른다.

무색계無色界: 욕계欲界, 색계色界, 무색계無色界의 하나로서 무색천無色天을 이르며, 모든 색신色身과 육체, 물질의 속박에서 벗어나 심신心神만이 존재하는 정신적精神的 사유思惟의 세계를 이른다. 무색계無色界는 감각적感覺的인 욕망欲望에서 벗어났으나 여전히 색신色身과 육체, 물질에 얽매이는 존재를 이른다. 대범천大梵天, 무량광천無量光天, 복생천福生天, 광과천廣果天으로 구분된다. 또 정신적精神的, 물질적物質的 속박에서 벗어난 무색계無色界, 이 무색계에 존재하는 선정禪靜이 있으니, **공무변처**空無邊處, **식무변처**識無邊處, **무소유처**無所有處, **비상비비상처**非想非非想處가 있다.

무색계無色界는 끝내 이 선정禪靜에 의지하고 집착하면서 머물 바 처를 얻고 의존依存하는 하늘을 이른다. 곧 모든 법法이 공空한 모양이나 상태를 식견識見으로만 본 반야般若 공空(我空. 我執)과 이웃한 허공虛空이 둘(我空. 虛空)이 아님을 알아차리고 이를 아무것도 없이 텅 빈 것(虛無)이라는 모양이나 상태로서 불생불멸不生不滅 불구부정不垢不淨 부증불감不增不減하다는 색법色法(法空. 法執)일 뿐인 간혜지乾慧地에 의지하고 집착하면서 머물 바 처(禪靜, 의지하고 처할 바가 아닌 空을 色으로 보고 의지하고 처하고 머물고자 집착하는 禪)를 얻어 의존依存함을 말한다. 곧 시간時間으로서 영원永遠하다는 불생불멸不生不滅을 언어나 문자, 모양이나 상태로 수명壽命이라 이르면서 의존하고, 공간공간間空間으로서 무한無限하다는 불구부정不垢不淨을 언어나 문자, 모양이나 상태로 정신적精神的 사유思惟라 이르면서 의존하고, 수량數量이 한량限量없다는 부증불감不增不減을 언어나 문자, 모양이나 상태로 나와 내 것이라 이르면서 제멋대로 의존하면서 처하거나 머물거나 집착함을 이른다.

둘(我空. 盧空)이 아님도 또한 색色(法空. 法執)으로서 간혜지乾慧地일 뿐임을 말하여 의지하거나 처하거나 머물거나 집착할 바가 없음을 온전한 반야바라밀般若波羅蜜의 지혜, 곧 바른 반야지般若智 공空임을 분명하게 가리키고 있지만 이를 거꾸로 뒤바꾸어 처하고 머물고 집착하면서 의존依存함을 이른다. 그러므로 처하고 머물고 집착하면서 의존하는 선정禪靜이 있다고 이른 것이다.

무색계無色界는 오로지 반야般若 식견識見(我空. 我執)과 이웃한 허공盧空이 둘이 아님과 이 둘(我空. 盧空)이 아님도 또한 색色(法空. 法執)으로서 간혜지乾慧地일 뿐임에 처하고 머물고 집착하면서 의존依存하는 일을 이른다.

무색계無色界의 선정禪靜이란 궁궐이나 사찰 등의 벽, 기둥, 천장 따위에 여러 가지 빛깔로 그림과 무늬를 그린 단청丹靑의 다양함에 가치價値를 둔 정신적精神的 사유思惟를 이른다. 곧 일체 모든 법法과 불보살佛菩薩에 따른 언어나 문자, 모양이나 상태에 의지하고 처하고 머물고 집착함을 이른다.

1) **공무변처**空無邊處: 식견識見으로서의 반야般若 공空(我空. 我執)과 이웃한 허공盧空이 둘이 아님을 알아차리고 이 둘(我空. 盧空)이 아님이 법공法空과 법집法執으로 색色일 뿐임을 알고서 불생불멸不生不滅 불구부정不垢不淨 부증불감不增不減하다는 시간時間과 공간空間

과 수량數量의 무한無限한 정신적精神的 사유思惟를 공空(法空. 法執)이
라 이르면서 처하고 머물고 집착하며, 의존依存하는 선정禪靜(戒定慧
蘊界處 身口意 業果)을 이른다.

2) 식무변처識無邊處: 둘이 아님도 또한 아니라는 색色(法空. 法執),
곧 반야般若 식견識見의 공空함과 이웃한 허공虛空이 둘이 아님을 알
아차리고 이 둘(我空. 虛空)이 아님이 법공法空과 법집法執으로서 색色
일 뿐임을 알고 불생불멸不生不滅 불구부정不垢不淨 부증불감不增不減
하다는 생각, 곧 영원永遠함, 무한無限함, 한량限量이 없다는 생각과
이렇듯 궁리하는 일을 두고 생각하기를 이는 무궁무진無窮無盡한 정
신적精神的 사유思惟의 승리라 이르면서 처하고 머물고 집착하며, 의
존依存하는 선정禪靜을 이른다.

3) 무소유처無所有處: 소유所有할 처가 없음에 대한 생각으로서 반
야般若 식견識見(我空. 我執)의 공空함과 이웃한 허공虛空이 둘이 아님
을 알아차리고 이 둘(我空. 虛空)이 아님도 색色으로서 법공法空과 법
집法執일 뿐인 간혜지乾慧地를 두고 깨우쳤다 이르면서 모두 공空(虛
無)하기에 "나我와 내 것我所"이란 없으므로 소유所有할 것이 없다며,
이러한 무한無限한 정신적精神的 사유思惟를 공空(虛無)이라 이르고
스스로 자랑하고 거만하게 굴면서 그 무한한 자랑과 거만함에 처하
고 머물고 집착하고 의존依存하는 선정禪靜을 이른다.

4) 비상비비상처非想非非想處: 반야般若 식견識見(我空. 我執)의 공空
함과 이웃한 허공虛空이 둘이 아님과 이 둘(我空. 虛空)이 아님도 또한
색色(法空. 法執)임을 알고 아공我空과 법공法空이란 인식認識할 수 있

는 작용作用도 아니고 인식할 수 있는 작용이 아닌 것도 아님을 알아차린 일이라며, 이 알아차림이 불생불멸不生不滅 불구부정不垢不淨 부증불감不增不減한 모든 법法이 공空함을 곧바로 가리킨 반야바라밀般若波羅蜜의 지혜智慧, 즉 반야지般若智 공空을 분명하게 깨달아 얻는 정신적精神的 사유思惟라 이르면서 처하고 머물고 집착하며, 의존依存하는 선정禪靜을 이른다.

무색정無色定: 모든 법法이 공空하다는 모양이나 상태를 이른 불생불멸不生不滅 불구부정不垢不淨 부증불감不增不減함을 보고見 듣고聞 깨우치고覺 안다는知 식견識見으로서의 반야般若 공空(我空. 我執)과 이웃한 허공虛空이 둘이 아님을 알아차리고 이 둘(我空. 虛空)이 아님도 또한 색色(法空. 法執)으로서 간혜지乾慧地일 뿐임을 인지認知하여 의지하거나 처하거나 머물거나 집착할 바가 없음을 분명하게 깨달아 얻는 반야지般若智 공空과 이와 같음의 반야지般若智 공空을 근본根本(十信)으로 선근善根 수행修行에 마땅한 적정寂靜의 마음자리에 들어가 머물며(十住), 불생중불멸중不生中不滅中 불구중부정중不垢中不淨中 부증중불감중不增中不減中한 중중묘원中中妙圓의 선근善根 수행修行(十行)의 공덕功德을 거듭해서 더하고 더하여 원만圓滿해지고 청정淸淨해짐으로 상구하화上求下化에 자재自在할 뿐만 아니라 선정禪定 삼매三昧에 막힘이나 걸림 없이 자유자재한 마음자리(十迴向)를 무색정無色定이라 이른다.

아래로는 자세히 살펴서 들여다보고 바르게 이끄는 도행道行에 막힘이나 걸림이 없으며, 위로는 자세히 살펴서 들여다보고 듣고 얻은 일에 있어서 막힘이나 걸림 없는 마음자리가 무색정無色定이다. 곧

중중묘원中中妙圓한 반야지般若智 공空의 큰 작용作用으로서 불생중
불멸중不生中不滅中 불구중부정중不垢中不淨中 부증중불감중不增中不
減中의 중중묘원中中妙圓한 선근善根 공덕功德의 마음이 수행修行으로
인하여 두루 원만圓滿하게 또 청정하게 작용作用하는 마음자리를 이
른다.

　　무아無我: 사람의 몸에 "나我"라는 것이 있다고 집착하는 것을 인
아人我라 하고 모든 법법法에 집착하면서 "내 것我所"이라 이르는 것을
법아法我라고 이른다.
　사람의 몸이란 오온五蘊이 임시로 어울려서 항상 한 "나我"라고 할
바탕이 없고 또한 법법法이란 모두 부처님의 가르침에 따른 언어나 문
자, 모양이나 상태의 인연因緣으로 생기는 것이기에 항상 한 법법法이라
고 할만한 바탕이 없으니, 이를 법무아法無我라고 이른다.

　　무여열반無餘涅槃: 모든 법법法과 불보살佛菩薩에 따른 언어나 문
자, 모양이나 상태에 의지하거나 처하거나 머물거나 집착할 바가 없
는 자리, 이 자리라는 생각과 생각 아닌 것으로도 이를 수 없는 원
융무이상圓融無二相(妙覺. 不二門)의 "이것"을 가리킨다.
　식견識見으로서 모든 법법法이 공空하다는 것(我空. 我執)과 이웃한
허공虛空이 둘이 아님을 알아차리고 이 둘(我空. 虛空)이 아님도 또한
색색色(法空. 法執)으로서 간혜지乾慧地일 뿐임을 밝게 알아서 의지하거
나 처하거나 머물거나 집착할 바가 없는 반야바라밀般若波羅蜜의 지
혜智慧, 곧 반야지般若智 공空(地輪)으로 선근善根 수행修行의 바른길

(十信)에 들어선 적정寂靜(水輪)의 마음자리(十住)와 이 마음자리에서
불생중불멸중不生中不滅中 불구중부정중不垢中不淨中 부증중불감중
不增中不減中한 중중묘원中中妙圓의 선근善根 수행修行(十行)으로 공덕
功德을 거듭하여 쌓고 쌓아서 더하고 무색정無色定(火輪)의 마음자리
(十迴向)를 깨달아 마치고 이 마음자리로 하화下化하는 일에 막힘이
나 걸림 없이 자재自在하고 상구上求하는 일에 막힘이나 걸림 없이
자재하며, 또한 선정禪定 삼매三昧에 막힘이나 걸림 없이 자유자재自
由自在함으로 정수리에 틀어 앉힌 상투로서 두타행頭陀行(如來行)인
무생법인無生法忍(風輪)의 마음자리(十地), 이 모두를 부족함 없이 청
정淸淨하게 아우르는 공여래장空如來藏(等覺. 無上道. 無垢地. 眞空妙有)
으로서 드러낸 불공여래장不空如來藏(金剛慧心. 善知識)과 실상實相의
본바탕이 원융무이상圓融無二相(妙覺. 不二門)으로 "이것"을 가리키고
"이것"이란 "나我와 내 것我所"이라 가리킬 수 있거나 말로 이를 수
없음에까지 또 생각과 생각이 아님에 이른 것을 무여열반無餘涅槃이
라 한다.

무연대비無緣大悲: 중생연자비衆生緣慈悲, 법연자비法緣慈悲, 무연
자비無緣慈悲, 이 세 가지 자비慈悲 중 하나를 이른다.

1) 중생연자비衆生緣慈悲: 각각 식견識見(色受想行識. 五蘊)으로서의
반야般若 공空(乾慧地. 我空. 虛空. 法空)에 따른 계정혜戒定慧 온계처蘊
界處 신구의身口意 업과業果로서 속된 인연에 이끌려 자비慈悲를 일으
키는 것을 이른다.

2) 법연자비法緣慈悲: 식견識見으로 모든 법이 공空한 모양이나 상태의 영원함과 무한함과 한량없는 계정혜戒定慧 온계처蘊界處 신구의身口意 업업(我空. 我執)과 이웃한 허공虛空이 둘이 아님을 알아차리고 이 둘(我空. 虛空)이 아님도 또한 색色(法空. 法執)일 뿐인 간혜지乾慧地임을 알아서 계정혜戒定慧 온계처蘊界處 신구의身口意 업과業果라는 법공法空과 법집法執에 의지하고 처하고 머물고 집착하는 마음으로 자비慈悲를 행하는 바를 이른다.

3) 무연자비無緣慈悲: 모든 법법法이 공空한 모양이나 상태(不生不滅 不垢不淨 不增不減한 蘊處界, 戒定慧, 身口意 業果)의 식견識見(我空. 我執)과 이웃한 허공虛空이 둘이 아님과 이 둘(我空. 虛空)이 아님도 또한 색色(法空. 法執)일 뿐인 간혜지乾慧地임을 분명하게 알아서 의지하거나 처하거나 집착할 바가 없음을 분명하게 깨달아 얻고 마친 반야지般若智 공空을 근본根本(十信)으로 수행에 마땅한 적정寂靜의 마음자리(十住)에 바르게 들어가 중중묘원中中妙圓한 불생중불멸중不生中不滅中 불구중부정중不垢中不淨中 부증중불감중不增中不減中의 선근善根 수행修行(十行)으로 공덕功德을 쌓고 쌓아서 거듭 더하고 하화下化에 막힘이나 걸림 없는 자재함을 얻고 상구上求에 막힘이나 걸림 없는 자재함을 얻으며, 또한 선정禪定 삼매三昧에 막힘이나 걸림 없는 자유자재한 무색정無色定의 마음자리(十迴向)로 두타행頭陀行(如來行)인 무생법인無生法忍의 마음자리(十地), 이 모두를 두루 원만圓滿하면서 청정清淨하고 다함이 없이 아우르는 공여래장空如來藏(等覺. 無上道. 無垢地)의 자비를 이른다.

반야바라밀般若波羅蜜의 지혜, 곧 반야지般若智 공空이라는 제일의제第一義諦에 머물기에 평등한 자비를 일으킴을 이르는 것이니, 대개

범부凡夫와 이승二乘(中中妙圓의 道)도 평등한 자비를 일으키지만, 이들은 중생과의 속된 인연因緣, 또 법法과의 인연으로써 자비를 일으키며, 또 행하는 것일 뿐이고 평등한 무연無緣(空如來藏. 等覺. 無上道. 無垢地. 眞空妙有)의 큰 자비는 일으키지 못한다. 그러므로 부처의 자비, 곧 공여래장空如來藏의 자비, 곧 무연자비無緣慈悲만을 대자대비大慈大悲라고 이른다.

무참외도無慚外道: 부끄러움도 없이 역일역이亦一亦異를 주장하는 이들을 이른다.

일체 모든 법法의 인과因果란 원인原因이 없으면 결과結果가 없고 원인이 있으면 결과가 있는 것이므로 하나(一)라고 할 수 있으며, 그리고 원인은 원인이고 결과는 결과이기 때문에 서로 다른 것이므로 다른 것(異)이라고 말한다. 달리 이르자면 태양이 있으면 밝음이 있고 태양이 없으면 밝음이 없으므로 태양은 같다고 할 수 있고, 태양과 밝은 것이란 모양이나 상태가 같은 곳에 처하는 것이 아니기에 다르다고 말한다. 곧 부끄러움이 없는 외도外道를 이른다.

물物: 인간의 감각感覺으로 느낄 수 있는 실재적實在的 사물事物을 이르는 것이며, 또는 느낄 수 없어도 그 존재存在를 사유思惟할 수 있는 일체의 것을 이른다.

바라문婆羅門: 승려로서의 계급을 이르며, 어렸을 때는 부모 밑에서 자라고 어느 정도 자라면 부모를 떠나 스승을 모시고 경전經典을 배워 익히며, 장년壯年에 이르게 되면 집으로 다시 돌아와 결혼하고 살다가 나이가 들어 늙으면 모든 살림을 자식에게 맡기고 산이나 숲에 들어가 수행修行하며, 또 산이나 숲에서 나와 동서남북東西南北으로 다니면서 세상 모든 일에서 벗어나 타인他人이 주는 보시報施 물物로 생활하는 이들을 이른다.

　　방편方便: 식견識見으로서의 반야般若 공空(我空. 我執)과 이웃한 허공虛空이 둘이 아님과 이 둘(我空. 虛空)이 아님도 또한 색색(法空. 法執)으로 간혜지乾慧地일 뿐임을 밝게 알아차리고 의지하거나 처하거나 머물거나 집착할 바가 없음을 분명하고 명료明了하게 깨달아 얻는 반야바라밀般若波羅蜜의 지혜, 곧 반야지般若智 공空을 바탕(十信)으로 수행에 마땅한 적정寂靜의 마음자리(十住)에 들어가 불생중불멸중不生中不滅中 불구중부정중不垢中不淨中 부증중불감중不增中不減中하는 중중묘원中中妙圓의 선근善根 수행修行(十行)의 공덕功德을 방편方便이라 이른다.

　중중묘원中中妙圓의 방편을 통해 선근 수행修行으로 공덕功德을 거듭해서 더하고 더하여 무색정無色定의 마음자리(十迴向)를 두루 원만圓滿하고 청정淸淨하게 갖추어 상구하화上求下化에 막힘이나 걸림 없이 자재하며, 또한 선정禪定 삼매三昧에 막힘이나 걸림 없는 자재自在한 행行을 이루어 두타행頭陀行으로 무생법인無生法忍의 마음자리(十地)를 거듭 깨달아 얻고 이 모두를 청정淸淨하게 다함이 없이 아우르는 무상도無上道로서 공여래장空如來藏(等覺. 無垢地. 眞空妙有)에 이르기까지를 방편方便이라 이른다.

번뇌장煩惱障: 사람의 몸이란 색수상행식色受想行識, 이 오온五蘊
이 화합和合하여 존재하는 것에 불과하다. 그러나 이 몸을 두고 영
구성永久性을 지닌 "나我와 내 것我所"이라고 의지하고 처하고 머물고
집착하는 번뇌煩惱를 이른다. 이는 몸과 마음을 번잡煩雜하게 만들
어 깨우침을 깨달아 아는 일에 막힘이나 걸림이 되며, 생사生死에 떠
돌게 하는 까닭으로 번뇌장煩惱障이라 이른다. 곧 식견識見 반야般若
로서 모든 법法이 공空한 모양이나 상태의 불생불멸不生不滅 불구부
정不垢不淨 부증불감不增不減하다는 시간의 영원성永遠性과 공간空間
의 무한無限함과 수량數量의 한량限量 없음에 의지하고 처하고 머물
고 집착하는 신구의身口意 업과業果을 이른다.

범부凡夫: 식견識見으로서 모든 법法이 공空(我空. 我執)함과 이웃한
허공虛空(隣虛)이 둘이 아님을 알아차리고 이 둘(我空. 虛空)이 아님도
또한 색색(法空. 法執)일 뿐인 간혜지乾慧地임을 밝게 알아서 의지하거
나 처하거나 머물거나 집착할 바가 없음을 깨달아 얻는 올바른 반
야바라밀般若波羅蜜의 지혜, 곧 반야지般若智 공空을 근본根本(十信)으
로 불생중불멸중不生中不滅中 불구중부정중不垢中不淨中 부증중불감
중不增中不減中하는 중중묘원中中妙圓의 바른 마음자리에 들어감(十
住)을 적정寂靜이라 이르고 이 적정寂靜의 마음자리에서 중중묘원中
中妙圓의 선근善根 수행修行(十行)으로 공덕을 쌓고 쌓아서 분명하게
깨달아 알고 마친 자리가 십행十行의 처음 마음자리로 환희행歡喜行
이라 이른다. 곧 반야바라밀다般若波羅蜜多의 가르침으로 모든 법이
공空하다고 가리킨 바 분명하게 깨달아 얻은 것을 견도見道(十信)라
이르며, 견도見道 이전의 중생을 모두 범부凡夫라 이른다.

대승大乘이나 소승小乘을 떠나서 올바른 이치, 곧 반야바라밀般若波羅蜜의 온전한 지혜, 즉 반야지般若智 공空를 얻지 못한 이들을 두고 모두 범부凡夫라 이른다.

범천梵天: 범천왕梵天王을 이르며, 색계色界 초선천初禪天의 왕으로 제석帝釋과 함께 바른 법을 두둔하고 편들어 주면서 지키는 왕이다. 부처님이 세상에 나오실 때마다 제일 먼저 법法을 청請하는 이들을 말한다.

법계法界: 진여眞如, 아뇩다라삼먁삼보리阿耨多羅三藐三菩提, 본래면목本來面目, 부처를 바르게 또 밝게 드러냄을 이른다.

모든 법法이란 그 모양이나 상태가 공空한 것으로서 계정혜戒定慧 온계처蘊界處 신구의身口意 업과業果가 불생불멸不生不滅 불구부정不垢不淨 부증불감不增不減하다고 이르는 것이며, 계界는 서로 이웃한 것을 이른다.

이르자면 모든 법法이 공空한 모양이나 상태로서 영원永遠하고 무한無限하고 한량限量없는 계정혜戒定慧 온계처蘊界處 신구의身口意 업과業果라는 반야般若 식견識見(我空. 我執)과 이웃한 허공虛空이란 둘이 아님을 알아차리고 이 둘(我空. 虛空)이 아님도 또한 색색(法空. 法執)으로서 간혜지乾慧地일 뿐임을 밝게 알아서 의지하거나 처하거나 머물거나 집착할 바가 없음을 분명하게 깨달아 얻음(온전한 般若波羅蜜의 智慧, 般若智 空)으로부터 법계法界라고 이른다. 더하자면 불생중불멸중不生中不滅中 불구중부정중不垢中不淨中 부증중불감중不增中不

滅中하는 중중묘원中中妙圓(一中觀), 곧 생生도 멸滅도 아닌 가운데를 가리키고 더러움도 깨끗함도 아닌 가운데를 가리키고 늘지도 줄지도 않는 가운데를 가리키는 것이니, 법계法界란 중중묘원中中妙圓으로서 의지하거나 처하거나 머물거나 집착할 바 없음을 곧바로 가리키는 공空함을 이른다. 그러므로 "달을 손가락으로 가리키는 일에 있어 손가락(般若 識見. 乾慧地)을 보지 말고 허공의 달 뿐만 아니라 태양과 별들이 행하는 중중묘원中中妙圓함을 보라."고 거듭 간곡하게 전하고 전하는 것이다.

법륜法輪: 바른 법法으로 가르쳐 이끄는 일을 이른다.

식견識見으로서의 반야般若 공空과 이웃한 허공虛空이 둘이 아님과 이 둘(我空. 虛空)이 아님도 또한 색色일 뿐인 간혜지乾慧地임을 밝게 알아차리고 의지하나 처하거나 머물거나 집착할 바가 아님을 분명하게 깨달아 얻고는 어느 한 사람, 어느 한 곳에 의지하거나 처하거나 머물거나 집착하지 않는 불생중불멸중不生中不滅中 불구중부정중不垢中不淨中 부증중불감중不增中不減中한 중중묘원中中妙圓의 선근善根 수행修行으로서 계정혜戒定慧 온계처蘊界處 신구의身口意 업과業果를 바퀴가 원만하게 구르듯 바른 법法을 가르쳐 바른길로 이끄는 일을 이른다. 곧 법의 바퀴法輪, 즉 모든 법이 공空한 모양이나 상태로서 반야지般若智 공空의 바퀴가 불생중불멸중不生中不滅中 불구중부정중不垢中不淨中 부증중불감중不增中不減中하다는 것을 이른다. 중중묘원中中妙圓이라는 언어나 문자, 모양이나 상태를 빌려 쓴 이름이 법륜法輪이다.

벽지불辟支佛: 연각緣覺, 독각獨覺이라고 이르며, 부처님의 가르침에 의지하지 않고 홀로 깨달아 자유의 경지에 도달한 성자聖者를 말한다. 곧 스승 없이 혼자 깨우친 이(獨覺)를 이른다.

생生하고 자라고 머물고 없어지는(生住異滅) 인연因緣(受想行識)이란 거짓되고 망령됨을 알고 단지 만물이 생하고 자라고 머물고 이루어지고 무너지고 없어지는 일들(成住壞空), 곧 무상無常한 일들이 허공虛空에 의지한 것임을 깊이 보고 "나我와 내 것我所"이란 덧없는 것임을 깨우치는 이들이니, 이는 식견識見으로서 모든 법이 공空함과 이웃한 허공虛空(隣虛, 有의 반대인 無와는 다른 성격)이 둘이 아님을 본 이들을 말한다.

보리菩提: 도道, 지智, 각覺이라 이른다. 깨우침의 결과果를 이르며, 바른 깨우침의 더할 나위 없음을 이르는 것이니, 깨우침의 결과, 즉 불과佛果를 이른다.

차례를 따라 이르자면 식견識見으로서 모든 법法이 공空한 모양이나 상태를 가리키는 불생불멸不生不滅 불구부정不垢不淨 부증불감不增不減(我空. 我執)과 이웃한 허공虛空이 둘이 아님과 이 둘(我空. 虛空)이 아님도 또한 색色(法空. 法執)일 뿐인 간혜지乾慧地임을 분명하게 알아차리고 의지하거나 처하거나 머물거나 집착할 바가 없음을 깨달아 얻는 온전한 반야바라밀般若波羅蜜의 지혜智慧, 곧 반야지般若智 공空을 근본根本(十信)으로 적정寂靜의 마음자리에 들어가 머물며(十住), 불생불멸不生不滅 불구부정不垢不淨 부증불감不增不減이 아닌 불생중불멸중不生中不滅中 불구중부정중不垢中不淨中 부증중불감중不增中不減中한 중중묘원中中妙圓의 선근善根 수행修行(十行)으로 공덕功

德을 거듭해서 쌓고 또 쌓아서 무색정無色定의 마음자리를 더욱 원만圓滿하고 청정淸淨하게 갖추어 상구하화上求下化에 막힘이나 걸림 없이 자재하며, 또한 선정禪定 삼매三昧에 막힘이나 걸림 없는 자유자재自由自在(十廻向)함로 마주 대한 경계를 자세하게 들여다보고 두타행頭陀行으로서 무생법인無生法忍의 마음자리(十地)에 이르며, 이 모두를 두루 원만하게 아우르며, 다함이 없고 청정한 공여래장空如來藏(等覺. 無上道. 無垢地. 眞空妙有)으로 실상實相의 본바탕을 언어나 문자, 모양이나 상태로 나타낸 불공여래장不空如來藏(金剛慧心. 善知識)을 보리菩提라 이르고 선지식善知識이라 한다. 달리 이르자면 지혜의 지혜를 체득體得하였음을 이른다.

보살구경지菩薩究竟地: 보살의 50위 중에 십지十地의 제 10지 법운지法雲地를 청정하게 또 원만하게 아우르는 공여래장(等覺. 無上道. 無垢地)을 두고 보살구경지菩薩究竟地라 이른다.

온전하고 바른 반야지般若智 공空을 근본根本(十信)으로 선근善根 수행修行에 마땅한 적정寂靜의 마음자리에 들어가 머물며(十住), 불생중불멸중不生中不滅中 불구중부정중不垢中不淨中 부중중불감중不增中不減中한 중중묘원中中妙圓의 선근善根 수행修行(十行)으로 공덕功德을 쌓고 쌓아서 상구하화上求下化에 막힘이나 걸림 없으며, 또한 선정禪定 삼매三昧에 막힘이나 걸림 없이 자유자재한 무색정無色定의 마음자리(十廻向)로 두타행의 무생법인無生法忍(十地), 이 모든 마음자리를 청정淸淨하고 두루 원만圓滿하게 아우르는 공여래장空如來藏(等覺. 無上道)을 이른다.

일체 모든 법法과 불보살佛菩薩에 따른 언어나 문자, 모양이나 상태에 의지하거나 처하거나 머물거나 집착하지 않는 모든 법法이 공空하다는 반야바라밀다般若波羅蜜多의 가르침으로서 반야지般若智 공空이 지극至極함에 이르러 청정淸淨하고 견고堅固해진 공여래장空如來藏을 보살구경지菩薩究竟地라 이른다.

보시報施: 단나바라밀檀那波羅蜜을 이르며, 육바라밀六波羅密의 하나로서 재시財施, 법시法施, 무외시無畏施가 있다.

1) 재시財施: 자비심慈悲心으로 다른 이에게 조건 없이 재물財物을 주는 것이니, 식견識見으로서의 반야般若 공空(我空. 我執)과 이웃한 허공虛空이 둘이 아님과 이 둘(我空 .虛空)이 아님도 또한 색색(法空. 法執)일 뿐인 간혜지乾慧地임을 알아차리고 의지하거나 처하거나 머물거나 집착할 바가 없음을 바르게 깨달아 얻는 반야지般若智 공空으로서 수행修行의 마땅한 자리인 적정寂靜의 마음자리에 머물며, 중중묘원中中妙圓함으로 재물을 보시報施함으로서 신구의身口意 업과業果를 더욱 청정淸淨하게 쌓고 쌓아서 두루 원만圓滿함을 견고堅固하게 늘리고 키우는 것을 이른다.

2) 법시法施: 식견識見으로서의 반야般若 공空(我空. 我執)과 이웃한 허공虛空이 둘(我空. 虛空)이 아님을 알아차리고 이 둘(我空. 虛空)이 아님도 또한 색색(法空. 法執)일 뿐인 간혜지乾慧地임을 알아서 의지하거나 처하거나 머물거나 집착할 바가 없는 바른 깨우침으로 반야바라밀般若波羅蜜의 지혜, 곧 반야지般若智 공空을 깨달아 얻어 마치고 이를 바탕(十信)으로 선근善根 수행修行의 마땅한 자리인 적정寂靜의 마

음자리에 들어가 머물며(十住), 중중묘원中中妙圓의 선근善根 수행修行
(十行)으로 공덕功德을 거듭 쌓고 쌓아서 청정淸淨하고 두루 원만圓滿
하고 견고堅固해짐으로 상구하화上求下化에 자재한 무색정無色定의
마음자리에서 하화下化하는 일에 막힘이나 걸림 없이 바르게 가르치
고 이끌며, 상구上求하는 일에 막힘이나 걸림이 없으며, 또한 선정禪
定 삼매三昧에 막힘이나 걸림 없는 자재(十迴向)함으로 두타행頭陀行
의 무생법인無生法忍(十地)과 이 모든 마음자리를 청정하게 또 원만
하게 아우르는 공여래장空如來藏(等覺. 無上道. 無垢地)으로 실상實相의
본바탕을 드러낸 불공여래장不空如來藏(金剛慧心. 善知識)으로서 바르
게 가르치고 이끄는 법法을 법보시法布施라 이른다.

　법보시法布施란 실상實相의 본바탕을 언어나 문자, 모양이나 상태
로 드러내어 나타낸 불공여래장不空如來藏의 마음자리(善知識. 金剛慧
心)를 증득證得하고 응무소주이생기심應無所住而生其心함을 이른다.

　달리 이르자면 모든 법法이 공空한 모양이나 상태를 가리킨 불생
불멸不生不滅 불구부정不垢不淨 부증불감不增不減에 대한 식견識見으
로서의 반야般若 공空(我空. 我執)과 이웃한 허공虛空이 둘이 아님과
이 둘(我空. 虛空)이 아님도 또한 색色色(法空. 法執)일 뿐인 간혜지乾慧地
임을 알아차리고 의지하거나 처하거나 머물거나 집착할 바가 없음
을 분명하게 깨달아 얻은 반야바라밀般若波羅蜜의 지혜智慧, 곧 반야
지般若智 공空을 근본으로 수행에 마땅한 마음자리를 더욱 늘리고
자라게 함(中中妙圓, 般若智 擴張思惟)을 이른다.

　3) 무외시無畏施: 식견識見으로서의 모든 법이 공空(我空. 我執)함과
이웃한 허공虛空이 둘이 아님과 이 둘(我空. 虛空)이 아님도 또한 색色
(法空. 法執)으로서 간혜지乾慧地일 뿐임을 알아차리고 의지하거나 처

하거나 머물거나 집착할 바가 없음을 깨달아 얻은 반야지般若智 공
空을 근본(十信)으로 마땅한 수행修行의 마음자리(寂靜)에 들어가 머
물며(十住), 중중묘원中中妙圓의 선근 수행修行(十行)으로 상구하화上求
下化에 막힘이나 걸림 없는 마음자리(無色定)를 두루 원만하게 얻어
선정禪定 삼매三昧에 자재(十迴向)하고 생생함이 없는 법(無生法忍)으
로 행하는 두타頭陀의 마음자리(十地)와 이 모든 마음자리를 청정淸
淨하게 또 원만圓滿하게 아우르는 공여래장空如來藏(等覺. 無上道. 無垢
地. 眞空妙有)과 일체 모든 법法과 불보살佛菩薩에 따른 언어나 문자,
모양이나 상태(不空如來藏. 金剛慧心. 善知識)에 의지하거나 처하거나
머물거나 집착하지 않는 "이것"에 대한(圓融無二相. 妙覺. 不二門) 생각
과 생각 아님을 벗어나 두려움이 따르지 않는 보시報施를 한다는 것
이니, 이는 곧 "나我와 내我所것"이 없음을 바탕으로 보시(應無所住而
生其心)함을 가리킨다.

보특가라補特伽羅: 의지하고 처하고 머물고 집착하면서 살아있는
모든 것(有情)을 이른다. 특히 "나我와 내我所것"이라는 것에 의지하
고 처하고 머물고 집착하는 이들을 이른다.

영원永遠하고 무한無限하고 한량限量없는 보특가라補特伽羅를 이르
자면, 불생불멸不生不滅 불구부정不垢不淨 부증불감不增不減한 계정혜
戒定慧 온계처蘊界處 신구의身口意 업과業果를 들어 말할 수 있으며,
또한 식견識見으로서의 반야般若 공空(我空. 我執)과 이웃한 허공虛空
(鄰虛)이 둘(我空. 虛空)이 아님을 알아차린 보특가라補特伽羅가 있으
니, 이를 수취취數取趣라고도 이른다. 이는 둘(我空. 虛空)이 아님을
알아차리고 이 또한 색色(法空. 法執)일 뿐인 간혜지乾慧智에 의지하고

처하고 머물고 집착하는 까닭에 곱빼기(我空 + 虛空 + 法空)로 늘어나
오온五蘊으로는 이를 수 없고 측량할 수도 없고 헤아려 알 수도 없
는 계정혜戒定慧 온계처蘊界處 신구의身口意 업과業果의 인연因緣을
따라 육취六趣(地獄, 餓鬼, 畜生, 阿脩羅, 人間, 天)에 생멸生滅하므로 이
또한 보특가라補特伽羅라고 이른다.

　　본각本覺: 사물事物이 발생하는 근원根源, 곧 깨우침의 실상實相을
이른다. 모든 유정有情, 무정無情에 막힘이나 걸림 없이 본바탕으로
서 갖추고 있는 진여眞如의 실상實相을 이른다.

　식견識見으로서의 반야般若 공空(我空. 我執)과 이웃한 허공虛空이
란 둘이 아님과 이 둘(我空. 虛空)이 아님도 또한 색色(法空. 法執)일 뿐
인 간혜지乾慧智임을 알아차리고 의지하거나 처하거나 머물거나 집
착할 바가 없음을 분명하게 깨달아 얻고 마친 반야지般若智 공空을
근본根本(十信)으로 수행에 마땅한 적정寂靜의 마음자리(十住)와 중중
묘원中中妙圓의 거듭된 선근善根 수행修行(十行)으로 공덕功德이 청정
淸淨해지고 원만圓滿해진 자리로서 무색정無色定의 마음자리와 이로
인한 상구하화上求下化하는 일에 자재함과 선정禪定 삼매三昧에 막힘
이나 걸림 없는 자재함(十迴向)으로 두타행頭陀行의 무생법인無生法忍
(十地)과 이 모두를 청정淸淨하게 아우르는 공여래장空如來藏(等覺. 無
上道. 無垢地. 眞空妙有)과 공여래장空如來藏의 두루 원만한 깨우침으
로 밝게 드러난 불공여래장不空如來藏(金剛慧心. 善知識)과 실상實相의
본바탕과 불공여래장不空如來藏이 원융무이상圓融無二相(妙覺. 不二門)
으로서 언어나 문자, 모양이나 상태를 벗어난 "이것이 무엇인가?"의
이것을 가리킨다. 곧 "나我와 내我所것"이 없음이라는 생각과 생각이

아님에 이른 것이 본각本覺이다.

불공불법不共佛法: 대승大乘의 18불공법十八不共法을 이른다. 식견識見으로서의 반야般若 공空(我空. 我執)과 이웃한 허공虛空이 둘이 아님을 알아차리고 이 둘(我空. 虛空)이 아님도 또한 색色(法空. 法執)으로 간혜지乾慧地일 뿐임을 알아서 이 간혜지乾慧地에 의지하거나 처하거나 집착할 바가 없음을 분명하게 깨달아 얻는 반야지般若智 공空을 근본根本(十信)으로 수행修行에 마땅한 적정寂靜의 마음자리에 들어가 머물며(十住), 중중묘원中中妙圓한 불생중불멸중不生中不滅中 불구중부정중不垢中不淨中 부증중불감중不增中不減中의 선근善根 수행修行(十行)으로 공덕功德을 쌓고 쌓아서 상구보리하화중생上求菩提下化衆生에 자재하고 또한 선정禪定 삼매三昧에 막힘이나 걸림 없는 무색정無色定의 마음자리를 청정하고 두루 원만하게 이루며, 자재한 선정禪定 삼매三昧의 힘(十迴向)으로 두타행頭陀行(如來行)인 무생법인無生法忍(十地)과 이 모두를 청정하게 아우르는 공여래장空如來藏(等覺. 無上道)의 자리로부터 대승大乘이라 이르며, 불공불법不共佛法이라 이른다.

공여래장空如來藏(等覺. 無上道. 無垢地. 眞空妙有)의 막힘이나 걸림 없는 자유자재自由自在한 힘으로 실상實相의 본바탕을 드러내어 나타낸 불공여래장不空如來藏(金剛慧心. 善知識)과 실상實相의 본바탕이 원융무이상圓融無二相(妙覺. 不二門)으로서 일체 모든 법법과 불보살佛菩薩에 따른 언어나 문자, 모양이나 상태로도 나타낼 수 없는 "이것"에 대한 생각과 생각 아닌 것에 이르기까지다.

1) 신무실身無失: 식견識見으로서의 반야般若 공空(我空. 我執)과 이웃한 허공虛空이 둘이 아니며, 이 둘(我空. 虛空)이 아님도 또한 색色(法空. 法執)일 뿐인 간혜지乾慧地임을 알아차리고 의지하거나 처하거나 머물거나 집착할 바가 없음을 바르게 깨달아 얻는 반야지般若智 공空을 바탕(十信)으로 수행에 마땅한 적정寂靜의 마음자리에 들어가 머물면서(十住) 불생중불멸중不生中不滅中 불구중부정중不垢中不淨中 부증중불감중不增中不減中한 중중묘원中中妙圓의 선근善根 수행修行(十行)으로 공덕功德을 거듭 쌓고 쌓아서 상구보리하화중생上求菩提下化衆生에 막힘이나 걸림이 없으며, 또한 선정禪定 삼매三昧에 막힘이나 걸림 없이 자유자재自由自在한 무색정無色定의 마음자리(十迴向)가 청정淸淨하고 원만圓滿해진 까닭으로 두타행頭陀行의 무생법인無生法忍을 증득證得(十地)하고 이 모두를 두루 원만圓滿하게 아우르면서 다함이 없는 청정淸淨한 공여래장空如來藏(等覺. 無上道)의 마음으로 신업身業의 과果를 잃지 않기에 함께 하지 않는 불법佛法임을 이른다.

2) 구무실口無失: 반야지般若智 공空을 바탕으로 적정寂靜의 마음자리에서 불생중불멸중不生中不滅中 불구중부정중不垢中不淨中 부증중불감중不增中不減中한 중중묘원中中妙圓의 선근善根 수행修行을 거듭 쌓고 쌓아서 상구보리하화중생上求菩提下化衆生에 막힘이나 걸림이 없으며, 또한 선정禪定 삼매三昧에 막힘이나 걸림 없이 자유자재한 무색정無色定의 마음자리가 두루 원만圓滿해진 까닭으로 두타행頭陀行의 무생법인無生法忍을 증득하고 이 모두를 두루 원만圓滿하게 아우르면서 다함이 없는 청정淸淨한 공여래장空如來藏으로 구업口業의 과果를 잃지 않기(中中妙圓)에 함께 하지 않는 불법佛法임을 이른다.

3) 염무실念無失: 반야지般若智 공空을 바탕으로 적정寂靜의 마음
자리에서 불생중불멸중不生中不滅中 불구중부정중不垢中不淨中 부증
중불감중不增中不減中한 중중묘원中中妙圓의 선근善根 수행修行으로
공덕功德을 거듭 쌓고 쌓아서 상구보리하화중생上求菩提下化衆生에
막힘이나 걸림이 없으며, 또한 선정禪定 삼매三昧에 막힘이나 걸림 없
이 자유자재한 무색정無色定의 마음자리가 두루 원만圓滿해지고 견
고堅固해진 까닭으로 두타행頭陀行의 무생법인無生法忍을 증득證得하
며, 이 모두를 두루 원만하게 아우르면서 다함이 없는 청정淸淨한
공여래장空如來藏으로 의업意業의 과果를 잃지 않기(中中妙圓)에 함께
하지 않는 불법佛法임을 이른다.

4) 무이상無異想: 수행에 마땅한 적정寂靜의 마음자리에서 불생중
불멸중不生中不滅中 불구중부정중不垢中不淨中 부증중불감중不增中不
減中한 중중묘원中中妙圓의 선근善根 수행修行으로 공덕功德을 거듭
쌓고 쌓아서 상구보리하화중생上求下化에 막힘이나 걸림이 없고 또
한 선정禪定 삼매三昧에 막힘이나 걸림이 없는 마음자리, 곧 무색정
無色定의 마음자리가 청정淸淨하고 견고堅固해진 까닭으로 두타행頭
陀行의 무생법인無生法忍을 증득함과 또 이 모두를 두루 원만하게 아
우르고 다함이 없는 청정한 공여래장空如來藏(等覺. 無上道. 無垢地)으
로 서로 다르지 않기에 함께 하지 않는 불법佛法임을 이른다.

5) 무부정심無不定心: 반야지般若智 공空을 바탕(十信)으로 수행에
마땅한 적정寂靜의 마음자리에 들어가 머물며(十住), 중중묘원中中妙
圓의 선근 수행修行(十行)으로 공덕功德을 쌓고 쌓아서 상구하화上求
下化에 자재한 무색정無色定(十迴向)과 두타행頭陀行으로서의 무생법

인無生法忍(十地)과 이 모두를 아우르는 청정淸淨한 공여래장空如來藏
(等覺. 無上道)이란 무상도無上道에 따른 지극至極한 선정禪定과 지극至
極한 삼매三昧이기에 함께 하지 않는 불법佛法임을 이른다.

6) 무부지이사無不知已捨: 반야지般若智 공空에 대한 믿음(十信)과
적정寂靜(十住. 十行)과 무색정無色定(十迴向)과 무생법인無生法忍(十地)
는 반야지般若智 공空의 지극한 공여래장空如來藏(等覺. 無上道)으로서
의지하거나 처하거나 머물거나 집착할 바가 없는 실상實相의 본바탕
으로 불공여래장不空如來藏(金剛慧心. 善知識)이기에 함께 하지 않는
불법佛法임을 이른다.

7) 욕무감欲無減: 반야지般若智 공空과 적정寂靜과 무색정無色定과
무생법인無生法忍과 이 모두를 아우르고 다함이 없으며, 두루 원만
하고 청정한 공여래장空如來藏은 중중묘원中中妙圓함의 불생중불멸
중不生中不滅中 불구중부정중不垢中不淨中 부증중불감중不增不減으로
서 시간時間, 공간空間, 수량數量이 늘고 줄어드는 것이 없을 뿐만 아
니라 영원永遠함과 무한無限함과 한량限量없음에 의지하거나 처하거
나 머물거나 집착하지 않기에 함께 하지 않는 불법佛法임을 이른다.

8) 정진무감精進無減: 반야지般若智 공空과 적정寂靜과 무색정無色
定과 무생법인無生法忍과 이 모두를 원만하게 아우르고 다함이 없으
며, 청정淸淨한 공여래장空如來藏은 중중묘원中中妙圓함의 불생중불
멸중不生中不滅中 불구중부정중不垢中不淨中 부증중불감중不增不減으
로서 시간, 공간 수량이 늘고 줄어듦이 없는 무상도無上道(空如來藏)
로 보리菩提로 향하는 길에 막힘이나 걸림 없이 정진精進할 수 있는

까닭으로 함께 하지 않는 불법佛法임을 이른다.

9) 염무감念無減: 반야지般若智 공空과 적정寂靜과 무색정無色定과 무생법인無生法忍과 이 모두를 원만하게 아우르면서 다함이 없는 청정한 공여래장空如來藏으로 실상實相의 본바탕을 나타낸 불공여래장不空如來藏이란 원융무이상圓融無二相(妙覺. 不二門)의 "이것"이며, "이것"은 곧 "나我와 내 것我所"이 없다는 생각과 생각 아닌 일이기에 늘고 줄어듦이 없음으로 함께 하지 않는 불법佛法임을 이른다.

10) 혜무감慧無減: 공여래장空如來藏(等覺. 無上道. 無垢地. 眞空妙有)으로 드러내어 실상實相의 본바탕을 나타낸 불공여래장不空如來藏(金剛慧. 善知識)이란 총지總持, 다라니陀羅尼로서 지혜智慧이며, 늘고 줄어듦이 없기에 함께 하지 않는 불법佛法임을 이른다.

11) 해탈무감解脫無減: 바른 반야바라밀다般若波羅蜜多의 지혜, 곧 반야지般若智 공空이 궁극窮極에 이른 공여래장空如來藏(等覺. 無上道)의 청정하고 두루 원만하며, 다함이 없는 지혜란 실상實相의 본바탕인 불공여래장不空如來藏(金剛慧. 善知識)을 밝게 드러내고 실상實相의 본바탕과 불공여래장不空如來藏이 원융무이상圓融無二相(妙覺. 不二門)임을 이해理解하는 일에서 벗어나 증득證得하는 것이며, 또한 늘고 줄어듦이 없기에 함께 하지 않는 불법佛法임을 이른다.

12) 해탈지견무감解脫知見無減: 궁극적窮極的이면서 지극至極함에 이른 반야바라밀般若波羅蜜의 지혜智慧, 곧 공여래장空如來藏으로 실상實相의 본바탕을 밝게 드러낸 불공여래장不空如來藏은 여래행如來

行으로 계정혜戒定慧 온계처蘊界處 신구의身口意 업과業果의 바른 행
이며, 불생중불멸중不生中不滅中 불구중부정중不垢中不淨中 부증중불
감중不增中不減中한 중중묘원中中妙圓을 이해理解한다는 일을 벗어나
보고見 듣고聞 깨우치고覺 앎知을 증득證得하였기에 함께 하지 않는
불법佛法임을 이른다.

13) 일체신업수지혜행一切身業隨智慧行: 모든 신업身業이 공여래장
空如來藏으로 드러난 총지總持로서의 불공여래장不空如來藏과 실상實
相의 본바탕이 원융무이상圓融無二相(妙覺. 不二門)임을 깨우치고(不立
五蘊不離證得) "나我와 내 것我所"이 없는 지혜智慧, 이 지혜를 따르는
몸의 업을 행行하는 것이기에 함께 하지 않는 불법佛法임을 이른다.

14) 일체구업수지혜행一切口業隨智慧行: 모든 구업口業이 공여래장
空如來藏으로 드러난 총지總持로서 불공여래장不空如來藏과 실상實相
의 본바탕이 원융무이상圓融無二相임을 깨우치고(不立五蘊不離證得)
"나我와 내 것我所"이 없는 지혜智慧, 이 지혜智慧를 따르는 말의 업을
행行하는 것이기에 함께 하지 않는 불법佛法임을 이른다.

15) 일체의업수지혜행一切意業隨智慧行: 모든 의업意業이 공여래장
空如來藏으로 드러난 총지總持로서 불공여래장不空如來藏과 실상實相
의 본바탕이 원융무이상圓融無二相임을 깨우치고(不立五蘊不離證得)
"나我와 내 것我所"이 없는 지혜智慧, 이 지혜智慧를 따르는 생각의 업
을 행行하는 것이기에 함께 하지 않는 불법佛法임을 이른다.

16) 지혜지과거세무애智慧知過去世無礙: 깨우침을 깨달아 얻은 지

혜智慧의 지혜智慧, 곧 공여래장空如來藏(等覺. 無上道)으로 드러난 총지總持로서의 불공여래장不空如來藏(金剛慧. 善知識)과 실상實相의 본바탕이 원융무이상圓融無二相(妙覺. 不二門)이란 모든 법法과 불보살佛菩薩에 따른 언어나 문자, 모양이나 상태에 의지하거나 처하거나 머물거나 집착할 바가 없는 "이것"임을 깨우치고 "이것"이란 "나我와 내 것我所"이 없음을 알아 지나간 과거세過去世(前生)에 막힘이나 걸림이 없기에 함께 하지 않는 불법佛法임을 이른다.

17) 지혜지미래세무애智慧知未來世無礙: 깨우침을 깨달아 얻은 지혜智慧의 지혜智慧, 곧 공여래장空如來藏으로 드러난 총지總持로서의 불공여래장不空如來藏과 실상實相의 본바탕이 원융무이상圓融無二相(妙覺. 不二門)이란 모든 법法과 불보살佛菩薩에 따른 언어나 문자, 모양이나 상태에 의지하거나 처하거나 머물거나 집착할 바가 없는 "이것"임을 깨우치고 "이것"이란 "나我와 내 것我所"이 없음을 알아 다가올 미래세未來世(後生)에 막힘이나 걸림이 없기에 함께 하지 않는 불법佛法임을 이른다.

18) 지혜지현재세무애智慧知現在世無礙: 깨우침을 깨달아 얻은 지혜智慧의 지혜智慧, 곧 공여래장空如來藏(等覺. 無上道. 無垢地)으로 드러난 총지總持로서의 불공여래장不空如來藏(金剛慧心. 善知識)과 실상實相의 본바탕이 원융무이상圓融無二相(妙覺. 不二門)이란 모든 법法과 불보살佛菩薩에 따른 언어나 문자, 모양이나 상태에 의지하거나 처하거나 머물거나 집착할 바가 없는 "이것"임을 깨우치고 "이것"이란 "나我와 내 것我所"이 없음을 알아 지금 현재세現在世(現生)에 막힘이나 걸림이 없기에 함께 하지 않는 불법佛法임을 이른다. 곧 과거심불가

득過去心不可得, 미래심불가득未來心不可得, 현재심불가득現在心不可得, 전삼삼후삼삼前三三後三三, 무불무불무불無不無不無不이라 말한 바를 이른다.

불공여래장不空如來藏: 일체 모든 법法과 일체 모든 불보살佛菩薩에 따르는 언어나 문자, 모양이나 상태로서 의지하거나 처하거나 머물거나 집착할 것이 없는 모든 선근善根 공덕功德(總持, 陀羅尼)을 온전하게 갖추었을 뿐만 아니라 나타내어 드러내지 못할 그 어떠한 것도 없음을 이른다. 금강혜金剛慧로서 선지식善知識을 가리킨다.

깨우침을 얻었다고 이를 수도 없는, 곧 "나我와 나의 것我所"이라는 언어나 문자, 모양이나 상태에서 벗어난 것임을 가리키는 진여眞如, 본래면목本來面目, 아뇩다라삼먁삼보리阿耨多羅三藐三菩提는 모든 법法과 불보살佛菩薩에 따른 언어나 문자, 모양이나 상태 그 어떠한 것으로도 드러내어 나타낼 수 없기에 원융무이상圓融無二相(妙覺. 不二門)이 가리키는 것으로 "이것"을 이른다. 달리 이르자면 "나我와 나의 것我所"이라 이를 수 있는 언어나 문자, 모양이나 상태에서 벗어난 것임을 가리키는 진여眞如, 본래면목本來面目, 아뇩다라삼먁삼보리阿耨多羅三藐三菩提 곧 실상實相의 본바탕을 드러내기 위하여 빌려 쓴 이름이 다라니陀羅尼로서 불공여래장不空如來藏(金剛慧心. 善知識)이다. 이와 같음으로 실상實相의 본바탕과 불공여래장不空如來藏을 두고 원융무이상圓融無二相(妙覺. 不二門)이라 이른다.

불보살8상佛菩薩八相: 불보살佛菩薩이 세상에 출현出現해서 중생을 제도하려고 불생중불멸중不生中不滅中 불구중부정중不垢中不淨中 부증중불감중不增中不減中한 바른 반야지般若智 공空의 마음자리로 나타내어 보이는 8가지의 모양이나 상태를 이른다.

1) 강도솔상降兜率相: 도솔천兜率天에 강림降臨하는 모양이나 상태를 이른다.

식견識見으로서 모든 법法의 공空한 모양이나 상태를 이른 불생불멸不生不滅 불구부정不垢不淨 불증불감不增不減한 계정혜戒定慧 온계처蘊界處 신구의身口意 업業(我空. 我執)과 이웃한 허공虛空이 둘이 아님과 이 둘(我空. 虛空)이 아님도 또한 색색(法空. 法執)으로서 간혜지乾慧地일 뿐임을 알아차리고 의지하거나 처하거나 머물거나 집착할 바가 없음을 바르게 깨달아 얻은 온전한 반야지般若智 공空에 대한 믿음을 근본(十信)으로 한 초발심주初發心住로 강림降臨하는 모양이나 상태를 이른다.

2) 입태상入胎相: 식견識見으로서의 반야般若 공空(我空. 我執)과 이웃한 허공虛空이 둘이 아님과 이 둘(我空. 虛空)이 아님도 또한 색色(法空. 法執)일 뿐인 간혜지乾慧地임을 알아차리고 의지하거나 처하거나 머물거나 집착할 바가 없음을 깨달아 얻은 반야지般若智 공空을 근본根本(十信)으로 선근善根 수행修行에 마땅한 적정寂靜의 마음자리(十住)에 들어섬을 이른다.

온전한 반야바라밀般若波羅密의 지혜智慧, 곧 반야지般若智 공空을 믿음으로 한 십신十信의 신심信心을 초발심주初發心住로 모든 불보살佛菩薩을 낳고 기르는 자리를 가리키며, 실상實相을 비유로써 든 마야 부인의 몸에 잉태孕胎한 모양이나 상태를 이른다.

3) 주태상住胎相: 실상實相을 비유로써 든 마야 부인의 태반胎盤(寂靜)에 의지하고 처하고 머무는 모양이나 상태(十住)를 이른다.

태반胎盤(寂靜)에 의지하고 처하고 머무는 적정寂靜의 마음자리에서 중중묘원中中妙圓의 선근善根 수행修行(十行)으로 공덕功德을 쌓고 쌓으면서 부지런하게 수행(不生中不滅中 不垢中不淨中 不增中不減中)하는 모양이나 상태를 이른다.

4) 출태상出胎相: 적정寂靜의 중중묘원中中妙圓한 선근 수행修行으로 공덕을 거듭 더하여 두루 원만圓滿함과 견고堅固함과 청정淸淨함을 이루는 비유로 마야 부인의 옆구리를 통해 출생出生하는 모양이나 상태(不生中不滅中 不垢中不淨中 不增中不減中)를 이르는 것이니, 십주十住 가운데 생귀주生貴住의 모양이나 상태를 이른다.

5) 출가상出家相: 거듭 더하여 쌓고 쌓아가는 적정寂靜의 선근善根 공덕功德의 수행修行을 통하여 중중묘원中中妙圓함으로 계정혜戒定慧 온계처蘊界處 신구의身口意 업과業果에 자재自在함을 얻은 모양이나 상태(不生中不滅中 不垢中不淨中 不增中不減中)를 이른다.

적정寂靜의 마음자리에 들어가 머물며(十住), 중중묘원中中妙圓의 선근 수행(十行)을 거듭 쌓고 상구하화上求下化에 막힘이나 걸림 없이 자재自在하며, 또한 선정禪定 삼매三昧에 자유자재한 무색정無色定의 마음자리(十迴向)로 위로는 보리菩提를 구하고 아래로는 자세히 살펴서 들여다보고 바르게 가르치고 이끌어주는 일에 막힘이나 걸림 없음이 두루 원만圓滿해지고 청정淸淨하며, 견고堅固해지는 모양이나 상태를 이른다.

6) 성도상成道相: 상구하화上求下化에 막힘이나 걸림 없이 자재自在하며, 또한 선정禪定 삼매三昧에 자유자재自由自在한 무색정無色定의 마음자리(十迴向)로 두타행頭陀行(如來行)의 무생법인無生法忍을 이루는 모양이나 상태(十地)를 이른다.

식견識見으로서의 반야般若 공空(我空. 我執)과 이웃한 허공虛空이 둘이 아님과 이 둘(我空. 虛空)이 아님도 또한 색色(法空. 法執)일 뿐인 간혜지乾慧地임을 알아차리고 의지하거나 처하거나 머물거나 집착할 바가 없음을 바르게 깨달아 얻는 반야지般若智 공空과 수행修行의 마음자리인 적정寂靜과 상구하화上求下化에 자재하며, 또한 선정禪定 삼매三昧에 막힘이나 걸림 없이 자재한 마음자리인 무색정無色定과 무색정無色定의 상구보리上求菩提하는 지혜로운 힘으로 두타행頭陀行(如來行)으로서 생生함이 없는 법法에 대한 곧 무생법인無生法忍에 대한 의심이나 미혹迷惑함이 없음을 이른다.

이 모든 마음자리를 두루 원만하게 아우르고 청정淸淨하며, 견고堅固하게 성숙成熟한 공여래장空如來藏에 이른 궁극적窮極的이면서 지극至極한 모양이나 상태를 가리킨다.

7) 전법륜상轉法輪相: 법륜法輪을 회전回轉시켜 움직이는 일에 막힘이나 걸림 없이 자유자재自由自在한 모양이나 상태를 이른다. 곧 공여래장空如來藏을 가리키는 것이며, 지륜地輪, 수륜水輪, 화륜火輪, 풍륜風輪을 상하좌우上下左右로 회전시켜 움직이는 일로서 반야지般若智 공空 확장사유擴張思惟를 이른다.

중중묘원中中妙圓의 방편方便으로 의지하고 처하고 머물고 집착할 바의 일체 모든 언어나 문자, 모양이나 상태를 마지막까지 끊어버리고 없애버린 반야지般若智 공空의 완성完成이며, 법륜法輪을 회전시켜 움직이는 일(中中妙圓)에 일 점 의혹疑惑이 없음을 이른다. 이는 실상實相의 본바탕을 드러내기 위하여 법륜法輪을 굴려서 움직이는 일이며, 곧 반야지般若智 공空을 온전하게 성취成就한 공여래장空如來藏(等覺. 無上道. 無垢地. 眞空妙有)의 모양이나 상태를 이르고 여래행如來行의 작용作用임을 말한다. 공여래장空如來藏으로 드러낸 모양이나 상태란 두루 원만圓滿하고 청정淸淨하며, 견고堅固하게 성취成就한 총지總持와 다라니陀羅尼로서 실상實相의 본바탕을 나타낸 불공여래장不空如來藏(金剛慧. 善知識)을 가리킨다.

8) 입열반상入涅槃相: 불공여래장不空如來藏에 들어선 모양이나 상태를 이른다.

반야지般若智 공空을 온전하게 이룬 공여래장空如來藏을 깨달아 얻고 마친 일로서 드러난 실상實相의 본바탕을 가리키는 것이며, 실상實相의 본바탕으로서 "나我와 내 것我所"이 없음을 곧바로 가리키는 것이기에 실상實相의 본바탕과 불공여래장不空如來藏이란 원융무이상圓融無二相(妙覺. 不二門)으로서 "이것"을 가리킨다. 즉 "나와 내 것"이 없음이라는 생각과 생각 아님을 이른다.

무이상無二相(不二門)이란 "이것"을 가리키며, "이것"은 "나我와 내 것我所"에서 온전하게 벗어난 모양이나 상태(不立五蘊中不離證得中)를 이른다. 이를 열반涅槃에 들었다고 말한다. 덧붙여 말하면 죽어서 열반涅槃이 아니고 중중묘원中中妙圓의 완숙完熟(不立五蘊中不離證得中)함으로 살아서 열반涅槃임을 이른다.

불사佛事: 법사法事, 법업法業이라 이른다. 법법法法(中中妙圓의 空)의 일, 법法(空)의 업業을 말한다.

부처님이 능히 하시는 일로서 깨우침을 얻도록 바른 가르침을 전하는 모든 일을 이른다. 즉 모든 법法이 공空한 모양이나 상태란 불생불멸不生不滅 불구부정不垢不淨 불증불감不增不減함을 가리키며, 계정혜戒定慧 온계처蘊界處 신구의身口意 업과業果도 또한 이와 같음을 가리킨다. 이는 식견識見으로서의 반야般若 공空(我空. 我執)과 이웃한 허공虛空이 둘이 아님과 이 둘(我空. 虛空)이 아님도 또한 색色(法空. 法執)으로서 간혜지乾慧地일 뿐임을 알아차리고 의지하거나 처하거나 머물거나 집착할 바가 없음을 바르게 깨달아 얻는 반야바라밀般若波羅蜜의 지혜, 곧 온전한 반야지般若智 공空을 근본根本으로 이루어지는 일들을 두고 불사佛事라 이른다.

불성佛性: 부처, 깨우침을 성취成就할 수 있는 근본根本이 되는 성품性品을 이른다.

무명無明의 미혹迷惑함과 스스로에 대한 깨우침(悟)이 서로 마주 대하여 변하는 일 없이 본래부터 중생에게 갖추어져 있는 부처를 이룰 수 있는 성품性品을 말한다.

식견識見으로서 모든 법法이 공空한 모양이나 상태를 이른 불생불멸不生不滅 불구부정不垢不淨 부증불감不增不減하다는 것(我空. 我執)과 이웃한 허공虛空이 둘이 아님과 이 둘(我空. 虛空)이 아님도 또한 색色(法空. 法執)일 뿐인 간혜지乾慧地임을 알아차리고 의지하거나 처하거나 머물거나 집착할 바가 없음을 깨달아 얻는 온전한 반야바라밀般若波羅蜜의 지혜로서 반야지般若智 공空을 이른다.

불신佛身: 최상의 깨우침으로 원융무이상圓融無二相(妙覺. 不二門)을 실제로 이룬(不立五蘊不離證得) 몸을 이른다.

무상정각無上正覺, 곧 위 없는 바른 깨우침을 얻고(不空如來藏) 아녹다라삼먁삼보리阿耨多羅三藐三菩提를 증득證得한 몸으로서 "나我와 나의 것我所"이 없음이란 생각과 생각 아님에 이르기까지 밝게 아는 몸을 이른다.

불지佛地: 모든 법法이 공空한 모양이나 상태의 불생불멸不生不滅 불구부정不垢不淨 부증불감不增不減함에 대한 곧 식견識見으로서의 반야般若 공空(我空. 我執)과 이웃한 허공虛空이 둘이 아님을 알아차리고 이 둘(我空. 虛空)이 아님도 또한 색色(法空. 法執)일 뿐인 간혜지乾慧地임을 알아서 의지하고 처하고 머물고 집착할 바가 없음을 분명하게 깨달아 얻고 마친 반야지般若智 공空을 근본根本(十信)으로 수행에 마땅한 적정寂靜의 마음자리에 들어가 머물며(十住), 중중묘원中中妙圓한 선근善根 수행修行(十行)의 공덕功德을 거듭 쌓고 쌓아서 상구보리하화중생上求菩提下化衆生에 막힘이나 걸림 없이 자재(十迴向)하며, 또한 막힘이나 걸림 없이 선정禪定 삼매三昧에 자유자재自由自在한 무색정無色定의 마음자리를 두루 원만하고 청정하게 하며, 상구보리上求菩提에 자유자재(十迴向)함으로 무생법인無生法忍의 두타행頭陀行(十地)과 이 모두를 두루 원만圓滿하게 아우르면서 견고堅固함과 청정淸淨함을 성취成就한 공여래장空如來藏(等覺. 無上道. 無垢地. 眞空妙有)으로 궁극적窮極的으로는 실상實相의 본바탕과 불공여래장不空如來藏(金剛慧心. 善知識)이 원융무이상圓融無二相(妙覺. 不二門)임을 증득證得한다.

원융무이상圓融無二相이란 즉 두 가지 모양이나 상태(無二相. 實相의 본바탕과 不空如來藏)가 없이 무르녹은圓融 "이것"을 이르는 것이며, "이것"이란 "나我와 나의 것我所"이 없음을 가리키고 불지佛地란 "나我와 나의 것我所"이 없다는 생각과 생각 아님에 이르기까지를 가리킨다.

불퇴不退: 불퇴전不退轉이라 이르니, 한번 도달한 수행修行의 경지境地에서 물러서지 않음을 이른다.

식견識見으로서의 반야般若 공空(我空. 我執)과 이웃한 허공虛空이 둘(我空. 虛空)이 아님과 이 둘(我空. 虛空)이 아님도 또한 신구의身口意 업과業果에 의지하고 처하고 머물고 집착하는 색色(法空. 法執)일 뿐인 간혜지乾慧地임을 알아차리고 의지하거나 처하거나 머물거나 집착할 바가 없음을 분명하게 깨달아 얻는 반야지般若智 공空을 근본根本(十信)으로 수행修行에 마땅한 마음자리로서 적정寂靜의 자리에 들어가 머물며(十住), 중중묘원中中妙圓의 불생중불멸중不生中不滅中 불구중부정중不垢中不淨中 부증중불감중不增中不減中한 선근善根 수행修行(十行)으로 공덕功德을 거듭하여 쌓고 쌓아서 상구보리하화중생上求菩提下化衆生에 막힘이나 걸림 없이 자재自在한 무색정無色定의 마음자리(十廻向)에서 물러서지 않음과 또한 선정禪定 삼매三昧에 들고나는 자유자재自由自在함에서 물러서지 않으며, 모든 의혹疑惑에서 벗어난 두타행頭陀行(如來行)의 무생법인無生法忍(十地)에서 물러서지 않음을 이른다.

덧붙이면 일체 모든 법法과 불보살佛菩薩에 따른 언어나 문자, 모양이나 상태에 의지하거나 처하거나 머물거나 집착할 바가 없음에 대한 생각과 생각이 아닌, "이것(不立五蘊中不離證得中으로서 空如來藏,

不空如來藏, 圓融無二相, 我와 我所가 없음)"을 깨달아 얻기 위해 물러서
지 않음을 이른다.

　　비바사나毗婆舍那: 능견能見, 정견正見, 관觀이라 이르며, 자세하
고 깊이 들여다보아서 허물이나 잘못에 의지하거나 처하거나 집착
함이 없게 하는 관행觀行을 이른다.
　　식견識見으로서의 반야般若 공空(我空. 我執)과 이웃한 허공이 둘이
아님과 이 둘(我空. 虛空)이 아님도 또한 색색(法空. 法執)일 뿐인 간혜
지乾慧地임을 알아차리고 의지하거나 처하거나 머물거나 집착할 바
가 없음을 깨달아 얻는 반야지般若智 공空에 대한 믿음(十信)으로 수
행에 마땅한 적정寂靜의 마음자리에 머물면서(十住) 선근善根 수행修
行인 중중묘원中中妙圓의 공덕功德(十行)을 거듭 쌓고 쌓아서 두루 원
만圓滿해지고 청정淸淨해진 무색정無色定의 마음자리(十迴向)로 하화
중생下化衆生에 막힘이나 걸림 없이 자재하며, 또한 막힘이나 걸림 없
이 자유자재한 선정禪定 삼매三昧로 상구보리上求菩提하는 일에 있어
두타행頭陀行의 무생법인無生法忍(十地)과 이 모두를 두루 원만圓滿하
게 아우르는 청정淸淨한 공여래장空如來藏(等覺. 無上道)과 실상實相의
본바탕으로서 불공여래장不空如來藏(金剛慧. 善知識)과 원융무이상圓
融無二相(妙覺. 不二門)의 경계를 자세히 살펴서 들여다보는 일을 관행
觀行이라 이른다. 물론 하화下化로서 마주한 식견識見으로서의 반야
般若 공空과 반야지般若智 공空과 적정寂靜의 경계를 자세히 살펴서
들여다보고 바르게 알아서 분별分別함 또한 관행觀行이라 이른다.
즉 무색정無色定의 마음자리로서 십회향十迴向 제10 법계무량회향法
界無量迴向의 마음자리로 행함을 가리킨다.

그러므로 관행觀行의 마음자리란 관자재보살觀自在菩薩 행심반야
바라밀다시行深般若波羅蜜多時 조견오온개공도照見五蘊皆空度 일체고
액一切苦厄 사리자舍利子로부터 진실불허眞實不虛 고설故說 반야바라
밀다주般若波羅蜜多呪 즉설주왈卽說呪曰 아제揭諦 아제揭諦 바라아제
婆羅揭諦 바라승아제婆羅僧揭諦 모지菩提 사바하娑婆訶까지를 이른 마
하반야바라밀다심경摩訶般若波羅蜜多心經을 가리키며, 십바라밀十波
羅蜜 가운데 육바라밀六波羅蜜을 말한다.

사계四階: 보살이 도道의 과果를 얻기 위한 차례를 4단계로 분류
分類한 것을 이른다. 현성賢聖의 품류品類로 널리 알려진 이름인 십
주十住, 십행十行, 십회향十廻向, 십지十地, 무구지無垢地(等覺. 無上道.
空如來藏), 금강혜金剛慧(不空如來藏), 묘각지妙覺地(妙覺. 不二門. 圓融無
二相)를 이르는 것으로 의지하거나 처하거나 머물고자 집착하지 않
은 42현성賢聖의 이름을 이른다.

1) 십신十信을 들어 53의 자리를 말하지만, 십신十信은 거론치 않
고 반야바라밀다의 지혜(般若智)를 얻은 곧 모든 법法이 공空한 모양
이나 상태를 이른 불생불멸不生不滅 불구부정不垢不淨 불증불감不增
不減한 온계처蘊界處 계정혜戒定慧 신구의身口意 업과業果에 대한 식견
識見 반야般若(我空. 我執)와 이웃한 허공虛空이 둘이 아님과 이 둘(我
空. 虛空)이 아님도 또한 색색(法空. 法執)으로서 간혜지乾慧地일 뿐임
을 분명하게 알아차리고 의지하거나 처하거나 머물거나 집착할 바가
없음을 바르게 깨달아 얻은 반야바라밀般若波羅蜜의 지혜, 곧 반야
지般若智 공空을 근본으로 십신十信을 초발심주初發心住로 삼아 수행

에 마땅한 자리인 적정寂靜의 마음자리에 들어가 머물고 수행修行하는 십주十住와 십행十行의 마음자리를 이른다.

2) 십회향十迴向의 마음자리를 말한다.

수행修行에 마땅한 자리인 적정寂靜에 들어가 머물며(十住), 중중묘원中中妙圓한 선근善根 수행修行(十行)으로 공덕功德을 거듭 쌓고 쌓아서 깨달아 얻은 반야지般若智 공空의 마음자리가 두루 원만圓滿해지고 견고堅固해지며, 청정淸淨해진 무색정無色定의 마음자리를 이른다.

십회향十迴向이란 두루 원만圓滿해지고 견고堅固해지며, 청정淸淨해진 무색정無色定의 마음자리로 하화중생下化衆生함을 자세히 살펴서 들여다보고 가르치고 이끄는 일에 막힘이나 걸림 없이 자재하며, 상구보리上求菩提하는 일에 막힘이나 걸림 없이 자재自在하고 또한 선정禪定 삼매三昧에 들고나는 일에 막힘이나 걸림 없음을 이른다.

3) 무구지無垢地(等覺. 無上道. 空如來藏)란 무색정無色定의 선정禪定 삼매三昧로 상구보리上求菩提에 막힘이나 걸림이 없이 자유자재自由自在함을 얻는 까닭에 두타행頭陀行(如來行)으로서의 무생법인無生法忍(十地)과 그 모든 자리를 청정하게 아우르는 공여래장空如來藏의 지혜, 즉 지극한 반야바라밀다般若波羅蜜多의 지혜를 온전하게 깨우쳐 얻었음을 이른다.

생生함이 없는 법法(無生法忍)으로서 여래행如來行을 이르는 두타행頭陀行과 실상實相의 본바탕을 있는 그대로 드러내어 나타내는 공여래장空如來藏을 무구지無垢地라 이른다.

4) 묘각지妙覺地(妙覺. 不二門)는 공여래장空如來藏으로 드러내어 나타낸 불공여래장不空如來藏(金剛慧心. 善知識)과 실상의 본바탕을 이른다. 서로 무르녹아(圓融) 둘이 아닌 모양이나 상태(無二相. 不二門)이기에 무착無着, 무색無色, 무현無現으로도 볼 수도 또 생각과 생각이 아닌 것으로도 헤아려 알 수 없고 언설言說로도 나타낼 수 없으며, 머물고 처하고 집착할 바도 없을 뿐만 아니라 생生과 멸滅도 없으며, 구垢와 정淨도 없으며, 늘어나는 것도 없고 줄어드는 것도 없고 일체 모든 법法과 불보살佛菩薩에 따른 언어나 문자, 모양이나 상태의 비유譬喩로도 드러낼 수 없는 "이것(無二相. 不二門)"을 이르며, "이것"이란 "나我와 내 것我所"이 없음을 가리키고 "나我와 내 것我所"이 없음이라는 생각과 생각 아닌 것에 이르기까지다.

사명외도邪命外道: 비일비이非一非異를 주장하는 이들이다. 모든 일체 법法의 인과因果란 없는 것과 다름이 없다는 것이니, 원인이 죽어 사라지면 결과는 없을 것이다. 그렇다면 원인이 없어짐과 동시에 결과도 없어야 할 것이라 이르고 그러나 원인이 사라져 없어져도 결과는 있기에 하나가 아니라 이르고 또한 원인과 결과가 다르다면 원인은 있으나 결과는 있기도 하고 없기도 할 것이기에 결과는 있지만, 원인은 없을 수가 없을 것이라 이르고 결과가 있는 것을 원인이 없다고는 말을 하지 못할 것이지만 그렇다고 다른 것이 아니라고 삿되게 또 때에 따라서 달리 말하는 이들을 이른다.

사무량四無量: 모든 법法이 공空한 모양이나 상태를 이른 불생불멸不生不滅 불구부정不垢不淨 불증불감不增不減한 온계처蘊界處와 계정혜戒定慧와 신구의身口意 업과業果에 끝내 식견識見으로 의지하고 처하고 집착하면서 머무는 중생을 가엾이 여기는 마음을 이르니, 다음 네 가지를 이른다.

  1) 자무량심慈無量心: 모든 법法이 공空한 모양이나 상태를 식견識見(我空. 我執)으로서 이웃한 허공虛空(鄰虛)이란 둘이 아니며, 이 둘(我空. 虛空) 아님도 또한 색色(法空. 法執)일 뿐인 간혜乾慧地임을 알아차리고 의지하거나 처하거나 머물거나 집착할 바가 없음을 깨달아 얻는 반야지般若智 공空을 근본(十信)으로 수행에 마땅한 적정寂靜의 마음자리에 들어가 머물며(十住), 중중묘원中中妙圓한 선근善根 수행修行(十行)으로 공덕功德을 거듭 쌓고 더하여 하화중생下化衆生에 막힘이나 걸림 없이 자재하며, 상구보리上求菩提에 막힘이나 걸림 없이 자재할 뿐만 아니라 선정禪定 삼매三昧에 막힘이나 걸림 없는 무색정無色定의 두루 원만하고 견고하며, 청정한 마음자리(十迴向)로 시간時間으로서 불생불멸不生不滅하고 공간空間으로서 불구부정不垢不淨하고 수량數量으로서 부증불감不增不減한 계정혜戒定慧 온계처蘊界處 신구의身口意 업과業果에 끝내 의지하고 처하고 머물고 집착하는 한량없는 중생을 자세히 살펴서 들여다보고 바르게 이끌어주려는 사랑의 마음(中中妙圓)을 자무량심慈無量心이라 이른다.

  2) 비무량심悲無量心: 상구보리하화중생上求菩提下化衆生에 막힘이나 걸림 없이 자재하고 또한 선정禪定 삼매三昧에 막힘이나 걸림 없이 자재한 무색정無色定의 두루 원만하고 청정한 마음자리(十迴向. 觀行)로 불생불멸不生不滅 불구부정不垢不淨 불증불감不增不減한 온계처

蘊界處 계정혜戒定慧 신구의身口意 업과業果에 끝내 의지하고 처하고 머물고 집착하는 중생을 가엾이 여기어 가르치고 이끌어서 고통으로부터 멀리 벗어나게 하려는 마음(中中妙圓)을 비무량심悲無量心이라 이른다.

3) 희무량심喜無量心: 영원永遠하고 무한無限하고 한량限量없는 온계처蘊界處 계정혜戒定慧 신구의身口意 업과業果에 대한 반야般若 식견識見(我空. 我執)과 이웃한 허공虛空이 둘이 아니며, 이 둘(我空. 虛空)이 아님에 의지하고 처하고 머물고 집착하는 마음도 또한 색色(法空. 法執)으로서 간혜지乾慧地일 뿐임을 알아차리고 의지하거나 처하거나 머물거나 집착할 바가 없음을 바르게 깨달아 얻고 마친 반야지般若智 공空을 근본根本(十信)으로 한 수행의 마음자리인 적정寂靜에 들어가 머물며(十住), 중중묘원中中妙圓의 선근善根 공덕功德을 쌓고 쌓은 수행修行(十行)의 힘으로 하화중생下化衆生에 자재하며, 또한 선정禪定 삼매三昧에 자재한 무색정無色定의 마음자리(十迴向)로 두타행頭陀行인 무생법인無生法忍(十地)과 공여래장空如來藏(等覺. 無上道)을 보고 듣고 또 성취成就할 수 있게 이끌면서 기뻐하고 즐거움을 얻게 하는 마음을 희무량심喜無量心이라 이른다.

4) 사무량심捨無量心: 바르게 깨달아 얻고 마친 반야지般若智 공空으로 수행의 마음자리인 적정寂靜에 들어가 머물며, 중중묘원中中妙圓의 선근善根 공덕功德을 쌓고 쌓은 수행修行의 힘으로 하화중생下化衆生에 자재하며, 또한 선정禪定 삼매三昧에 자재한 무색정無色定의 마음자리로 두타행頭陀行인 무생법인無生法忍과 이 모두를 청정하게 아우르는 공여래장空如來藏(無垢地. 等覺. 無上道)을 사무량심捨無量心

이라 이른다.

중생을 평등平等하게 보고 원수와 친한 이를 구별하지 않으려는 마음을 이르며, 요긴要緊한 점은 무량無量이란 의미는 불생불멸不生不滅 불구부정不垢不淨 불증불감不增不減한 온계처蘊界處 계정혜戒定慧 신구의身口意 업과業果를 끝끝내 의지하고 따르는 중생을 마주 대하면서 무색정無色定의 관행觀行, 곧 중중묘원中中妙圓의 선근善根 공덕功德으로 바르게 가르치고 이끌어서 불생중불멸중不生中不滅中 불구중부정중不垢中不淨中 부증중불감중不增中不減中함이 두루 원만圓滿해지고 견고堅固해지는 청정淸淨한 복福된 결과結果를 얻게 하기에 이름을 무량無量이라 이른다.

사무소외四無所畏: 바른 법法을 설설說할 때 지혜智慧의 힘으로 두려움이 없는 마음 네 가지를 이른다.

1) 정등각무외正等覺無畏: 식견識見으로서 모든 법法이 공空하다는 것(我空. 我執)과 이웃한 허공虛空이 둘이 아님과 이 둘(我空. 虛空)이 아님도 또한 색색色(法空. 法執)으로서 간혜지乾慧地일 뿐임을 알아차리고 의지하거나 처하거나 머물거나 집착할 바가 없음을 분명하게 깨달아 얻고 마친 반야지般若智 공空으로 불생중불멸중不生中不滅中 불구중부정중不垢中不淨中 부증중불감중不增中不減中한 적정寂靜의 마음자리에 들어가 바른 선근善根 수행을 쌓고 거듭 더하여 하화下化하는 일에 막힘이나 걸림 없이 자재하며, 상구上求하는 일에 막힘이나 걸림 없이 자유자재自由自在하고 또한 선정禪定 삼매三昧에 들고나는 일에 자재한 무색정無色定으로서 두타행頭陀行의 무생법인無生法

忍을 행하는 궁극窮極의 반야지般若智 공空, 곧 공여래장空如來藏(等覺. 無上道. 無垢地. 眞空妙有)에 들어선 것을 이른다.

이는 모든 법法이란 평등하며, 의지하거나 처하거나 머물거나 집착할 바가 없음을 온전하게 증득證得하였기에 모든 것으로부터의 힐난詰難을 두려워하지 않음을 이른다.

2) **누영진무외**漏永盡無畏: 식견識見으로서 모든 법法이 공空하다는 것(我空. 我執)과 이웃한 허공虛空이 둘이 아님과 이 둘(我空. 虛空)이 아님도 또한 색色(法空. 法執)으로서 간혜지乾慧地일 뿐임을 알아차리고 의지하거나 처하거나 머물거나 집착할 바가 없음을 바르게 깨달아 얻는 반야지般若智 공空과 중중묘원한 적정寂靜의 마음자리와 상구하화上求下化와 선정禪定 삼매三昧에 자유자재한 무색정無色定과 두타행頭陀行으로서 무생법인無生法忍과 불생중불멸중不生中不滅中 불구중부정중不垢中不淨中 부증중불감중不增中不減中한 중중묘원中中妙圓이 두루 원만해지고 견고해지며, 청정淸淨해진 공여래장空如來藏(等覺. 無上道. 無垢地)에 들어가 영원히 새지 않음을 얻어 두려움이 다 한 것을 이른다.

이는 안팎으로부터의 언어나 문자, 모양이나 상태에 따른 어려움에 두려워하지 않음을 이른다.

3) **설장법무외**說障法無畏: 식견識見으로서 모든 법法이 공空하다는 것(我空. 我執)과 이웃한 허공虛空이 둘이 아님과 이 둘(我空. 虛空)이 아님도 또한 색色(法空. 法執)으로서 간혜지乾慧地일 뿐임을 알아차리고 의지하거나 처하거나 머물거나 집착할 바가 없음을 바르게 깨달아 얻는 반야지般若智 공空을 바탕(十信)으로 수행修行에 마땅한 적

정적寂靜의 마음자리에 들어가 머물며(十住), 중중묘원中中妙圓의 선근善根을 수행修行(十行)한 공덕功德으로 상구보리하화중생上求菩提下化衆生에 막힘이나 걸림 없이 자재하고 또한 선정禪定 삼매三昧에 자유자재自由自在한 무색정無色定의 마음자리(十迴向)를 두루 원만圓滿하며, 견고堅固하게 하여 두타행頭陀行으로서 무생법인無生法忍(十地)에 이르고 거듭 더하는 중중묘원中中妙圓의 두타행頭陀行(如來行)으로 공여래장空如來藏(等覺. 無上道. 無垢地. 眞空妙有)을 증득하여 실상實相의 본바탕을 드러내어 나타내는 불공여래장不空如來藏(金剛慧. 善知識)의 법法을 설설說하는 일에 있어 분명하게 말하고 막힘이나 걸림이 없으며, 모든 이의 비난非難에 두려움이 없음을 이른다.

4) 설출도무외說出道無畏: 식견識見으로서의 반야般若 공空(我空. 我執)과 이웃한 허공虛空이 둘이 아님과 이 둘(我空. 虛空)이 아님도 또한 색色(法空. 法執)으로서 간혜지乾慧地일 뿐임을 알아차리고 의지하거나 처하거나 머물거나 집착할 바가 없음을 바르게 깨달아 얻는 반야지般若智 공空과 이를 바탕(十信)으로 수행修行에 마땅한 적정寂靜의 마음자리에 머물며(十住), 중중묘원中中妙圓한 선근善根 수행修行(十行)의 공덕功德을 거듭 쌓고 쌓아서 상구하화上求下化에 자유자재하며, 또한 선정禪定 삼매三昧에 자재한 무색정無色定의 마음자리(十迴向)로 두타행頭陀行(如來行)인 무생법인無生法忍의 마음자리(十地)와 이 모두를 청정하게 아우르는 공여래장空如來藏(等覺. 無上道)으로 실상實相의 본바탕과 이를 드러내어 나타내는 불공여래장不空如來藏(金剛慧. 善知識)이 원융무이상圓融無二相(妙覺. 不二門)의 "이것"을 설설說하고 "이것"이 "나我와 내 것我所"이 없음을 설설說하는 것이며, 또 "나我와 내 것我所"이 없다는 생각과 생각 아님을 언어나 문자로 드러내는

일로 인하여 다른 이의 비난非難을 두려워하지 않음을 이른다.

　사문沙門: 식견識見으로서의 반야般若 공空(我空. 我執)과 이웃한 허
공虛空이 둘이 아님과 이 둘(我空. 虛空)이 아님도 또한 색色(法空. 法執)
으로서 간혜지乾慧地일 뿐임을 알아차리고 의지하거나 처하거나 머물
거나 집착할 바가 없는 반야바라밀般若波羅蜜의 지혜智慧, 곧 반야지般
若智 공空을 바르게 깨달아 얻었기에 욕계欲界, 색계色界, 무색계無色界
의 신구의身口意 업과業果를 따른 영원永遠함과 무한無限함과 한량限量
없음에 휩싸인 시끄러운 번뇌煩惱에서 벗어난 이들을 이른다.
　둘(我空. 虛空)이 아님도 또한 색色(法空. 法執)으로서 간혜지乾慧地일
뿐임을 알아차리고 의지하거나 처하거나 머물거나 집착할 바가 없
음을 분명하게 깨달아 얻는 온전穩全한 본디 있는 그대로인 반야바
라밀般若波羅蜜의 지혜智慧, 곧 반야지般若智 공空을 바탕(十信)으로
수행修行에 마땅한 적정寂靜의 마음자리에 들어가 머물면서(十住) 중
중묘원中中妙圓한 선근善根의 공덕功德을 부지런히 수행修行하는 이
들을 이른다.
　덧붙이면 근식勤息이라 이르니, 이는 식견識見으로서의 반야般若
공空(我空. 我執)과 이웃한 허공虛空이 둘이 아님과 이 둘(我空. 虛空)
아님도 색色(法空. 法執)으로서 간혜지乾慧地일 뿐임을 알아차리고 욕
계欲界, 색계色界, 무색계無色界의 영원永遠함과 무한無限함과 한량限
量없음에 휩싸인 시끄러운 번뇌煩惱 가운데서 숨을 들이마시고 내쉴
때마다 부지런히 벗어난다는 것을 이르며, 또한 식심息心이라 이르
고 공로功勞라고도 이른다. 이는 찰나중겁중刹那中劫中으로서 중중묘
원中中妙圓한 선근善根 수행修行을 가리킨다.

사바세계娑婆世界: 우리가 살아가는 세계를 이르니, 이 세계에서 벗어나려는 생각이 없는 까닭으로 중생들 그 사이에서 견뎌야 하고 또 참고 살아가야 하는 삶을 이른다. 또 감인세계堪忍世界라고 이르니, 이는 보살菩薩이 중생衆生을 가르치고 이끌어서 올바른 방향으로 나아가도록 수고로움을 견디어 받아들인 뜻으로 감인세계堪忍世界라 이른다.

사변四辯: 사무애변四無礙辯, 사무애지四無礙智, 사무애해四無礙解라고도 이르며, 반야바라밀般若波羅蜜의 지혜, 곧 반야지般若智 공空의 궁극적窮極的이면서 지극至極한 공여래장空如來藏(等覺. 無上道. 無垢地)으로 실상實相의 본바탕을 드러내어 나타낸 불공여래장不空如來藏(金剛慧. 善知識)을 풀어내어(總持, 陀羅尼) 이해할 수 있도록 설說함을 이른다. 변辯이란 공여래장空如來藏으로서 일체 모든 법法과 불보살佛菩薩에 따른 언어나 문자, 모양이나 상태에 의지하거나 처하거나 머물거나 집착하지 않음을 드러낸 불공여래장不空如來藏(金剛慧心. 善知識)의 구업口業을 변辯(옳고 그름이나 참되고 거짓됨을 가릴 목적으로 쓴 말)이라고 한다.

1) 법무애法無礙를 이른다. 모든 법法을 가르치고 이끄는 일에 있어 막힘이나 걸림이 없음을 이른다.

식견識見으로서의 반야般若 공空(我空. 我執)과 이웃한 허공虛空이 둘이 아님과 이 둘(我空. 虛空) 아님도 색色(法空. 法執)으로서 간혜지乾慧地일 뿐임을 알아차리고 의지하거나 처하거나 머물거나 집착하지 않는 바르고 온전한 반야지般若智 공空을 근본根本(十信)으로 수행에 마땅한 적정寂靜의 마음자리에 머물면서(十住) 중중묘원中中妙圓한 선근善根 수행修行(十行)을 부지런히 쌓고 쌓아서 공덕功德을 더하고 상구보리하화중생上求菩提下化衆生에 막힘이나 걸림 없이 자재하며, 또한 선정禪定 삼매三昧에 막힘이나 걸림 없이 자유자재한 무색정無色定의 마음자리(十迴向)와 자재한 선정禪定 삼매三昧로서 두타행頭陀行인 무생법인無生法忍의 마음자리(十地)와 이 모두를 두루 원만圓滿하게 아우르고 청정淸淨함으로 견고堅固해진 공여래장空如來藏(等覺. 無上道)의 마음자리와 반야바라밀般若波羅蜜의 지혜智慧, 즉 반야지般若智 공空을 지극至極하고도 청정淸淨하게 증득證得한 이 공여래장空如來藏(等覺. 無上道)으로 총지總持와 다라니陀羅尼인 불공여래장不空如來藏(金剛慧. 善知識)을 드러내어 법法을 설說함에 있어서 막힘이나 걸림 없이 자유자재自由自在함을 법무애法無礙라고 이른다.

2) 의무애義無礙를 이른다. 가르치는 모든 법法의 요긴要緊한 뜻, 의도를 알아서 막힘이나 걸림이 없음을 말한다.

식견識見으로서의 반야般若 공空(我空. 我執)과 이웃한 허공虛空이 둘이 아님과 이 둘(我空. 虛空) 아님도 또한 색色(法空. 法執)으로서 간혜지乾慧地일 뿐임을 알아차리고 의지하거나 처하거나 머물거나 집착할 바가 없음을 바르게 깨달아 얻은 반야지般若智 공空과 수행에 마땅한 적정寂靜의 마음자리로 중중묘원中中妙圓의 선근 수행을 부지런히 쌓고 쌓아서 더하고 상구보리하화중생上求菩提下化衆生에 막힘이나 걸림 없이 자재하면서 또한 선정禪定 삼매三昧에 막힘이나 걸림 없이 자유자재한 무색정無色定의 마음자리와 두타행頭陀行인 무생법인無生法忍과 이 모두를 두루 원만하게 아우르며, 견고하고 청정한 공여래장空如來藏을 증득하여 불공여래장不空如來藏과 실상의 본바

탕이 원융무이상圓融無二相(妙覺. 不二門)이라는 바른 뜻을 드러내는
일에 막힘이나 걸림이 없음을 이른다.

3) 사무애辭無礙를 이른다.

반야般若 식견識見(我空. 我執)과 이웃한 허공虛空이 둘이 아님과 이
둘(我空. 虛空) 아님도 또한 색色(法空. 法執)으로서 간혜지乾慧地일 뿐
임을 알아차리고 의지하거나 처하거나 머물거나 집착할 바가 없음
을 깨달아 얻는 반야지般若智 공空과 적정寂靜과 무색정無色定과 무
생법인無生法忍과 공여래장空如來藏과 불공여래장不空如來藏과 실상
實相의 본바탕이란 원융무이상圓融無二相의 "이것"임을 말과 글로서
나타내는 일에 막힘이나 걸림이 없음을 이른다.

4) 낙설무애樂說無礙를 이른다.

공여래장空如來藏(等覺. 無上道. 無垢地. 眞空妙有)과 불공여래장不空
如來藏(金剛慧. 善知識)으로서 가르치고 이끄는 모든 법法과 불보살에
따른 언어나 문자, 모양이나 상태를 설說함에 바르고 청정淸淨하며,
두루 원만圓滿하고 견고堅固한 까닭으로 막힘이나 걸림이 없으며, 중
중묘원中中妙圓(一中觀)의 선근善根 수행修行 공덕功德으로 불생중불멸
중不生中不滅中 불구중부정중不垢中不淨中 부증중불감중不增中不減中
하기에 모든 이가 즐거워하고 좋아함을 이른다.

사섭법四攝法: 보살이 중생을 불법佛法으로 이끌고 또 불도佛道에
들이기 위한 네 가지 방법인 보시섭布施攝, 애어섭愛語攝, 이행섭利行
攝, 동사섭同事攝을 이른다.

1) 보시섭布施攝: 식견識見으로서 불생불멸不生不滅 불구부정不垢不淨 부증불감不增不減한 계정혜戒定慧 온계처蘊界處 신구의身口意 업과業果의 모든 법이 공空하다는(我空. 我執) 것과 이웃한 허공虛空이 둘이 아님과 이 둘(我空. 虛空) 아님도 또한 색色(法空. 法執)으로서 간혜지乾慧地일 뿐임을 알아차리고 의지하거나 처하거나 머물거나 집착할 바가 없음을 깨달아 얻는 온전한 반야지般若智 공空을 근본으로 수행에 마땅한 적정寂靜의 마음자리에 들어가 중중묘원中中妙圓(一中觀)의 거듭된 선근善根 수행修行을 통해 상구하화上求下化에 자재하고 또한 선정禪定 삼매三昧에 자유자재自由自在한 무색정無色定의 마음자리로 두타행頭陀行의 무생법인無生法忍(如來行)에 자재하고 지극至極히 청정淸淨하고 원만圓滿한 공여래장空如來藏으로 드러낸 불공여래장不空如來藏(金剛慧心. 善知識. 總持. 陀羅尼)을 지니고 이를 보시布施(應無所住而生其心)하여 불법佛法으로 이끌고 또 불도佛道에 들임을 보시섭報施攝이라 이른다.

식견識見으로서의 모든 법法이 공空한 온계처蘊界處 계정혜戒定慧 신구의身口意 업과業果에 의지하고 처하고 머물고 집착하는 중생을 바른 법과 깨우침의 길로 이끌고 굳건하게 유지有志할 수 있도록 하는 일을 이른다.

2) 애어섭愛語攝: 식견識見 반야般若(欲界), 반야般若 식견識見으로서의 공空(我空. 我執)과 이웃한 허공虛空이 둘이 아님과 이 둘(我空. 虛空) 아님도 또한 색色(法空. 法執)으로서 간혜지乾慧地일 뿐임을 알아차리기만 했을 뿐, 의지하거나 처하거나 머물거나 집착할 바가 없음을 깨달아 얻지 못한 까닭으로 지독하게 의지하고 처하고 머물고 집착執着(無色界)하는 중생을 가엾이 여기어 사랑하는 마음과 말로 중

생을 바른 법과 깨우침의 길로 이끌고 굳건하게 유지有志할 수 있도록 하는 일을 이른다.

3) 이행섭利行攝: 식견識見으로서의 반야般若 공空(我空. 我執)과 이웃한 허공虛空이 둘이 아님과 이 둘(我空. 虛空) 아님도 또한 색色(法空. 法執)으로서 간혜지乾慧地일 뿐임을 알아차리고 의지하거나 처하거나 머물거나 집착할 바가 없음을 깨달아 얻는 반야지般若智 공空과 적정寂靜의 마음자리에 들어가 머무름과 중중묘원中中妙圓의 선근善根 수행修行과 상구하화上求下化 뿐만 아니라 선정禪定 삼매三昧에 자재한 무색정無色定의 마음자리로 하화중생下化衆生에 이로움을 주는 행行을 이른다.

영원永遠하고 무한無限하고 한량限量없는 신구의身口意 업과業果에 의지하고 처하며, 머물고 집착하면서 생사유전生死流轉하는 중생 모두를 번뇌煩惱에서 벗어나게 하고 행行하는 모든 일이 이로움이 되도록 바른 법과 깨우침의 길로 이끌고 굳건하게 유지할 수 있도록 하는 일을 이른다.

4) 동사섭同事攝: 욕계欲界, 색계色界, 무색계無色界에 의지하고 처하고 머물고자 집착하는 중생, 이 중생 자신自身(我空. 我執)과 이웃한 허공虛空이 둘이 아님과 이 둘(我空. 虛空) 아님도 또한 색色(法空. 法執)으로서 간혜지乾慧地일 뿐임을 알아차리고 의지하거나 처하거나 머물거나 집착할 바가 없음을 바르게 깨달아 얻은 반야지般若智 공空을 바탕(十信)으로 적정寂靜의 마음자리에 들어가 머물면서(十住) 불생불멸不生不滅 불구부정不垢不淨 부증불감不增不減이 아닌 불생중불멸중不生中不滅中 불구중부정중不垢中不淨中 부증중불감중不增中不

滅中한 중중묘원中中妙圓(一中觀)의 선근善根 수행修行(十行)으로 공덕
功德을 쌓고 쌓으면서 상구하화上求下化에 자재한 무색정無色定의 마
음자리(十迴向)로 하화중생下化衆生하며, 또한 선정禪定 삼매三昧에 자
재한 지혜의 힘으로 상구보리上求菩提(十地)하는 불사佛事의 바른길
로 이끄는 일로서 공여래장空如來藏(等覺. 無上道)뿐만 아니라 금강혜
金剛慧의 선지식善知識으로서 불공여래장不空如來藏과 묘각妙覺의 불
이문不二門으로서 원융무이상圓融無二相과 "나와 내 것"이 없음이라
는 생각과 생각 아님에 이르기까지 더불어 같이함을 동사섭同事攝이
라 이른다.

사제四諦: 사성제四聖諦라고도 이른다. 고苦, 집集, 멸滅, 도道를 이
르며, 불법佛法으로 가르치고자 하는 가장 요긴한 총지總持(陀羅尼)
이고 또한 가르침을 바르게 잡아 세우는 지극히 보편적普遍的인 명
제命題다.

제諦는 언어나 문자, 모양이나 상태를 드러내어 나타내는 일에 있
어서 지극히 밝고 참된 것을 이른다.

1) 고제苦諦: 식견識見으로서의 반야般若 공空(我空. 我執)과 이웃한
허공虛空이 둘이 아님과 이 둘(我空. 虛空) 아님도 또한 색색色色(法空. 法
執)으로서 의지하고 처하고 머물고 집착할 바가 되는 색색色色(法空. 法執)
임을 이른다.

식견識見으로서의 불생불멸不生不滅 불구부정不垢不淨 부증불감不
增不減하다는 신구의身口意 업과業果와 이웃한 허공虛空이 둘이 아님
과 이 둘(我空. 虛空)이 아님도 또한 색색色色(法空. 法執)일 뿐인 간혜지乾

慧地임으로 인하여 신구의身口意 업業이 한량限量없이 늘어나는 결과結果만을 초래한다. 아니 그보다 더한 확장성擴張性으로 생각으로는 헤아릴 수 없음에 사람이 어찌할 수 없다는 체념諦念에 봉착逢着하면서 불법佛法의 가르침은 허무맹랑虛無孟浪한 것이라 결정짓게 만드는 일로서 의지하고 처하고 머무는 집착執著에 따른 고통의 진실을 이른다.

모든 법法이 공空한 모양이나 상태를 이르자면 불생불멸不生不滅 불구부정不垢不淨 부증불감不增不減하다고 말한다. 즉 둘이 아닌 것으로서 아공我空과 허공虛空도 또한 식견識見으로서 색色(法空. 法執)일 뿐인 간혜지乾慧地임을 알아차리지 못하고 벗어나지 못하면, 의지하고 처하고 머물고 집착하는 시간時間의 영원성永遠性과, 공간空間의 무한無限함과 수량數量으로서 한량限量없는 계정혜戒定慧 온계처蘊界處 신구의身口意 업과業果일 뿐임을 가리킨다. 이는 곧 오온五蘊의 식견識見에서 벗어나지 못하고 언어나 문자, 모양이나 상태에 의지하고 처하고 머물고 집착하는 것으로서 철두철미徹頭徹尾하게 "나我와 내 것我所"뿐임 만을 이른다. 즉 100년도 못 가는 이 몸, 오온五蘊으로 이루어진 이 몸으로 태어나고 없어질 때까지 인생人生이란 고통이라고 보는 것이 고제苦諦다.

2) 집제集諦: 모든 고통의 이유나 까닭, 그 근거나 원인을 이른다.

오온五蘊으로서의 식견識見 반야般若(我執. 欲界)와 모든 법法이 공空하다는 반야般若 식견識見(我空. 色界)과 모든 법法이 공空한 모양이나 상태를 이른 불생불멸不生不滅 불구부정不垢不淨 부증불감不增不減하다는 반야般若 공空(我空. 我執)과 이웃한 허공虛空이 둘이 아님과 이 둘이 아님도 또한 의지하고 처하고 머물고 집착하는 색色(法

空. 法執. 無色界)일 뿐인 간혜지乾慧地로 오온五蘊의 신구의身口意 업과 業果에 의지하고 처하고 머물고 집착하는 것이 고통의 이유나 까닭이 되고 그 근거根據나 원인原因이 된다.

육진六根, 육근六塵, 육식六識의 18계와 이 근진식根塵識을 바탕으로 지수화풍地水火風을 받아들이는 수受와 이 받아들임受을 분명하게 스스로가 보고見 듣고聞 깨우치고覺 안다知는 상想과 이 상想을 본다는 일(得見)을 통하여 식識이 이루어지고 또한 시간時間, 공간空間, 수량數量의 무한無限한 신구의身口意 업과業果를 쌓고 쌓아서 식識에 대한 지독하고 강한 애착愛着을 가리킨다.

덧붙이자면 색수상행식色受想行識, 이 오온五蘊에 대하여 철두철미하게 "나(我)와 내 것(我所)"이라는 애착愛著이 집제集諦임를 이르는 것이니, 색色은 육근六根, 육진六塵, 육식六識을 이르고 수受는 지수화풍地水火風의 작용을 받아들임을 이르고 상想은 받아들인 지수화풍地水火風과 마주한 모양이나 상태를 마음으로 찬찬히 생각하면서 이를 내가 능히 본다고 이르는 것을 말한다.

행行이란 안과 밖, 곧 밖으로 드러난 색色과 능히 본다는 안의 마음으로 행行하는 것을 두고 이를 식識이라 이른다. 이 식識을 "나我와 내 것我所"이라 이르며, 의지하고 처하고 머물고 집착하면서 내가 능히 보고見 능히 듣고聞 능히 깨우치고覺 능히 안다知는 모든 것을 쌓고 쌓아 온 것이 식견識見으로서의 "나我와 내 것我所"이라 이른다.

"나我와 내 것我所"이란 아상我相을 이르는 것이며, 오온五蘊이 서로 어울려 이루어진 모양이나 상태를 이른다. 이 오온五蘊이 서로 어울려 이루어진 식견識見으로서 "나라는 모양이나 상태(我相)"는 생멸生滅을 따르면서 "비다. 다 하다. 없다. 속에 든 것이 없다. 근거가 없다. 보람이 없다."라는 뜻으로 텅 비어있음에 집착하면서 또 말들을 한다.

다시 말하지만 지수화풍地水火風을 받아들이는 수受는 육근탐六根貪, 육진진六塵瞋, 육식치六識癡를 성립하고 유지해 나가는 네 가지 기운을 이르며, 이 네 가지의 기운이 상생상극相生相克함을 따라 이합집산離合集散하는 것을 막힘이나 걸림 없이 받아들임을 이른다. 상想은 수受의 기운 곧 육근탐六根貪, 육진진六塵瞋, 육식치六識癡가 행하는 기운으로 상생상극相生相克함을 따라 이합집산離合集散하는 모양이나 상태를 능히 보고見 능히 듣고聞 능히 깨우치고覺 능히 알며知, 스스로가 능히 또 적극적積極的으로 행한다는 것을 이른다. 이러한 모든 행行이 생멸生滅을 따름을 보고 공空이란 텅 비어있다는 식識으로 인하여 번뇌의 바탕이 되는 무명無明이 있게 된다. 때문에 생멸生滅을 따르면서 깨닫지 못하였음에도 볼 수도 있고 깨우침을 나타낼 수도 있고 깨우침의 경계를 가질 수도 있다. 곧 "생멸生滅이 있다. 생멸生滅이 없다."라는 식견識見으로서 반야般若 공空의 모양이나 상태와 반야般若 식견識見으로서 모든 법法의 공空한 모양이나 상태를 이른 불생불멸不生不滅 불구부정不垢不淨 부증불감不增不減한 신구의身口意 업과業果를 "나(我)와 내 것(我所)"이라 의지하고 처하면서 머물고자 집착하는 아상我相이 집제集諦다.

이 집제集諦로 인하여 내 생명生命은 불생불멸不生不滅함으로 영원永遠하며, 내 정신적精神的 곳간을 채울 수 있음(知識)은 불구부정不垢不淨함으로 무한無限하며, 내가 가질 수 있는 재물財物은 부증불감不增不減함으로 한량限量이 없다는 것에 의지하고 처하고 머물고 집착하면서 모으고 모으는 까닭으로 집제集諦라 이른다.

3) 멸제滅諦: 오온五蘊으로서의 견문각지見聞覺知, 곧 오온五蘊으로서 보고 듣고 깨우치고 안다는 바르지 못한 견해見解를 통해 생멸生

滅에 대한 식견識見으로서의 공空이란 오온五蘊이 멸멸滅滅하면서 "나(我)와 내 것(我所)"이라는 모양이나 상태가 사라진다. 이 생멸生滅을 궁극적窮極的인 경계로 삼아 허망虛妄하다 이르는 공空(我空. 我執)과 시간時間 공간空間 수량數量의 영원성永遠性으로 무한한 공空(法空. 法執)이란 색色으로서 간혜지乾慧地일 뿐임을 백 년도 되지 않는 생멸生滅 안에서 바르게 인지認知한다면 이를 멸제滅諦라 이른다.

멸제滅諦란 반야바라밀般若波羅蜜의 지혜智慧, 곧 반야지般若智 공空이라 이르는 불과佛果와의 인연因緣을 가리키는 것이니, 이를 인과因果라 이른다. 곧 오온五蘊의 허망虛妄한 경계를 맞닥트리고는 "이것이 무엇인가?"라는 이유와 까닭이 인因이며, 그 결과로서 반야바라밀般若波羅蜜의 지혜, 곧 반야지般若智 공空이라는 과果로서 모든 법法이 공空한 모양이나 상태를 가리킨 불생불멸不生不滅 불구부정不垢不淨 부증불감不增不減과의 인연因緣을 이른다. 간혜지乾慧地에 의지하고 처하고 머물고 집착하다가 이 인연因緣으로 인하여 오온五蘊을 세우지 않는 불립오온不立五蘊으로서 반야바라밀般若波羅蜜의 지혜, 곧 반야지般若智 공空을 사유思惟하게 되니 "모든 법法의 공空한 모양이나 상태는 불생불멸不生不滅 불구부정不垢不淨 부증불감不增不減한 온계처蘊界處 계정혜戒定慧 신구의身口意 업과業果로서 오온五蘊의 허망虛妄한 경계를 넘어선 공空"을 보고見 듣고聞 깨닫고覺 아는知 마음자리(般若波羅蜜 智慧. 般若智 空)를 얻게 된다. 곧 중중묘원中中妙圓(一中觀)으로서 시간時間으로도 이를 수 없는 불생불멸不生不滅한 영원永遠함과 정신적精神的 공간空間으로도 이를 수 없는 불구부정不垢不淨한 무한無限함과 수량數量으로도 이를 수 없는 부증불감不增不減한 한량限量없음을 두루 원만圓滿하게 이루면서 청정淸淨함을 견고堅固하게 성취成就하도록 만드는 마음자리에 들어가며, 또 머무름을 얻는다.

오온五蘊으로서의 식견識見 반야般若를 벗어나 반야般若 식견識見으로 곧 간혜지乾慧地로 생각의 전환轉換을 이루며, 이 반야般若 공空(我空. 我執)과 이웃한 허공虛空이 둘이 아님과 이 둘(我空. 虛空) 아님도 또한 색色(法空. 法執)으로서 간혜지乾慧地일 뿐임을 알아차리고 의지하거나 처하거나 머물거나 집착할 바가 없는 것임을 깨달아 얻게 된다. 이 마음자리가 올바른 반야바라밀般若波羅蜜의 지혜, 곧 반야지般若智 공空에 대한 가르침이며, 멸제滅諦를 이른다. 즉 오온五蘊의 식견識見으로서 반야般若를 쌓고 쌓아서 "나(我)와 내 것(我所)"이라는 아공我空과 식견識見으로서의 반야般若 공空(我空. 我執)과 이웃한 허공虛空이 둘이 아니며, 이 둘(我空. 虛空)이 아님도 또한 색色(法空. 法執)으로서 간혜지乾慧地일 뿐임을 알아차리고 항복 받는 것이 멸제滅諦다.

"나(我)와 내 것(我所)"이라는 반야般若 식견識見으로서의 공空이란 단지 마르지 않는 지혜로서 간혜지乾慧地만을 얻은 것일 뿐이다. 이르자면 이렇다. 시간時間 공간空間 수량數量으로 무한無限한 온蘊(欲界)과 계界(色界)와 처處(無色界)와 또한 계戒와 정定과 혜慧와 그리고 신업身業과 구업口業과 의업意業으로 마르지 않는 지혜로서 간혜지乾慧智만 얻을 수 있을 뿐이다. 이는 단지 식견識見 반야般若로 끝날 뿐이니, 이를 벗어나 진정한 반야바라밀般若波羅蜜의 지혜, 반야지般若智 공空을 얻은 이것이 멸제滅諦다.

4) 도제道諦: 깨우침의 길, 곧 바르고 참된 도道(空如來藏)에 이르는 방법이란 중중묘원中中妙圓의 선근善根 수행修行을 이르는 것이니, 불생중불멸중不生中不滅中 불구중부정중不垢中不淨中 부증중불감중不

增中不減中한 중중묘원中中妙圓(一中觀)의 선근善根 수행修行 공덕功德
으로 두루 원만圓滿하고 청정淸淨하며, 견고堅固하게 증득證得한 공
여래장空如來藏(等覺. 無上道. 無垢地)을 도제道諦라 이른다.

　식견識見으로서의 반야般若 공空과 이웃한 허공(鄰虛)이 둘이 아님
을 알아차린 것을 두고 도제道諦라 할 수 없다. 반야般若 공空(我空.
我執)과 이웃한 허공虛空이 둘이 아님과 이 둘(我空. 虛空) 아님도 또
한 색色(法空. 法執)으로서 간혜지乾慧地일 뿐임을 알아차리고 의지하
거나 처하거나 머물거나 집착할 바가 없는 바른 반야바라밀般若波羅
蜜의 지혜, 곧 반야지般若智 공空을 깨우쳐 얻어야만 도제道諦라 한
다. 도제道諦, 곧 반야지般若智 공空을 바탕(十信)으로 수행修行에 마
땅한 자리인 적정寂靜의 마음자리에 들어가 머물면서(十住) 불생중불
멸중不生中不滅中 불구중부정중不垢中不淨中 부증중불감중不增中不減
中의 중중묘원中中妙圓(一中觀)한 선근善根 수행修行(十行)으로 공덕功
德을 쌓고 쌓아서 상구하화上求下化에 막힘이나 걸림 없이 자재할 뿐
만 아니라 선정禪定 삼매三昧에 막힘이나 걸림 없이 자유자재自由自在
한 무색정無色定의 마음자리(十迴向)로 무생법인無生法忍의 두타행頭
陀行(如來行. 十地)과 이 모두를 청정하고 견고하게 아우르는 공여래
장空如來藏(等覺. 無上道. 無垢地)을 깨달아 얻어야 도제道諦라 이를 수
있다.

　두루 원만圓滿하고 청정淸淨함을 견고堅固하게 증득證得한 공여래
장空如來藏(等覺. 無上道)으로 실상實相의 본바탕을 드러낸 불공여래
장不空如來藏(金剛慧心. 善知識)을 얻을 수 있고 또한 불공여래장不空如
來藏과 실상實相의 본바탕이란 원융무이상圓融無二相(妙覺. 不二門)으
로서 "이것"임을 깨우치고 "이것"이란 "나我와 내 것我所"이 없음을 곧
바로 가리키는 것이며, 또한 모든 법法이 공空한 모양이나 상태를 이

른 불생불멸不生不滅 불구부정不垢不淨 부중불감不增不減이라 가리킨 것이란 곧 "나我와 내 것我所"이 없음에 대한 깨우침을 이르는 것임을 가리킨다. "이것"을 곧바로 가리켜 깨우침임을 깨달아 얻고 마치게 하는 지혜智慧의 지혜智慧임을 이르는 것이니, "나我와 내 것我所"이 없음이라는 생각과 생각 아님을 이른다.

사천왕四天王: 사천왕은 세간世間, 곧 욕계欲界를 보호하는 이들로 욕계欲界 육천六天의 왕으로 수미산須彌山(世間의 中心에 있고 頂上에 帝釋이 머물며, 中間에 四天王이 居處함)의 사방四方에 있는 네 개의 섬(四洲)를 지키고 보호한다. 서로가 서로에게 상호작용相互作用함을 말한다.

1) 지국천왕持國天王은 건달바와 부단나 이 두 왕을 다스려 주도적으로 동주東洲를 지키고 보호한다.

2) 증장천왕增長天王: 구반다와 폐려다 이 두 왕을 다스려 주도적으로 남주南洲를 지키고 보호한다.

3) 광목천왕廣目天王: 용과 비사사 이 두 왕을 다스려 주도적으로 서주西洲를 지키고 보호한다.

4) 다문천왕多聞天王: 야찰과 나찰 이 두 왕을 다스려 주도적으로 북주北洲를 지키고 보호한다.

살바야薩婆若: 일체지一切智라 이르기도 하고 또는 살반야薩般若(菩薩摩訶薩 般若波羅蜜)라고도 한다. 불과佛果를 이룸에 있어서 일체법一切法을 증득證得할 수 있는 지혜智慧를 말한다.

보살마하살菩薩摩訶薩이 성취한 반야바라밀般若波羅蜜의 지혜智慧, 곧 보살마하살菩薩摩訶薩의 반야지般若智 공空을 이르는 것이니, 바른 보살행菩薩行과 보살도菩薩道를 가리킨다.

식견識見으로서 모든 법法이 공空함(我空. 我執)과 이웃한 허공虛空이 둘이 아님과 이 둘(我空. 虛空) 아님도 또한 색色(法空. 法執)으로서 간혜지乾慧地일 뿐임을 알아차리고 의지하거나 처하거나 머물거나 집착할 바가 없음을 분명하게 깨달아 얻는 반야지般若智 공空을 이른다.

반야지般若智로서 모든 법法이 공空한 마음자리를 근본根本(十信)으로 불생중불멸중不生中不滅中 불구중부정중不垢中不淨中 부증중불감중不增中不減中의 중중묘원中中妙圓한 적정寂靜의 마음자리에 들어가 머물면서(十住) 중중묘원中中妙圓의 선근善根 수행修行(十行)으로 공덕功德을 거듭 쌓고 쌓아서 더하고 하화중생下化衆生에 막힘이나 걸림 없이 자재하고 상구보리上求菩提에 막힘이나 걸림 없이 자재하며, 또한 선정禪定 삼매三昧에 자유자재自由自在한 무색정無色定의 마음자리(十迴向)로 두타행頭陀行의 무생법인無生法忍(十地)과 이 모두를 두루 원만圓滿하게 아우르고 견고堅固하며, 청정淸淨한 공여래장空如來藏(等覺. 無上道. 無垢地)으로서 실상實相의 본바탕을 드러낸 불공여래장不空如來藏(金剛慧. 善知識)과 원융무이상圓融無二相(妙覺. 不二門)의 "이것"이란 "나我와 내 것我所"이 없음을 가리키며, "나我와 내 것我所"이 없음이라는 생각과 생각 아닌 것에 이르게 하는 지혜를 살바야薩婆若라고 이른다.

삼계三界: 모든 법法이 공空한 모양이나 상태는 불생불멸不生不滅 불구부정不垢不淨 부증불감不增不減하다는 바른 반야바라밀般若波羅蜜의 지혜智慧, 곧 반야지般若智 공空에 대한 가르침을 거꾸로 뒤바꾸어, 곧 모든 법法이 공空하다는 바른 가르침을 모든 법法이란 의지하고 머물고 처하고 집착하는 색色일 뿐이라며, 이렇게 믿고 이해하는 것이 삼계三界다. 욕계欲界, 색계色界, 무색계無色界를 이른다.

1) 욕계欲界: 온계처蘊界處의 온蘊으로서 욕계欲界를 이르며, 식견識見 반야般若를 쌓고 쌓아가는 세계를 말한다.

모든 법法이 공空한 모양이나 상태를 이른 불생불멸不生不滅 불구부정不垢不淨 부증불감不增不減함을 식견識見으로만 쌓고 쌓아가는 아공我空과 아집我執으로서 신구의身口意 업과業果에만 의지하고 처하고 머물고 집착하면서 온갖 욕심을 부리는 세계世界를 이른다.

2) 색계色界: 온계처蘊界處의 계界를 이르며, 계界는 서로 이웃한 경계境界를 말한다.

욕계欲界와 무색계無色界와 서로 이웃한 세계를 이르며, 모든 법法이 공空한 모양이나 상태를 가리킨 불생불멸不生不滅 불구부정不垢不淨 부증불감不增不減한 반야바라밀다般若波羅蜜多와의 인연因緣을 식견識見으로서 신구의身口意 업과業果를 쌓고 쌓아가는 것에 의지하고 처하고 머물고 집착하는 것을 이른다. 그렇다고 철저하게 오온五蘊을 따르는 욕심이 아닌, 불생불멸不生不滅 불구부정不垢不淨 부증불감不增不減하다는 시간時間으로서의 영원永遠함과 정신적精神的 공간空間으로서의 무한無限함과 수량數量으로서의 한량限量없음에 의지하고 처하고 머물면서 집착하는 욕심欲心을 이른다. 곧 오온五蘊

으로 이루어진 나(我)의 생명生命은 영원永遠하다는 것에 의지하고 처하고 머물면서 집착하며, 오온五蘊으로 지닌 정신적精神的 공간空間을 채울 수 있는 나의 지식(我所)이란 무한無限하다는 것에 의지하고 처하고 머물면서 집착하며, 오온五蘊으로 지니어 가질 수 있는 재물로서 나의 것(我所)들은 한량限量이 없다는 것에 의지하고 처하고 머물면서 집착하는 것을 이른다.

부처의 가르침으로 깨우침의 가장 요긴한 반야바라밀다般若波羅蜜多와의 인연因緣이라고 말은 하지만, 모든 있음의 법(有爲法)이란 공空한 모양이나 상태를 가리킨 불생불멸不生不滅 불구부정不垢不淨 부증불감不增不減하다는 것을 거꾸로 뒤바꾸어서 모든 법法이 공空한 모양이나 상태를 색色(法空. 法執)으로 만들어가는 이들을 이른다.

모든 법法이 공空한 모양이나 상태를 가리킨 불생불멸不生不滅 불구부정不垢不淨 부증불감不增不減이란, 의지하거나 처하거나 머물거나 집착할 바가 없음에 대한 가르침인 것을 믿고 이해하지 못하며, 또 이 가르침에 매우 어둡기(無明)에 오온五蘊, 즉 색수상행식色受想行識의 필요에 따라 욕심을 마음껏 채워가면서 어리석은 일을 정당화正當化하는 정신적精神的 승리가 색계色界다.

3) **무색계**無色界: 온계처蘊界處의 처處를 이른다.

모든 법法이 공空하다는 모양이나 상태를 곧바로 가리킨 불생불멸不生不滅 불구부정不垢不淨 부증불감不增不減의 올바른 가르침을 눈앞에 두고 생각하기를 오온五蘊으로 이루어진 "나(我)와 내 것(我所)"이란 그림자와 같고 아지랑이와 같으며, 메아리와 같고 허무맹랑虛無孟浪한 것이라고 거꾸로 뒤바뀐 말과 생각을 하면서 맹목적盲目的으로 믿고 따르며, 분별分別없이 제멋대로 처할 바를 따라 처하는 이들을 이른다.

모든 법法이 공空하다는 모양이나 상태를 곧바로 가리킨 불생불멸不生不滅 불구부정不垢不淨 부증불감不增不減의 믿음에 대한 오류誤謬로서 모든 법法이 공空하다는 반야바라밀般若波羅蜜의 지혜智慧, 곧 반야지般若智 공空이란 가르침의 작용作用이 없는 것으로 인식認識하고 "없다. 텅 비었다. 나는 없다. 스승은 없다. 보살은 없다. 그 어디에도 부처는 없다."라고 말하면서 이러한 언어나 문자, 모양이나 상태를 가지고 동서남북東西南北, 사방팔방四方八方으로 위아래 없이 제멋대로 내달리며 떠들어대는 이들을 이른다.

덧붙이자면 계정혜戒定慧와 온계처蘊界處와 신구의身口意 업과業果도 텅 비어 없다고 이르는 것이니, 지금 당장 동서남북東西南北, 사방팔방四方八方으로 내달리면서 곧바로 거꾸로 뒤바뀐 신업身業을 짓고 거꾸로 뒤바뀐 구업口業을 짓고 거꾸로 뒤바뀐 의업意業을 짓고 있는 이들이다. 이들은 "나를 버리고는 부처도 없고 부처는 버리고 말 것도 없다."라고 말한다. 때문에 분별分別없이 제멋대로 동서남북東西南北, 사방팔방四方八方 위아래 없이 처할 바에 처하는 것을 무색계無色界라 이른다. 나도 없고 불법도 없다는 이들을 이른다. 그러나 맹목적盲目的인 무無와는 다르다. 이르자면 식견識見으로서의 반야般若 공空(我空. 我執)과 이웃한 허공虛空이 둘이 아님과 이 둘(我空. 虛空) 아님도 또한 색色(法空. 法執)으로서 간혜지乾慧地일 뿐임을 알아차리지 못하고 색色(法空. 法執)으로서 간혜지乾慧地에 의지하고 처하고 머물고 집착하는 이들을 이른다.

삼마발리三摩鉢里: 모든 법法이 공空한 모양이나 상태인 불생불멸

不生不滅 불구부정不垢不淨 부증불감不增不減에 대한 식견識見으로서의 반야般若 공空(我空. 我執)과 이웃한 허공虛空이 둘이 아님과 이 둘(我空. 虛空)이 아님도 또한 색色(法空. 法執)으로서 간혜지乾慧地일 뿐임을 알아차리고 의지하거나 처하거나 머물거나 집착할 바가 없음을 깨달아 얻는 마음자리인 반야지般若智 공空을 근본根本(十信)으로 수행에 마땅한 적정寂靜의 마음자리에 들어가 머물며(十住), 불생불멸不生不滅 불구부정不垢不淨 부증불감不增不減한 계정혜戒定慧 온계처蘊界處 신구의身口意 업과業果라는 식견識見의 망상妄想을 멈추(止行, 舍摩陀)고 불생중불멸중不生中不滅中 불구중부정중不垢中不淨中 부증중불감중不增中不減中한 중중묘원中中妙圓의 선근善根 수행修行(十行)으로 공덕功德을 거듭해서 쌓고 쌓아서 하화중생下化衆生에 자재하며, 상구보리上求菩提에 막힘이나 걸림 없고 또한 선정禪定 삼매三昧에 자유자재自由自在한 무색정無色定의 마음자리(十迴向. 觀行. 毗婆舍那)로 바리때를 들고 마을로 향해 나아가(下化衆生) 행주좌와行住坐臥함을 이르는 것이 삼마발리三摩鉢里이다.

상구하화上求下化에 자재하며, 선정禪定 삼매三昧에 막힘이나 걸림 없이 자유자재함으로 자세히 살펴서 들여다보는 일에 식견識見을 따른 언어나 문자, 모양이나 상태에 의지하거나 처하거나 머물거나 집착함이 없으며, 상구보리上求菩提에 노력하고 정진精進하는 청정淸淨한 마음자리를 이른다. 만일 식견識見으로서의 반야般若 공空(我空. 我執)과 이웃한 허공虛空이 둘(我空. 虛空)이 아님과 이 둘이 아님도 또한 색色(法空. 法執)으로서 간혜지乾慧地임을 알아차리지 못하여 의지하고 처하고 머물고 집착한다면 이는 헤아릴 수 없이 깊고 깊은 고뇌苦惱와 번뇌煩惱뿐임을 분명하게 알아야 한다.

삼무애三無礙: 보살菩薩이 가지고 있는 막힘이나 걸림 없는 일로 자유자재自由自在한 작용作用으로서 세 가지를 이른다.

1) 총지무애總持無礙: 보살이 하나의 법法이나 하나의 글월, 하나의 뜻을 기억해서 가지고 모든 법을 밝게 드러내어 나타낼 수 있는 총지總持, 다라니陀羅尼(不空如來藏. 金剛慧心. 善知識)를 얻어 막힘이나 걸림이 없음을 이른다.

반야바라밀般若波羅蜜多의 가르침인 모든 법이 공空한 모양이나 상태를 이른 불생불멸不生不滅 불구부정不垢不淨 부증불감不增不減하다는 식견識見(我空. 我執)과 이웃한 허공虛空이 둘이 아님과 이 둘(我空. 虛空)이 아님도 또한 색色色(法空. 法執)으로서 간혜지乾慧地일 뿐임을 알아차리고 의지하거나 처하거나 머물거나 집착하지 않는 올바른 반야바라밀般若波羅蜜의 지혜, 곧 반야지般若智 공空을 근본根本(十信)으로 적정寂靜의 마음자리에 들어가 머물며(十住), 중중묘원中中妙圓의 선근善根 수행修行(十行)을 거듭하여 쌓이고 쌓인 공덕功德으로 하화중생下化衆生에 막힘이나 걸림 없이 자재하고 상구보리上求菩提에 막힘이나 걸림 없이 자재하며, 또한 선정禪定 삼매三昧에 자유자재한 무색정無色定의 마음자리(十廻向)에서 두타행頭陀行으로 무생법인無生法忍의 마음자리(十地)를 성취하고 이 모든 것을 두루 원만圓滿하게 아우르며, 청정淸淨함이 견고堅固해진 공여래장空如來藏(等覺. 無上道. 無垢地. 眞空妙有)으로 실상實相의 본바탕을 드러내어 나타낸 불공여래장不空如來藏(金剛慧. 善知識)을 총지무애總持無礙라 이른다.

실상實相의 본바탕을 공여래장空如來藏을 통해 밝게 드러내어 나타낸 불공여래장不空如來藏이 총지總持이며, 이 총지總持란 일체 모든 법法과 불보살佛菩薩에 따른 언어나 문자, 모양이나 상태를 다 알고

잃거나 잊지 않는 것을 이르며, 중중묘원中中妙圓함의 선근善根을 청
정淸淨하고도 견고堅固하게 증득證得하여 막힘이나 걸림 없는 지혜
의 힘을 이른다.

2) 변재무애辯才無礙: 식견識見으로서의 반야般若 공空(我空. 我執)
과 이웃한 허공虛空이 둘이 아님과 이 둘(我空. 虛空)이 아님도 또한
색色(法空. 法執)으로서 간혜지乾慧地일 뿐임을 알아차리고 의지하거
나 처하거나 머물거나 집착할 것이 없음을 깨달아 얻는 올바른 반
야바라밀般若波羅蜜의 지혜智慧, 곧 반야지般若智 공空의 지혜를 근본
으로 적정寂靜의 마음자리에 들어가 머물며, 중중묘원中中妙圓의 불
생중불멸중不生中不滅中 불구중부정중不垢中不淨中 부증중불감중不
增中不減中한 선근善根 수행修行을 거듭해서 더하고 이 공덕功德으로
상구보리하화중생上求菩提下化衆生에 막힘이나 걸림 없이 자재하며,
또한 선정禪定 삼매三昧에 막힘이나 걸림 없이 자유자재한 무색정無
色定의 마음자리로서 무생법인無生法忍의 두타행頭陀行(如來行)과 이
모두를 두루 원만圓滿하게 아우르고 견고堅固해진 청정淸淨한 공여
래장空如來藏으로 불공여래장不空如來藏이라는 총지總持, 다라니陀羅
尼로서 일체 모든 법法과 불보살佛菩薩에 따른 언어나 문자, 모양이
나 상태의 큰 변재辯才를 얻었음을 이른다.

대승大乘이나 소승小乘을 떠나 중생의 근기根器에 맞게 설하여 가르
치고 모두 깨달음의 길(空如來藏. 等覺. 無上道. 無垢地. 眞空妙有)로 이끌
어주는 일에 막힘이나 걸림이 없음을 변재무애辯才無礙라고 이른다.

3) 도법무애道法無礙: 보살菩薩이 식견識見으로서의 반야般若 공空
(我空. 我執)과 이웃한 허공虛空이 둘이 아님과 이 둘(我空. 虛空) 아님

도 또한 색色(法空. 法執)으로서 간혜지乾慧地일 뿐임을 알아차리고 의지하거나 처하거나 집착할 바가 없음을 분명하게 깨달아 얻는 반야지般若智 공空으로 수행에 마땅한 적정寂靜의 마음자리에 들어가 중중묘원中中妙圓의 선근善根 수행을 거듭하고 이러한 공덕功德으로 상구하화上求下化에 자재하며, 선정禪定 삼매三昧에 자재한 무색정無色定의 마음자리로 두타행頭陀行의 무생법인無生法忍과 이 모두를 두루 원만하게 아우르면서 견고해진 청정한 공여래장空如來藏(等覺. 無上道. 無垢地. 道法)을 이루는데 막힘이나 걸림이 없음을 이른다.

공여래장空如來藏의 지혜智慧, 곧 지극至極한 반야지般若智 공空의 자세하고 능숙한 두루 원만함을 증득證得하였기에 대승大乘과 소승小乘뿐만 아니라 모든 세간世間에 이르기까지 모든 언어나 문자 모양이나 상태를 자세히 들여다보고 상구보리上求菩提하고 하화중생下化衆生하는 도행道行에 막힘이나 걸림이 없음을 이른다.

삼보三寶: 불보佛寶, 법보法寶, 승보僧寶를 이른다.

1) 불보佛寶: 모든 부처님을 이르며, "나我와 내 것我所"이란 없음과 "나我와 내 것我所"이 없음이라는 생각과 생각 아님에 대한 깨우침을 깨달아 얻은 보배를 가리킨다.

2) 법보法寶: 부처님이 말씀하신 가르침의 법法을 이른다.

3) 승보僧寶: 아공我空과 허공虛空, 이 둘이 아님도 색色으로서 법공法空과 법집法執일 뿐인 간혜지乾慧地임을 알아차리고 의지하거나

처하거나 머물거나 집착할 바가 없음을 바르게 깨달아 얻은 이들로 바른 법法(般若波羅蜜의 智慧. 般若智 空)의 가르침대로 수행修行하는 이들을 이른다.

삼세三世: 오온五蘊으로 가득 찬 몸으로 과거, 현재, 미래란 오온五蘊을 갖추고 태어나기 전과 태어나 죽을 때까지와 죽음 이후를 말한다. 즉 전세前世, 현세現世, 내세來世란 내가 있음有과 없음無에 경계境界를 두고 움직여 흐르는 것을 말한다. 움직여 흐르는 것을 보고 삼세三世를 임시로 세워 오온五蘊으로 가득 찬 "나我와 내 것我所"이라는 것에 의지하고 처하고 머물고 집착하는 것을 이른다.

불법佛法의 가르침에서는 시간時間의 흐름을 옳다거나 확실하다고 여기지 않고 법法(空) 위에 세워 삼세三世라 이른다. 곧 불법의 가르침으로서 모든 법法이 공空한 모양이나 상태란 불생불멸不生不滅 불구부정不垢不淨 부중불감不增不減하다고 이르는 것을 말하니, 불생불멸不生不滅로 움직여 흐르는 것이란 모든 법法이 공空한 모양이나 상태를 이른 시간時間의 영원성永遠性(空한 모든 法의 모양이나 상태는 時間的으로 無限함)을 가리키며, 불구부정不垢不淨은 모든 법이 공한 모양이나 상태를 이른 정신적精神的 공간空間의 영원성永遠性(空한 모든 法의 모양이나 상태는 空間的으로 헤아려 알 수 없음)을 가리키고 부중불감不增不減은 모든 법이 공한 모양이나 상태를 이른 수량數量의 영원성永遠性(空한 모든 法은 數量的으로 限量이 없음)을 가리킨다.

반야바라밀般若波羅蜜의 지혜, 곧 반야지般若智 공空(法) 위에 불생중불멸중不生中不滅中 불구중부정중不垢中不淨中 부증중불감중不增中不減中으로서 중중묘원中中妙圓한 온계처蘊界處 계정혜戒定慧 신구의

身口意 업과業果의 흐름을 따라 세운 것이 불법佛法의 가르침이다. 그러나 오온五蘊을 바탕으로 의지하고 처하고 머물고 집착하면서 반야바라밀般若波羅蜜의 지혜, 즉 반야지般若智 공空을 식견識見으로 받아들이며, 불생불멸不生不滅의 영원성永遠性과 불구부정不垢不淨의 무한성無限性과 부증불감不增不減의 한량없음에 의지하고 처하고 머물면서 집착한다. 오온五蘊의 식견識見으로서는 헤아려 알 수 없고 어림짐작으로 대강 헤아려 알 수 없는 영원함이다. 이를 **일세**一世라 이르며, 한 사람의 일생一生을 말한다. 이는 인과因果로서 곧 불법佛法과의 인연을 이르는 것이니, 반야바라밀다般若波羅蜜多와의 인연因緣을 이른다.

반야바라밀다般若波羅蜜多와의 인연因緣을 바탕으로 식견識見으로서의 반야般若 공空(我空. 我執)과 이웃한 허공虛空이 둘(我空. 虛空)이 아님을 알아차린 것을 **이세**二世라 이르며, 이는 온계처蘊界處 계정혜戒定慧 신구의身口意 업業과 이웃한 허공虛空이 둘이 아님을 이른다.

이 둘(我空. 虛空)이 아님도 또한 색色(法空. 法執)으로서 간혜지乾慧地일 뿐임을 **삼세**三世라 이른다. 이 간혜지일 뿐임을 알아차리고 불생불멸不生不滅 불구부정不垢不淨 부증불감不增不減한 온계처蘊界處와 불생불멸不生不滅 불구부정不垢不淨 부증불감不增不減한 계정혜戒定慧와 불생불멸不生不滅 불구부정不垢不淨 부증불감不增不減한 신구의身口意 업과業果란 의지하거나 처하거나 머물거나 집착할 바가 없음을 온전하게 또 바르게 깨달아 얻는 반야바라밀般若波羅蜜의 지혜智慧, 곧 반야지般若智 공空을 분명하게 깨달아 얻고 마친다.

덧붙이면 둘(我空. 虛空)이 아님도 또한 색色(法空. 法執)으로서 간혜지乾慧地일 뿐임을 알아차리고 의지하거나 처하거나 머물거나 집착할 바가 없음을 깨달아 얻는 반야지般若智 공空이기에 계정혜戒定慧

온계처蘊界處 신구의身口意 업과業果에 물이 들지 않으니, 보리살타菩提薩埵가 반야바라밀般若波羅蜜의 지혜에 의지하고 처하고 머무는 까닭으로 불생불멸不生不滅 불구부정不垢不淨 부증불감不增不減한 계정혜戒定慧 온계처蘊界處 신구의身口意 업과業果에 막힘이나 걸림이 없고 막힘이나 걸림이 없는 까닭으로 무서움과 두려움이 없으며, 꿈같은 허망한 생각에 엎어지고 넘어지면서 거꾸로 뒤바뀌는 일로부터 멀리 벗어나 같다거나 다르다는 것이 다 하여도 미치지 못할 뿐만 아니라 마땅히 머물 바에 머무는 비롯됨 없는 자리(空)에 이른다. 곧 불생중불멸중不生中不滅中, 불구중부정중不垢中不淨中, 부증중불감중不增中不減中이라는 중중묘원中中妙圓의 마음자리에 이른다. 그러나 이는 깨우침의 길에 이르고자 하는 방편方便으로서의 지혜일 뿐이다. 그러므로 이 반야바라밀般若波羅蜜의 지혜智慧, 즉 반야지般若智 공空이란 의지하거나 처하거나 머물거나 집착하지 않는 것임을 바르게 깨달아 얻게 되니, 반드시 둘(我空. 虛空)이 아님에 의지하거나 처하거나 머물거나 집착하는 마음 또한 색色(法空. 法執)으로서 간혜지乾慧地일 뿐임을 알아차리고 분명하게 깨달아 알고 마쳐야만 모든 법法과 불보살佛菩薩에 따른 언어나 문자, 모양이나 상태에 의지하거나 처하거나 머물거나 집착하지 않는 자리로서 적정寂靜의 마음자리에 들어가 머물며, 중중묘원中中妙圓의 선근善根 수행修行을 거듭해서 공덕功德을 더할 수 있는 까닭에 도道가 태반胎胎를 이룰 수 있게 된다.

중중묘원中中妙圓의 선근善根 수행修行을 거듭 쌓고 쌓은 공덕功德으로 상구하화上求下化에 막힘이나 걸림 없이 자재하고 선정禪定 삼매三昧에 자유자재自由自在한 무색정無色定의 마음자리에 이르는 것이니, 무색정無色定의 자재한 선정禪定 삼매三昧를 통하여 두타행頭陀

行으로서 무생법인無生法忍의 마음자리에 이른다. 이와 같은 무색정無色定의 마음자리이기에 일세一世, 이세二世, 삼세三世에 자재自在(속박이나 막힘이나 걸림 없음)하며, 두타행頭陀行의 무생법인無生法忍과 이 사과四果를 두루 원만圓滿하게 아우르면서 견고堅固해진 청정淸淨함으로 공여래장空如來藏(等覺. 無上道. 無垢地. 眞空妙有)의 마음자리를 깨달아 얻는다.

청정淸淨한 공여래장空如來藏의 마음자리로 금강반야바라밀다金剛般若波羅密多의 응무소주이생기심應無所住而生其心(金剛慧心)하는 불공여래장不空如來藏(善知識)의 마음자리를 얻고 또 이와 같음의 마땅함으로 실상實相의 본바탕과 불공여래장不空如來藏의 총지總持를 깨달아 얻으니, 즉 원융무이상圓融無二相(妙覺. 不二門)의 "이것"을 증득證得하고는 일생보처一生補處로서 마치게 된다.

삼승三乘: 중생을 열반涅槃에 이르게 하는 가르침으로서 세 가지 법法을 이른다. 곧 성문승聲聞乘, 연각승緣覺乘, 보살승菩薩乘을 말한다.

1) 성문승聲聞乘: 고집멸도苦集滅道 사제四諦의 가르침을 따라 깨달음을 얻게 하는 요긴要緊한 가르침을 이른다.

오온五蘊으로서의 식견識見 반야般若(苦)와 반야般若 식견識見과 반야般若 공空(集. 我空. 我執)과 이웃한 허공虛空이 둘이 아님과 이 둘(我空. 虛空)이 아님도 또한 색色(法空. 法執)으로서 간혜지乾慧地일 뿐임을 분명하게 알아차리고(滅) 의지하거나 처하거나 머물거나 집착할 바 없음을 깨달아 얻는 온전한 반야바라밀般若波羅蜜의 지혜, 곧

반야지般若智 공空(道)에 이른 이들을 이른다. 이는 도道에 입류入流
(初發心住)함을 가리킨다.

2) 연각승緣覺乘: 부처의 가르침에 의지하지 않고 12인연十二因緣의
이치를 홀로 깨달아 자유의 경지에 도달한 성자聖者를 이르며, 벽지
불辟支佛, 독각승獨覺乘이라 이른다.

3) 보살승菩薩乘: 큰 서원誓願을 세운 이들이니, 위로는 보리菩提를
구하고 아래로는 중생衆生을 바른 법法으로 가르치고 이끌어 갈 수
있는 무색정無色定의 마음자리를 보살승菩薩乘이라 이른다.

하화중생下化衆生에 막힘이나 걸림 없이 자재하며, 또한 선정禪定
삼매三昧에 막힘이나 걸림 없이 자유자재自由自在한 무색정無色定의
마음자리(十迴向)로 상구보리上求菩提의 승법乘法으로서 두타행頭陀行
(如來行)의 무생법인無生法忍(十地)과 반야바라밀般若波羅蜜의 지혜가
두루 원만圓滿해지고 견고堅固하며, 청정淸淨한 무상도無上道로서 지
극한 공여래장空如來藏(等覺. 無上道. 無垢地)을 체득體得하고 이 지혜
智慧의 힘으로써 실상實相의 본바탕을 드러낸 불공여래장不空如來藏
(金剛慧心. 善知識)과 원융무이상圓融無二相(妙覺. 不二門)이 가리키고자
하는 "이것"과 "이것"이 시제법공상是諸法空相 불생불멸不生不滅 불구
부정不垢不淨 부증불감不增不減을 가리키는 것(初發心住)이며, 또한
"나我와 내 것我所"이 없음을 곧바로 가리킨 반야바라밀般若波羅蜜의
지혜, 곧 반야지般若智 공空임을 가리키고 "나我와 내 것我所"이 없음
이라는 생각과 생각 아님에 이르기까지가 보살승菩薩乘임을 이른다.

삼신三身: 드러내어 나타내는 불신佛身의 모양이나 상태를 따라 셋으로 나눈 법신法身, 보신報身, 응신應身을 이른다.

1) 법신法身: 법法의 의미를 깊이 들여다보면, 즉 모든 법法이 공空한 모양이나 상태를 이르자면, 불생불멸不生不滅이란 곧 불생중불멸중不生中不滅中으로서 연월일시年月日時의 공空(의지하거나 처하거나 머물거나 집착할 바가 없음)함과 불구부정不垢不淨이란 곧 불구중부정중不垢中不淨中으로서 안팎이라 이를 수 없는 반야지般若智 공空의 확장사유擴張思惟라는 공간空間과 부증불감不增不減이란 곧 부증중불감중不增中不減中으로서 한량이 없는 수량數量을 이르는 것으로 생각과 생각 아닌 것으로도 변하지 않는 중중묘원中中妙圓의 실상實相을 말한다.

법신法身에서 신身이란 반야지般若智 공空을 근본根本으로 수행에 마땅한 적정寂靜의 중중묘원中中妙圓한 마음자리에 들어가 머물며, 중중묘원中中妙圓의 선근善根 수행修行을 쌓고 쌓아서 공덕功德을 거듭 더하여 모으는 것을 이른다.

덧붙이자면 식견識見으로서의 반야般若 공空(我空. 我執)과 이웃한 허공虛空(隣虛)이 둘이 아님과 이 둘(我空. 虛空)이 아님도 또한 색色(法空. 法執)으로서 간혜지乾慧地일 뿐임을 분명하게 알아차리고 의지하거나 처하거나 머물거나 집착할 바가 없음을 바르게 깨달아 얻은 반야지般若智 공空을 근본(十信)으로 수행의 마땅한 적정寂靜의 마음자리에 들어가 머물면서(十住) 중중묘원中中妙圓한 선근善根 수행修行(十行)을 쌓고 쌓은 공덕功德으로 상구하화上求下化에 자재한 무색정無色定의 마음자리(觀行)에서 선정禪定 삼매三昧에 자재한 지혜의 힘(十迴向)으로 두타행頭陀行의 무생법인無生法忍(十地)과 이 모두를 두루

원만圓滿하게 아우르고 또 견고堅固해진 청정淸淨한 무상도無上道로
서 공여래장空如來藏(等覺. 無垢地)을 밝게 깨달아 얻는다. 이는 반야
바라밀다般若波羅蜜多가 가리킨 모든 법法이 공空하다는 궁극적窮極
的이면서 지극至極한 모양이나 상태로 실상實相의 본바탕을 드러내
어 나타내는 방편方便이며, 이렇듯 드러난 불공여래장不空如來藏(金剛
慧. 善知識)을 법신法身이라 이른다.

불공여래장不空如來藏(金剛慧心. 善知識)과 실상實相의 본바탕이 원
융무이상圓融無二相(妙覺. 不二門)으로서 "이것"을 가리키며, "이것"이란
"나我와 내我所것"이 없음을 이른다. 자세히 이르자면, 지혜의 지혜,
깨우침을 깨달아 증득證得함이란 "나我와 내我所것"이 없음이라는 생
각과 생각 아닌 바가 "이것"이다. 곧 "이것이 무엇인가?(是甚麼)"의 이
것을 가리킨다. 즉 삼세제불三世諸佛 의반야바라밀다依般若波羅蜜多
고득아뇩다라삼먁삼보리故得阿耨多羅三藐三菩提를 가리킨다.

깨우침을 깨달아 증득證得함이란 무착無着, 무색無色, 무현無現으
로도 볼 수 없고 언설言說 또한 없으며, 의지하고 머물고 처할 것도
없을 뿐만 아니라 생生도 없고 멸滅도 없으며, 구垢도 없고 정淨도
없으며, 늘어나는 것도 없고 줄어드는 것도 없고 비유譬喩로써도 드
러낼 수 없음을 가리킨다.

2) 보신報身: 중중묘원中中妙圓의 선근善根 수행修行으로 쌓고 쌓은
과보果報(因果應報)에 의한 공덕功德(不生中不滅中 不垢中不淨中 不增中不
減中)으로서 중중묘원中中妙圓이라는 선근善根 공덕功德이 쌓이고 쌓
인 불신佛身을 이른다.

식견識見으로서의 반야般若 공空(我空. 我執)과 이웃한 허공虛空이
둘이 아님과 이 둘(我空. 虛空) 아님도 또한 색色(法空. 法執)으로서 간

혜지乾慧地일 뿐임을 알아차리고 의지하거나 처하거나 머물거나 집착할 바가 없음을 분명하고 바르게 깨달아 얻는 반야지般若智 공空을 근본根本으로 수행修行에 마땅한 적정寂靜의 마음자리에 들어가 중중묘원中中妙圓의 선근善根 수행修行을 거듭 쌓고 쌓아서 더하고 더하는 불생중불멸중不生中不滅中 불구중부정중不垢中不淨中 부증중불감중不增中不減中한 공덕功德으로 상구보리하화중생上求菩提下化衆生에 막힘이나 걸림 없고 또한 선정禪定 삼매三昧에 막힘이나 걸림 없이 자유자재自由自在한 무색정無色定의 마음자리를 보신報身이라 이른다.

상구보리하화중생上求菩提下化衆生에 막힘이나 걸림 없이 자재한 무색정無色定의 마음자리를 갖춘 몸을 보신報身이라 이르고 위로는 두타행頭陀行의 무생법인無生法忍과 이 모두를 아우르면서 견고堅固하고 청정淸淨한 무상도無上道의 공여래장空如來藏으로 실상實相의 본바탕을 드러내어 나타내고 이렇듯 드러난 불공여래장不空如來藏(金剛慧心. 善知識)과 실상實相의 본바탕이 무르녹아 두루 어우러지고 하나가 되기에 두 개의 모양이나 상태가 없는 "이것"을 가리키며(圓融無二相. 妙覺. 不二門), "이것"이란 "나我와 내 것我所"이 없음을 이르고 지혜의 지혜, 깨우침을 깨달아 증득證得함이란 "나我와 내我所것"이 없음이라는 생각과 생각 아닌 바가 "이것"임을 이른다. 즉 삼세제불三世諸佛 의반야바라밀다依般若波羅蜜多 고득아뇩다라삼먁삼보리故得阿耨多羅三藐三菩提를 가리킨다.

3) 응신應身: 보신불報身佛에 의지하거나 처하거나 머물거나 집착하지 않는 불신佛身을 이른다.

모든 법法의 공空한 모양이나 상태로서 불생불멸不生不滅 불구부정

不垢不淨 부증불감不增不減한 온계처蘊界處 계정혜戒定慧 신구의身口意 업과業果에 의지하거나 처하거나 집착하는 곧 식견識見 반야般若(欲界)와 반야般若 식견識見(色界)과 반야般若 공空(無色界)과 이웃한 허공虛空이 둘이 아님과 이 둘(我空. 虛空)이 아님도 또한 색色(法空. 法執)으로서 마르지 않는 지혜인 간혜지乾慧地일 뿐임을 알아차리지 못하고 이 모든 것에 의지하고 처하고 머물고자 그렇게도 집착하는 중생을 바르게 이끌기 위해서 나타나는 불신佛身을 이른다. 곧 법신法身을 드러내신 석가모니불釋迦牟尼佛과 같음을 가리킨다.

삼장三藏: 부처님이 가르치신 개별적個別的인 여러 가지를 한데 모아서 부르는 명칭名稱으로 경장經藏, 율장律藏, 논장論藏을 말한다.

1) 경장經藏: 부처님이 말씀하신 법문法文을 모은 부류의 전체全體를 이르는 명칭名稱을 말한다.

2) 율장律藏: 부처님이 만들어 정하신 일상생활日常生活에서 지켜야 할 규칙規則에 대한 전체全體를 이른다.

3) 논장論藏: 경經에 의한 바른 이치를 밝혀서 논리적論理的으로 서술敍述한 전체全體를 이른다.

색계色界: 욕계色界, 색계欲界, 무색계無色界의 하나를 이르며, 욕계欲界와 무색계無色界의 중간 세계로 욕계色界처럼 탐욕貪欲은 없으나

아직은 색법色法(我空. 我執과 이웃한 虛空)을 벗어나지 못한 세계를 이른다. 곧 반야般若에 대한 식견識見(我空. 虛空)으로서 불생불멸不生不滅 불구부정不垢不淨 부증불감不增不減한 아공我空과 이웃한 허공虛空이 둘이 아님과 이 둘이 아님도 색色(法空. 法執)으로서 언어나 문자, 모양이나 상태임을 벗어나지는 못하고 이 둘(我空. 虛空)이 아님에 의지하고 처하고 머물고 집착하는 하늘을 이른다. 색계 4선천四禪天과 이에 따르는 18천을 말한다.

1) 초선3천初禪三天

① 범중천梵衆天: 식견識見으로서의 반야般若 공공(我空. 我執)과 이웃한 허공虛空이 둘이 아님과 이 둘(我空. 虛空)이 아님도 또한 색色(法空. 法執)으로서 간혜지乾慧地일 뿐임을 알아차리지 못하고 헤아릴 수 없는 시간時間, 공간空間, 수량水量으로서 불생불멸不生不滅 불구부정不垢不淨 부증불감不增不減에 의지하고 처하고 머물고 집착하는 범천梵天의 무리를 이른다.

② 범보천梵輔天: 범천梵天의 무리와 있으며, 힘을 보태주는 하늘로 아공我空(我執)과 이웃한 허공虛空이 둘이 아님으로서 도움이 되어주는 무리로 헤아려 알 수 없는 불생불멸不生不滅 불구부정不垢不淨 부증불감不增不減한 하늘을 이른다.

③ 대범천大梵天: 아공我空(我執)과 이웃한 허공虛空에 대한 마르지 않은 지혜, 즉 간혜지乾慧地를 거듭 더하여 쌓고 쌓은 견해見解이기에 헤아려 알 수 없는 불생불멸不生不滅 불구부정不垢不淨 부증불감不增不減한 하늘을 이른다.

2) 2선3천二禪三天

① **소광천**少光天: 반야般若 식견識見으로서의 아공我空(我執)과 이웃한 허공虛空을 거듭 더하여 쌓고 쌓은 견해見解, 곧 아공我空(我執. 我相)과 이웃한 허공虛空이 둘이 아님으로서 불생불멸不生不滅 불구부정不垢不淨 부증불감不增不減한 신구의身口意 업과業果를 간혜지乾慧地로 보는 하늘을 이른다.

② **무량광천**無量光天: 아공我空(我執. 我相)과 이웃한 허공虛空이 둘이 아님과 이 둘(我空. 虛空)이 아님도 또한 색色일 뿐인 간혜지乾慧地의 견해見解로 계정혜戒定慧 온계처蘊界處 신구의身口意 업과業果란 불생불멸不生不滅 불구부정不垢不淨 부증불감不增不減하다고 믿으면서 의지하고 처하고 머물고 집착하는 하늘을 이른다.

③ **광음천**光音天: 반야般若 식견識見인 아공我空(我執. 我相)과 이웃한 허공虛空이 둘이 아님과 이 둘(我空. 虛空)이 아님도 또한 색色일 뿐인 간혜지乾慧地의 견해見解로 불생불멸不生不滅의 영원永遠함과 불구부정不垢不淨의 무한無限함과 부증불감不增不減의 한량限量없음을 음음(소리, 음악, 가락, 音信)으로 대신하는 하늘을 이른다.

시간時間으로 불생불멸不生不滅함과 공간空間으로 불구부정不垢不淨함과 수량數量으로 부증불감不增不減한 모든 법法의 공空한 모양이나 상태로서의 반야般若 식견識見(我空. 我執. 我相)과 허공虛空이 둘이 아님과 이 둘(我空. 虛空)이 아닌, 간혜지乾慧地의 잣대로 계정혜戒定慧 온계처蘊界處 신구의身口意 업과業果에 대해 말로서만 의지하고 처하고 머물고 집착하는 하늘을 이른다.

3) 3선3천三禪三天

① **소정천**少淨天: 반야般若 식견識見인 아공我空(我執. 我相)과 이웃한 허공虛空이 둘이 아님과 이 둘(我空. 我相. 虛空)이 아님도 또한 색色일 뿐인 간혜지乾慧地로 모든 법法의 공空한 모양이나 상태를 이른 불생불멸不生不滅 불구부정不垢不淨 부증불감不增不減에 대하여 의지하거나 처하거나 머물거나 집착함이 적게나마 없어진 하늘을 이른다.

② **무량정천**無量淨天: 반야般若 식견識見으로서 아공我空(我執. 我相)과 이웃한 허공虛空이 둘이 아님과 이 둘(我空. 我相. 虛空)이 아님도 또한 색色일 뿐인 간혜지乾慧地로 불생불멸不生不滅한 시간(我空과 이웃한 虛空 위에 세운 時間)의 영원永遠함과 불구부정不垢不淨한 공간(我空과 이웃한 虛空 위에 세운 空間)의 무한無限함과 부증불감不增不減한 수량(我空과 이웃한 虛空 위에 세운 數量)의 한량限量없음에 불생불멸不生不滅 불구부정不垢不淨 부증불감不增不減한 계정혜戒定慧 온계처蘊界處 신구의身口意 업과業果란 청정淸淨하면서 무량無量하다 믿고 의지하거나 처하거나 머물거나 집착하는 하늘을 말한다.

③ **변정천**遍淨天: 반야般若 식견識見으로서 아공我空(我執. 我相)과 이웃한 허공虛空이 둘이 아님과 이 둘(我空. 我相. 虛空)이 아님도 또한 색色일 뿐인 간혜지乾慧地로서 모든 법法이 공空함을 이른 불생불멸不生不滅 불구부정不垢不淨 부증불감不增不減한 모양이나 상태에 자신의 맑고 청정한 계정혜戒定慧 온계처蘊界處 신구의身口意 업과業果가 두루 미친다는 생각에 의지하거나 처하거나 머물거나 집착하는 하늘을 이른다.

4) 4선9천四禪九天

① **무운천**無雲天: 반야般若 식견識見으로서 아공我空(我執. 我相)과
이웃한 허공虛空이 둘이 아님과 이 둘(我空. 我相. 虛空)이 아님도
또한 색色일 뿐인 간혜지乾慧地로서 불생불멸不生不滅 불구부정
不垢不淨 부증불감不增不減한 계정혜戒定慧 온계처蘊界處 신구의
身口意 업과業果를 사유思惟하는 일에 막힘이나 걸림이 없다고
언어言語나 문자文字로만 내세우면서 의지하고 처하고 머물고
집착하는 하늘을 이른다.

② **복생천**福生天: 반야般若 식견識見으로서 아공我空(我執. 我相)과
이웃한 허공虛空이 둘이 아님과 이 둘(我空. 我相. 虛空)이 아님도
또한 색色일 뿐인 간혜지乾慧地로서 불생불멸不生不滅 불구부정
不垢不淨 부증불감不增不減한 계정혜戒定慧 온계처蘊界處 신구의
身口意 업업業을 행하며, 또 생각하기를 이는 복福을 생生하는 것
이라고 믿으면서 이 믿음에 의지하고 처하고 머물고 집착하는
하늘을 이른다.

③ **광과천**廣果天: 반야般若 식견識見으로서 아공我空(我執. 我相)과
이웃한 허공虛空이 둘이 아님과 이 둘(我空. 我相. 虛空)이 아님도
또한 색色(法空. 法執)일 뿐인 간혜지乾慧地로서 불생불멸不生不滅
불구부정不垢不淨 부증불감不增不減한 계정혜戒定慧 온계처蘊界
處 신구의身口意 업과業果를 쌓고 쌓으면서 더욱 광대廣大해지는
결과結果가 있다고 믿으면서 그 결과結果에 의지하고 처하고 머
물고 집착하는 하늘을 이른다.

④ **무상천**無想天: 반야般若 식견識見으로서 아공我空(我執. 我相)과
이웃한 허공虛空이 둘이 아님과 이 둘(我空. 我相. 虛空)이 아님도

또한 색色(法空. 法執)일 뿐인 간혜지乾慧地로서 모든 법法의 공空한 모양이나 상태를 이른 불생불멸不生不滅 불구부정不垢不淨 부증불감不增不減한 계정혜戒定慧 온계처蘊界處 신구의身口意 업과業果에 의지하고 처하고 머물고 집착하면서 달리 다른 언어나 문자, 모양이나 상태에 대한 생각이 없는 하늘을 이른다.

⑤ **무번천**無煩天: 반야般若 식견識見으로서 아공我空(我執. 我相)과 이웃한 허공虛空이 둘이 아님과 이 둘(我空. 我相. 虛空)이 아님도 또한 색色(法空. 法執)일 뿐인 간혜지乾慧地로서 모든 법法의 공空한 모양이나 상태를 이른 불생불멸不生不滅 불구부정不垢不淨 부증불감不增不減한 계정혜戒定慧 온계처蘊界處 신구의身口意 업과業果에 의지하고 처하고 머물고 집착하면서 달리 다른 언어나 문자, 모양이나 상태로 인한 괴로움이 없다고 생각하는 하늘을 이른다.

⑥ **무열천**無熱天: 반야般若 식견識見으로서 아공我空(我執. 我相)과 이웃한 허공虛空이 둘이 아님과 이 둘(我空. 我相. 虛空)이 아님도 또한 색色일 뿐인 간혜지乾慧地로서 모든 법法의 공空한 모양이나 상태를 이른 불생불멸不生不滅 불구부정不垢不淨 부증불감不增不減한 계정혜戒定慧 온계처蘊界處 신구의身口意 업과業果를 얻었다는 생각에 의지하고 처하고 머물고 집착하면서 도道를 보지 않는 하늘을 이른다.

그 어떠한 모양이나 상태로 인한 뜨거움(上求菩提下化衆生)이 없는 하늘을 이른다. 이르자면 바른 도道(般若智 空)에 대한 열정이 없고 아공我空(我執)과 이웃한 허공虛空이 둘이 아님과 이 둘(我空. 虛空)이 아님도 또한 색色(法空. 法執)일 뿐인 간혜지乾慧地를 두고 깨달아 얻었다고 이르는 하늘을 이른다.

⑦ 선견천善見天: 반야般若 식견識見으로서 아공我空(我執. 我相)과 이웃한 허공虛空이 둘이 아님과 이 둘(我空. 我相. 虛空)이 아님도 또한 색色(法空. 法執)임을 문득 알아차린 것을 두고 모든 법法의 공空한 모양이나 상태를 이른 불생불멸不生不滅 불구부정不垢不淨 부증불감不增不減한 계정혜戒定慧 온계처蘊界處 신구의身口意 업과業果로서 바른 반야바라밀般若波羅蜜의 지혜智慧, 곧 반야지般若智 공空을 보고見 듣고聞 깨닫고覺 알았다고智 믿으면서 의지하거나 처하거나 머물거나 집착하는 하늘을 이른다.

⑧ 선현천善現天: 식견識見으로서의 반야般若 공空(我空. 我執)과 이웃한 허공虛空이 둘이 아님과 이 둘(我空. 虛空)이 아님도 또한 색色(法空. 法執)임을 문득 알아차린 것을 두고 모든 법法의 공空한 모양이나 상태를 이른 불생불멸不生不滅 불구부정不垢不淨 부증불감不增不減한 계정혜戒定慧 온계처蘊界處 신구의身口意 업과業果를 이제 밝게 드러내어 나타냈다고 이르면서 의지하거나 처하거나 머물거나 집착하는 하늘을 이른다.

⑨ 색구경천色究竟天: 식견識見으로서의 반야般若 공空(我空. 我執)과 이웃한 허공虛空이 둘이 아님과 이 둘(我空. 虛空)이 아님도 또한 색色(法空. 法執)임을 문득 알아차린 것을 두고 마지막까지 다 했다 이르면서 모든 법法의 공空한 모양이나 상태를 가리킨 불생불멸不生不滅 불구부정不垢不淨 부증불감不增不減함이라 믿으며, 의지하거나 처하거나 머물거나 집착하는 하늘을 이른다.

선정禪定: 모든 법法이 공空한 모양이나 상태로서 계정혜戒定慧 온계처蘊界處 신구의身口意 업業이란 불생불멸不生不滅 불구부정不垢不淨

부증불감不增不減하다는 식견識見으로서의 반야般若 공空(我空. 我執)과 이웃한 허공虛空이 둘이 아님과 이 둘(我空. 虛空)이 아님도 또한 색色(法空. 法執)으로서 간혜지乾慧地일 뿐임을 알아차리고 의지하거나 처하거나 머물거나 집착할 바가 없음을 분명하게 깨달아 얻고 마친 반야바라밀般若波羅蜜의 지혜, 곧 반야지般若智 공空은 무상도無上道(空如來藏. 無垢地)에 이를 수 있는 방편方便임을 가리킨다.

반야지般若智 공空을 근본根本(十信)으로 수행에 마땅한 적정寂靜의 마음자리에 들어가 머물며(十住), 불생중불멸중不生中不滅中 불구중부정중不垢中不淨中 부증중불감중不增中不減中한 중중묘원中中妙圓의 선근善根 수행修行(十行)을 거듭 쌓고 쌓아서 이러한 공덕功德으로 하화중생下化衆生에 막힘이나 걸림 없이 자재하며, 상구보리上求菩提에 막힘이나 걸림 없이 자재하고 또한 선정禪定 삼매三昧에 막힘이나 걸림 없이 자유자재自由自在한 무색정無色定의 마음자리(十迴向)에 이른다.

무색정無色定에 이른 마음자리로 두타행頭陀行(如來行)의 무생법인無生法忍(十地)과 이 모두를 청정하게 아우르는 반야지般若智 공空의 본질적本質的이면서 지극至極한 무상도無上道인 공여래장空如來藏(等覺. 無垢地)을 증득證得하고 공여래장空如來藏의 바른 이치로써 불공여래장不空如來藏(金剛慧心. 善知識), 곧 실상實相의 본바탕을 사유思惟하고 있음과 없음을 생각하지 않는 원융무이상圓融無二相(妙覺. 不二門)이 곧바로 가리키는 실상實相의 본바탕인 "이것"을 보고見 듣고聞 깨달아覺 알아서知 "나我와 내 것我所"이 없음이라는 생각과 생각 아님에 이른다. 즉 아뇩다라삼먁삼보리阿耨多羅三藐三菩提를 가리킨다.

반야바라밀般若波羅蜜의 지혜, 곧 반야지般若智 공空을 근본根本(十信)으로부터 공여래장과 "나我와 내 것我所"이 없음이라는 생각과 생각 아님에 이르기까지 티끌 하나라도 선정禪定 아님이 없다. 이를 여래선如來禪이라 이른다.

선지식善知識: 모든 법法이 공空한 모양이나 상태를 이른 불생불멸不生不滅 불구부정不垢不淨 부증불감不增不減한 온계처蘊界處 계정혜戒定慧 신구의身口意 업과業果에 대한 반야般若 식견識見(我空. 我執)과 이웃한 허공虛空이 둘이 아님과 이 둘(我空. 虛空)이 아님도 또한 색色(法空. 法執)으로서 간혜지乾慧地일 뿐임을 알아차리고 의지하거나 처하거나 머물거나 집착할 바가 없음을 밝게 깨달아 얻은 반야바라밀般若波羅蜜의 지혜智慧, 곧 반야지般若智 공空을 바탕(十信)으로 수행에 마땅한 적정寂靜의 마음자리에 들어가 머물면서(十住) 중중묘원中中妙圓의 선근 수행修行(不生中不滅中 不垢中不淨中 不增中不減中)을 거듭 쌓고 쌓은 공덕功德(十行)으로 상구보리하화중생上求菩提下化衆生에 막힘이나 걸림 없이 자재하며, 또한 선정禪定 삼매三昧에 자유자재한 무색정無色定의 마음자리(十迴向)를 원만圓滿하게 이루어 두타행頭陀行(如來行)으로서 무생법인無生法忍의 마음자리(十地)와 이 모두를 청정하게 아우르는 공여래장空如來藏(等覺. 無上道. 無垢地)에 이른다.

공여래장空如來藏이란 반야바라밀般若波羅蜜의 지혜로 가리킨 모든 법法의 공空한 모양이나 상태를 이른 불생불멸不生不滅 불구부정不垢不淨 부증불감不增不減의 궁극적窮極的이면서 본질적本質的인 매우 지극至極한 마음자리이며, 반야지般若智 공空과 적정寂靜과 무색정無色定과 무생법인無生法忍이 모두 다 중중묘원中中妙圓한 선근善根으로서 공空한 것임을 가리킨다. 즉 일체 모든 법法과 불보살佛菩薩에 따른 언어나 문자, 모양이나 상태는 의지하거나 처하거나 머물거나 집착할 바가 아님을 깨달아 얻게 하고 이 공여래장空如來藏(等覺. 無上道. 無垢地)을 깨달아 얻었다는 것은 실상實相의 본바탕을 드러낸 불공여래장不空如來藏(金剛慧心. 善知識), 곧 공空이 아닌 여래장如來藏 을 체득體得할 수 있는 방편이며, 이와 같음을 체득體得한 이들을 선 지식善知識이라 이른다.

　선지식善知識을 통해 불공여래장不空如來藏이라는 생각과 생각 아 님으로도 헤아려 이를 수 없고 알 수 없는 "이것"으로 이끄는 이들 이 또한 선지식善知識이며, 굳이 문자를 빌려 말하자면 실상實相의 본바탕과 불공여래장不空如來藏은 원융무이상圓融無二相(妙覺. 不二門) 으로서 서로 무르녹아 구분 지을 수 없음을 가리키는 "이것"이며, "이것"이란 모든 법法과 불보살佛菩薩에 따른 언어나 문자 모양이나 상태에 의지하거나 처하거나 머물거나 집착하지 않는 "나我와 내 것 我所"이 없음에 대한 생각과 생각 아님을 분명하게 가리킨다.

　성문聲聞: 부처님의 가르침으로서 고집멸도苦集滅道, 이 사제四諦 의 이치에 의지하여 자세히 들여다보고 도道에 이르는 바를 이른다.
　반야바라밀般若波羅蜜의 모든 법法이 공空한 모양이나 상태를 이른 불생불멸不生不滅 불구부정不垢不淨 부증불감不增不減하다는 식견識 見(我空. 我執)과 이웃한 허공虛空이 둘이 아님과 이 둘(我空. 虛空)이 아님도 또한 색色(法空. 法執)으로서 간혜지乾慧地일 뿐임을 알아차리 고 의지하거나 처하거나 머물거나 집착할 바가 없음을 밝게 깨달아 얻은 반야바라밀般若波羅蜜의 온전한 지혜, 반야지般若智 공空을 바 르게 깨달아 얻었음을 성문聲聞이라 이른다.
　반야바라밀般若波羅蜜의 지혜, 즉 반야지般若智 공空을 바르게 깨달아 얼음으로 인하여 법法이 공空하다는 모양이나 상태를 드러낸 이치가 불생불멸不生不滅 불구부정不垢不淨 부증불감不增不減을 벗어나 불생중불멸중不生中不滅中 불구중부정중不垢中不淨中 부증중불감중不增中不減中한 중중묘원中中妙圓으로서 초발심주初發心住를 일으킨다. 이로써 바르게 수행할 수 있는 적정寂靜의 마음자리(十住)로 중중묘원中中妙圓한 선근善根을 거듭 쌓고 쌓아서 수행修行(十行)하고 선근善根 공덕功德(不生中不滅中 不垢中不淨中 不增中不減中)을 더욱 더하여 무색정無色定의 마음자리에 이르며, 이로써 상구보리하화중생上求菩提下化衆生에 막힘이나 걸림 없이 자재하며, 또한 선정禪定 삼매三昧에 자유자재自由自在(十迴向)함으로 두타행頭陀行인 무생법인無生法忍의 마음자리(十地)에 이르고 이 모두를 청정하게 아우르는 견고한 공여래장空如來藏(等覺. 無上道. 無垢地)의 마음자리를 깨달아 얻는다. 이 공여래장空如來藏의 마음자리가 고집멸도苦集滅道로서 무상도無上道에 다다름을 이른다.

성문聲聞은 부처님이 가르친 모든 법法의 모양이나 상태가 공空하다는 것에 의지해서 온蘊, 즉 색수상행식色受想行識에 집착하는 불생불멸不生不滅한 시간時間과 불구부정不垢不淨한 공간空間과 부증불감不增不減한 수량數量이란 곧 "나我와 내 것我所"이란 찰나刹那에 불과하다는 가르침을 듣고 초발심初發心을 일으키고자 부단하게 노력하는 이들을 이른다.

초발심初發心이란 식견識見으로서의 반야般若 공空(我空. 我執)과 이웃한 허공虛空이 둘이 아님과 이 둘(我空. 虛空)이 아님도 또한 색色(法空. 法執)으로서 간혜지乾慧地일 뿐임을 알아차리고 의지하거나 처하거나 머물거나 집착할 바가 없음을 분명하게 깨달아 얻고 마친 온전한 반야바라밀般若波羅蜜의 지혜智慧, 즉 반야지般若智 공空을 가리킨다.

세간법世間法: 세世는 늘 흐르면서 변하고 변하면서 흐르는 것(生住異滅)을 이르며, 변하여 흐르는 찰나 찰나마다 속절없이 이끌려 다님을 이른다. 간間은 찰나 찰나의 그 틈마다 다른 모양이나 상태로 늘 어긋남을 이른다.

태어나 머물면서 다르게 변하고 없어짐, 곧 생주이멸生住異滅함을 뻔히 알면서도 무명無明으로 인하여 맥없이 이끌려 다님을 이른 것이 세간법世間法이다.

수기授記: 부처님께서 반야般若 공空과 이웃한 허공虛空이 둘이 아님과 이 둘(我空. 虛空)이 아님도 또한 색色(法空. 法執)임을 알아차리고 의지하거나 처하거나 머물거나 집착할 바 없음을 깨우친 이들에게, 곧 일승一乘의 보살들에게 성불成佛할 것이라고 예언한 바를 이른다.

수륜水輪: 아뇩다라삼먁삼보리阿耨多羅三藐三菩提로 향하는 수행으로서 마땅한 마음자리에 들어선 일(寂靜. 胎)이며, 삼세三世 모든 불보살佛菩薩을 낳아 기르는 태반胎盤을 이른다. 곧 실상實相의 본바탕인 비유譬喩로써 마야 부인의 태태胎에 들고(十住) 태반胎盤을 이루어 수행修行하는 마음자리(十行)이며, 옆구리에서 태어남을 이른다.

식견識見으로서의 반야般若 공空(我空. 我執)과 이웃한 허공虛空이 둘이 아님과 이 둘(我空. 虛空)이 아님도 또한 색色(法空. 法執)으로서 간혜지일 뿐임을 알아차리고 의지하거나 처하거나 머물거나 집착할 바가 없음을 바르게 깨달아 얻고 마친 반야지般若智 공空(地輪)을 근본根本(十信)으로 수행修行에 마땅한 적정寂靜의 마음자리를 수륜水

輪이라 이른다.

　모든 법法이 공空한 모양이나 상태를 이른 불생불멸不生不滅 불구부정不垢不淨 부중불감不增不減한 계정혜戒定慧 온계처蘊界處 신구의身口意 업과業果를 바르게 깨달아 얻고 막힘이나 걸림 없이 수행修行할 수 있는 마음자리로서 적정寂靜의 불생중불멸중不生中不滅中 불구중부정중不垢中不淨中 부중중불감중不增中不減中한 중중묘원中中妙圓의 마음자리를 갖추게 됨을 이른다.

　수순隨順: 중생의 근기根器에 맞추는 일로서 삼가야 할 경계境界를 가르쳐서 신심信心을 일으키고 차례를 따라 깊은 법法의 문門을 일러주어 알기 쉽게 깨우쳐 얻도록 하는 일을 이른다.

　습기習氣: 모든 법法이 공空한 모양이나 상태는 불생불멸不生不滅 불구부정不垢不淨 부증불감不增不減하다는 온처계蘊界處 계정혜戒定慧 신구의身口意 업과業果를 식견識見으로서 반야般若 공空(我空. 我執)과 이웃한 허공虛空이 둘이 아님과 이 둘(我空. 虛空)이 아님도 또한 색색(法空. 法執)으로서 간혜지乾慧地일 뿐임을 알아차리고 의지하거나 처하거나 머물거나 집착할 바가 없음을 깨달아 얻은 반야지般若智 공空을 바탕으로 적정寂靜의 마음자리에 들어가 선근 수행(中中妙圓)을 거듭 더하여 쌓고 쌓은 공덕으로 무색정無色定의 마음자리에서 상구上求하는 일에 막힘이나 걸림이 없고 하화下化하는 일에 물들지 않으며, 또한 선정禪定 삼매三昧에 자유자재自由自在한 이러한 기운이 늘 남아있음을 습기習氣라 이른다.

다시 한번 이르자면 반야般若 식견識見과 이웃한 허공虛空이 둘이
아님과 이 둘이 아님도 또한 색色일 뿐인 간혜지乾慧地임을 알아차리
고 의지하거나 처하거나 머물거나 집착할 바가 없음을 깨달아 얻는
반야지般若智 공空과 중중묘원中中妙圓의 적정寂靜과 상구하화上求下
化와 선정禪定 삼매三昧에 자재한 무색정無色定의 향을 담았던 마음
그릇(五蘊)을 비우더라도(不立五蘊) 향기香氣가 남아있음을(不離證得)
습기習氣라 이른다.

심心: 오온五蘊의 감각感覺과 사유思惟로 느낄 수 없으며, 그 존재
存在를 생각과 생각 아닌 것으로도 곧 일체 모든 언어나 문자, 모양
이나 상태로도 그 존재를 표현할 수 없는 것까지도 이른다. 역설적
逆說的으로 곧바로 가리키면, 심心이란 일체 모든 언어나 문자, 모양
이나 상태뿐만 아니라 이를 이웃한 것까지를 이른다.

식견識見으로서의 반야般若 공空(我空. 我執)과 이웃한 허공虛空이
둘이 아님과 이 둘(我空. 虛空)이 아님도 또한 색色(法空. 法執)으로서
간혜지乾慧地일 뿐임을 알아서 의지하거나 처하거나 머물거나 집착
할 바가 없음을 바르고 분명하게 깨달아 얻는 반야지般若智 공空을
가리켜 마음心(中中妙圓)이라 이른다. 즉 불생중불멸중不生中不滅中
불구중부정중不垢中不淨中 부증중불감중不增中不減中의 중중묘원中中
妙圓함을 마음이라 이른다.

십력十力: 깨우침의 마음자리를 따라 여래如來만 지니는 열 가지
지혜智慧의 힘을 이르며, 보살菩薩이 행행하는 열 가지 작용作用을 가

리킨다.

　모든 법의 공空한 모양이나 상태가 불생불멸不生不滅 불구부정不垢不淨 부증불감不增不減함에 대한 반야般若 식견識見(我空. 我執)과 이웃한 허공虛空이 둘이 아님과 이 둘(我空. 虛空)이 아님도 또한 색色(法空. 法執)으로서 간혜지乾慧地일 뿐임을 알아차리고 의지하거나 처하거나 머물거나 집착할 바가 없음을 분명하게 또 바르게 깨달아 얻는 지극至極한 반야바라밀般若波羅蜜의 지혜智慧, 곧 본질적本質的이면서 지극至極한 반야지般若智 공空으로서 불생중불멸중不生中不滅中 불구중부정중不垢中不淨中 부증중불감중不增中不減中한 중중묘원中中妙圓이 두루 원만圓滿하고 견고堅固하며, 청정淸淨한 여래如來의 지혜로운 힘을 이른다.

1) 처비처지력處非處智力: 식견識見으로서의 반야般若 공空(我空. 我執)과 이웃한 허공虛空이 둘이 아님을 알아차리고 이 둘(我空. 虛空)이 아님도 또한 색色(法空. 法執)으로서 간혜지乾慧地일 뿐임을 알아서 의지하거나 처하거나 집착할 바가 없음을 분명하게 깨달아 얻는 반야지般若智 공空을 근본根本(十信)으로 수행에 마땅한 적정寂靜의 마음자리에 들어가 머물며(十住), 중중묘원中中妙圓의 선근善根 수행修行을 거듭하여 쌓고 쌓은 공덕功德(十行. 中中妙圓한 不生中不滅中 不垢中不淨中 不增中不減中. 一中觀)으로 상구하화上求下化에 자재하며, 또한 선정禪定 삼매三昧에 막힘이나 걸림 없이 자유자재自由自在한 무색정無色定의 마음자리(十迴向)로 두타행頭陀行의 무생법인無生法忍(十地)과 이 모든 자리를 두루 원만圓滿하게 아우르면서 견고堅固해진 청정淸淨한 공여래장空如來藏(等覺. 無上道.無垢地) 뿐만 아니라 불공여래장不空如來藏(金剛慧. 善知識)과 실상實相의 본바탕이란 원융무이상圓融無二

相(妙覺. 不二門)으로 "이것"을 가리키며, "이것"이란 곧 "나我와 내 것我所"이 없음을 이르는 것이고 "나我와 내 것我所"이 없음에 대한 생각과 또한 생각이 아님을 증득證得하게 하고 하화중생下化衆生이든 상구보리上求菩提든 처할 바에 처하여 행行함이 막힘이나 걸림 없는 자유자재自由自在한 지혜智慧의 힘을 이른다.

2) 업이숙지력業異熟智力: 식견識見으로서의 반야般若 공空(我空. 我執)과 이웃한 허공虛空이 둘이 아님과 이 둘(我空. 虛空)이 아님도 또한 색色(法空. 法執)으로서 간혜지乾慧地일 뿐임을 알아차리고 의지하거나 처하거나 머물거나 집착할 바가 없음을 분명하게 깨달아 얻는 온전한 반야지般若智 공空과 중중묘원中中妙圓의 선근善根 수행修行을 거듭하여 공덕功德을 더하는 적정寂靜의 마음자리와 거듭해서 더하는 선근 수행의 공덕功德으로 상구하화上求下化에 막힘이나 걸림 없이 자재하며, 또한 선정禪定 삼매三昧에 막힘이나 걸림 없이 자유자재自由自在한 무색정無色定의 마음자리로 두타행頭陀行(如來行)의 무생법인無生法忍과 이 모두를 두루 원만圓滿하게 아우르는 청정淸淨한 공여래장空如來藏의 마음자리를 온전하게 깨달아 얻음과 이를 통해 드러내어 나타낸 불공여래장不空如來藏과 실상實相의 본바탕이 원융무이상圓融無二相으로 "이것"을 가리키는 지혜의 힘을 이른다.

3) 정려해탈등지등지지력精慮解脫等持等至智力: 식견識見으로서의 반야般若 공空(我空. 我執)과 이웃한 허공虛空이 둘이 아님과 이 둘(我空. 虛空)이 아님도 또한 색色(法空. 法執)으로서 간혜지乾慧地일 뿐임을 알아차리고 의지하거나 처하거나 머물거나 집착할 바가 없음을 분명하게 깨달아 얻는 반야지般若智 공空을 바탕으로 수행에 마땅한

적정寂靜의 마음자리에 들어가 중중묘원中中妙圓의 선근善根 수행修行을 거듭하여 공덕功德을 더하고 이 선근 수행의 공덕功德(中中妙圓. 一中觀)으로 상구하화上求下化에 막힘이나 걸림 없이 자재하며, 또한 선정禪定 삼매三昧에 막힘이나 걸림 없이 자유자재自由自在한 무색정無色定의 마음자리로 두타행頭陀行의 무생법인無生法忍과 이 모두를 청정淸淨하게 아우르는 견고堅固한 공여래장空如來藏(等覺. 無上道. 無垢地)을 깨달아 얻어 빈틈없이 아주 세밀하고 또한 자세하게 이해하는 일을 벗어난 해탈解脫의 분별分別없는 평등함과 같이 불공여래장不空如來藏(金剛慧心. 善知識)에 이르러 실상實相의 본바탕과 구분區分없이 가지런한 지혜의 지혜로운 힘을 이른다. 즉 깨우침을 깨달아 증득證得한 지혜의 지혜로서 이 지혜의 힘을 이른다.

4) 근상하지력根上下智力: 식견識見으로서의 반야般若 공空(我空. 我執)과 이웃한 허공虛空이 둘이 아님과 이 둘(我空. 虛空)이 아님도 또한 색색(法空. 法執)으로서 간혜지乾慧地일 뿐임을 알아차리고 의지하거나 처하거나 머물거나 집착할 바가 없음과 반야지般若智 공空과 적정寂靜의 마음자리로서 중중묘원中中妙圓한 선근善根 수행修行의 공덕功德과 상구하화上求下化에 자재하며, 또한 선정禪定 삼매三昧에 막힘이나 걸림 없는 마음자리인 무색정無色定과 두타행頭陀行의 무생법인無生法忍과 이 모든 것을 두루 원만하게 아우르는 청정한 공여래장空如來藏과 이 공여래장空如來藏으로 드러낸 불공여래장不空如來藏(金剛慧. 善知識)의 지혜智慧로 근기根基의 높고 낮음을 분별分別하는 힘을 이른다.

5) 종종승해지력種種勝解智力: 식견識見으로서의 반야般若 공空(我

空. 我執)과 이웃한 허공虛空이 둘이 아님과 이 둘(我空. 虛空)이 아님
도 또한 색色(法空. 法執)으로서 간혜지乾慧地일 뿐임을 알아차리고
의지하거나 처하거나 머물거나 집착할 바가 없음과 반야지般若智 공
空과 적정寂靜의 마음자리로서 중중묘원中中妙圓의 선근善根 수행修行
공덕功德과 상구하화上求下化에 자재하며, 또한 선정禪定 삼매三昧에
자재한 무색정無色定의 마음자리와 두타행頭陀行의 무생법인無生法忍
과 이 모든 것을 청정하게 아우르는 공여래장空如來藏과 이로써 드
러낸 불공여래장不空如來藏의 지혜로 불생중불멸중不生中不滅中 불구
중부정중不垢中不淨中 부증중불감중不增中不減中한 온계처蘊界處 계정
혜戒定慧 신구의身口意 업과業果를 증득證得하고 또한 증득한 "이것"
마저 벗어난 뛰어난 지혜의 힘을 이른다.

6) **종종계지력**種種界智力: 식견識見으로서의 반야般若 공空(我空. 我
執)과 허공虛空이 둘이 아님과 이 둘(我空. 虛空)이 아님도 또한 색色
(法空. 法執)일 뿐인 간혜지乾慧地로서 의지하고 집착할 바가 없음과
반야지般若智 공空과 수행에 마땅한 적정寂靜의 마음자리로서 중중
묘원中中妙圓의 선근善根 수행修行 공덕功德과 상구하화上求下化에 자
재하며, 또한 선정禪定 삼매三昧에 자재한 무색정無色定의 마음자리
와 두타행頭陀行인 무생법인無生法忍의 마음자리와 이 모든 것을 아
우르는 공여래장空如來藏의 지혜로 드러낸 불공여래장不空如來藏으
로 중중묘원中中妙圓한 불생중불멸중不生中不滅中 불구중부정중不垢
中不淨中 부증중불감중不增中不減中의 세계를 분별分別하는 지혜로운
힘을 이른다.

7) **편취행지력**遍趣行智力: 식견識見으로서의 반야般若 공空(我空. 我

執)과 허공虛空이 둘이 아님과 이 둘(我空. 虛空)이 아님도 또한 색色(法空. 法執)일 뿐인 간혜지乾慧地로서 의지하고 집착할 바가 없음과 반야지般若智 공空과 적정寂靜의 마음자리에 들어가 수행修行으로 거듭 쌓고 쌓은 중중묘원中中妙圓의 선근善根 수행 공덕功德과 상구하화上求下化에 자재하며, 또한 선정禪定 삼매三昧에 자재한 무색정無色定의 마음자리와 두타행頭陀行의 무생법인無生法忍과 이 모두를 청정淸淨하게 아우르는 공여래장空如來藏으로 드러낸 불공여래장不空如來藏의 지혜로서 시방十方에 막힘이나 걸림 없이 두루 행行할 뿐만 아니라 육취六趣(地獄. 餓鬼. 畜生. 阿脩羅. 人間. 天)에 이르기까지 두루 두루 한 지혜의 힘을 이른다.

8) 숙주수념지력宿住隨念智力: 식견識見으로서의 반야般若 공空(我空. 我執)과 허공虛空이 둘이 아님과 이 둘(我空. 虛空)이 아님도 또한 색色(法空. 法執)일 뿐인 간혜지乾慧地임을 알아차리고 의지하고 집착할 바가 없음을 깨달아 얻은 반야지般若智 공空과 적정寂靜의 마음자리에 들어가 중중묘원中中妙圓의 선근善根 수행을 거듭 쌓고 쌓은 공덕功德과 이와 같은 공덕功德으로 상구하화上求下化에 자재하며, 또한 선정禪定 삼매三昧에 자재한 무색정無色定의 마음자리와 두타행頭陀行의 무생법인無生法忍과 이 모든 것을 청정하게 아우르는 공여래장空如來藏으로 드러낸 불공여래장不空如來藏의 지혜로 일체 모든 법法과 불보살佛菩薩에 따른 언어나 문자 모양이나 상태에 의지하고 처하고 머물고 집착하는 생각을 따르더라도 물이 들거나 물러서지 않는 지혜의 힘을 이른다.

9) 사생지력死生智力: 식견識見으로서의 반야般若 공空(我空. 我執)

과 허공虛空이 둘이 아님과 이 둘(我空. 虛空)이 아님도 또한 색色(法空. 法執)일 뿐인 간혜지乾慧地임을 알아차리고 의지하거나 집착할 바가 없음을 깨달아 얻은 반야지般若智 공空으로 수행에 마땅한 적정寂靜의 마음자리에 들어가 중중묘원中中妙圓의 선근善根 수행으로 공덕功德을 쌓고 쌓아서 상구하화上求下化에 자재하며, 또한 선정禪定 삼매三昧에 자재한 무색정無色定의 마음자리와 두타행頭陀行의 무생법인無生法忍과 이 모든 것을 청정하게 아우르는 공여래장空如來藏으로 드러낸 불공여래장不空如來藏의 지혜로 죽음과 태어남, 곧 실상實相의 본바탕으로서 "나我와 내 것我所"이 없음을 분명하게 들여다보고見 듣고聞 깨우치고覺 알아서知 생사生死에 막힘이나 걸림 없는 지혜의 힘을 이른다.

10) 누진지력漏盡智力: 식견識見으로서의 반야般若 공空(我空. 我執)과 허공虛空이 둘이 아님과 이 둘(我空. 虛空)이 아님도 또한 색色(法空. 法執)으로서 간혜지乾慧地일 뿐임을 알아차리고 의지하고 처하고 머물고 집착할 바가 없음을 깨달아 얻은 반야지般若智 공空과 수행에 마땅한 적정寂靜의 마음자리에 들어가서 중중묘원中中妙圓의 선근善根 수행修行 공덕功德으로 상구하화上求下化에 자재하며, 또한 선정禪定 삼매三昧에 자재한 무색정無色定의 마음자리와 두타행頭陀行의 무생법인無生法忍과 이 모든 것을 청정하게 아우르는 공여래장空如來藏으로 드러낸 불공여래장不空如來藏의 지혜로 "나我와 내 것我所"이 없음을 분명하게 깨달아 얻음으로 인하여 모두 새어서 없어짐이 없는 실상實相의 본바탕을 깨우친 다함이 없는 지혜의 힘을 이른다.

십선업十善業: 반야般若 식견識見(我空. 我執)과 이를 이웃한 허공虛空이 둘이 아님과 이 둘(我空. 虛空)이 아님도 또한 색色(法空. 法執)으로서 간혜지乾慧地일 뿐임을 분명하게 알아차리고 의지하거나 처하거나 머물거나 집착하지 않는 반야바라밀般若波羅蜜의 지혜智慧, 곧 반야지般若智 공空과 이를 바탕으로 수행의 마땅한 적정寂靜의 마음자리에 들어가 중중묘원中中妙圓의 선근善 수행을 쌓고 쌓은 공덕功德으로 상구보리하화중생上求菩提下化衆生에 자재하며, 또한 선정禪定 삼매三昧에 막힘이나 걸림 없이 자재한 무색정無色定의 마음자리로 두타행頭陀行의 무생법인無生法忍과 이 모두를 청정淸淨하게 아우르면서 견고堅固해진 공여래장空如來藏의 바른 선근善根(般若智 空)으로 신구의身口意 업業을 행하는 것을 이른다.

신업身業은 불살생不殺生, 불투도不偸盜, 불사음不邪婬을 말하며, 구업口業은 불망어不妄語, 불양설不兩舌, 불악구不惡口, 불기어不綺語를 이르고 의업意業은 불탐욕不貪欲, 부진에不瞋恚, 불사견不邪見을 이른다.

십신十身: 불佛, 보살菩薩의 몸을 중중묘원中中妙圓의 선근善根 수행修行 공덕功德을 따라 10가지로 구분區分지어 부르는 이름이다.

1) 평등신平等身: 불佛, 보살菩薩, 중생衆生의 몸이란 차별差別 없이 고르고 한결같음을 이르는 명칭名稱이다.

식견識見으로서의 반야般若 공空(我空. 我執)과 이웃한 허공虛空이 둘이 아님과 이 둘(我空. 虛空)이 아님도 또한 색色(法空. 法執)으로서 간혜지乾慧地일 뿐임을 분명하게 알아차리고 의지하거나 처하거나 머물거나 집착할 바가 없음을 바르게 깨달아 얻은 반야지般若智 공空과 수행修行(中中妙圓)의 마땅한 마음자리인 적정寂靜과 이와 같은 수행修行 공덕功德으로 상구하화上求下化에 자재하며, 또한 선정禪定 삼매三昧에 막힘이나 걸림 없는 무색정無色定과 두타행頭陀行으로서의 무생법인無生法忍과 이 모두를 두루 원만圓滿하게 아우르는 청정淸淨한 공여래장空如來藏을 평등신平等身이라 이른다.

공여래장空如來藏이란 반야바라밀般若波羅蜜多의 지혜가 가리키고자 하는 모든 법法이 공空한 모양이나 상태를 이른 불생불멸不生不滅 불구부정不垢不淨 부증불감不增不減함이 궁극적窮極的이면서 지극至極한 반야지般若智 공空에 이른 것을 가리킨다. 늘고 줄어드는 달月의 언어나 문자(보름달. 상현달. 하현달. 초승달. 그믐달), 또 그러한 모양이나 상태의 달月뿐만 아니라 해와 별과(我空. 我執) 이웃한 허공虛空이 둘이 아님과 이 둘(我空. 虛空)이 아님도 색色(法空. 法執)으로서 간혜지乾慧地일 뿐임을 분명하게 알아차리고 의지하거나 처하거나 머물거나 집착할 바 없음을 분명하고도 바르게 깨달아 얻고 마친 반야지般若智 공空을 가리킨다.

2) 청정신淸淨身: 일체 모든 법法과 불보살佛菩薩에 따른 언어나 문자, 모양이나 상태에 의지하거나 처하거나 머물거나 집착하지 않음을 이른다.

식견識見으로서의 반야般若 공空(我空. 我執)과 이웃한 허공虛空이 둘이 아님과 이 둘(我空. 虛空)이 아님도 또한 색色(法空. 法執)으로서 간혜지乾慧地일 뿐임을 분명하게 알아차리고 의지하거나 처하거나 머물거나 집착할 바가 없음을 깨달아 얻는 반야지般若智 공空과 수행修行(中中妙圓)에 마땅한 마음자리인 적정寂靜과 이와 같은 선근善

根 수행修行의 공덕功德(不生中不滅中 不垢中不淨中 不增中不減中. 一中觀)
으로 상구하화上求下化에 자재하고 선정禪定 삼매三昧에 막힘이나 걸
림 없는 마음자리인 무색정無色定과 두타행頭陀의 무생법인無生法忍
과 이 모두를 청정하게 아우르는 견고한 공여래장空如來藏으로 실상
實相의 본바탕을 드러내어 나타낸 불공여래장不空如來藏을 청정신淸
淨身(不立五蘊 不離證得)이라 이른다.

3) 무진신無盡身: 식견識見으로서의 반야般若 공空(我空. 我執)과 이
웃한 허공虛空이 둘이 아님과 이 둘(我空. 虛空)이 아님도 또한 색色
(法空. 法執)으로서 간혜지乾慧地일 뿐임을 분명하게 알아차리고 의지
하거나 처하거나 머물거나 집착할 바가 없음을 바르게 깨달아 얻는
반야지般若智 공空과 수행修行(中中妙圓)할 수 있는 마땅한 마음자리
로서의 적정寂靜과 이와 같은 선근 수행修行 공덕功德(不生中不滅中 不
垢中不淨中 不增中不減中. 一中觀)으로 상구하화上求下化에 자재하고 선
정禪定 삼매三昧에 막힘이나 걸림 없는 무색정無色定의 마음자리와
두타행頭陀行으로서의 무생법인無生法忍과 이 모두를 청정하게 아우
르는 공여래장空如來藏으로 실상實相의 본바탕을 드러내어 나타낸
불공여래장不空如來藏과 원융무이상圓融無二相(妙覺. 不二門)의 "이것"
과 "이것"이란 "나我와 내 것我所"이 없음(不立五蘊)을 분명하게 깨우쳐
얻는 몸(不離證得)으로서 백억百億 만억萬億 깨우침 세계의 무량無量
한 티끌 수와 같은 계정혜戒定慧 온계처蘊界處 신구의身口意 업과業果
을 행行함에 곧 불생중불멸중不生中不滅中 불구중부정중不垢中不淨中
부증중불감중不增中不減中하는 중중묘원中中妙圓(一中觀)으로서도 다
함이 없는 몸을 무진신無盡身(不離證得)이라 이른다.

4) 선수신善修身: 선근善根으로 수행修行하는 몸을 이른다. 반야바라밀다般若波羅蜜多가 가리키고 있는 모든 법法이 공空한 모양이나 상태를 이른 중중묘원中中妙圓(一中觀)으로 수행하는 바를 말한다.

식견識見으로서의 반야般若 공空(我空. 我執)과 이웃한 허공虛空이 둘이 아님과 이 둘(我空. 虛空)이 아님도 또한 색色(法空. 法執)으로서 간혜지乾慧地일 뿐임을 분명하게 알아차리고 의지하거나 처하거나 머물거나 집착할 바가 없음을 깨달아 얻는 반야지般若智 공空을 가리킨다.

둘(我空. 虛空)이 아님도 또한 색色(法空. 法執)으로서 간혜지乾慧地일 뿐임을 분명하게 깨달아 얻는 반야지般若智 공空을 선근善根이라 이르며, 이는 온전하게 깨우친 반야바라밀般若波羅蜜의 지혜로서 모든 법法이 공空한 모양이나 상태를 말한 불생불멸不生不滅 불구부정不垢不淨 부증불감不增不減함을 곧바로 가리킨다. 이는 실상實相의 본바탕을 성취成就하는 근본根本이며, 비유譬喩을 들어 말하길 태胎에 들어섰다고 이른다. 즉 적정寂靜의 마음자리를 이르는 것이니, 선근善根 수행修行이란 중중묘원中中妙圓으로서 불생중불멸중不生中不滅中 불구중부정중不垢中不淨中 부증중불감중不增中不減中함을 이른다. 곧 생생도 멸滅도 아닌 가운데를 가리키는 것으로서 시간時間의 영원성永遠性과, 더러움도 깨끗함도 아닌 가운데를 가리키는 것으로서 물들지 않는 청정淸淨한 심적心的 공간空間의 무한無限함과, 늘지도 줄지도 않는 가운데를 가리키는 것으로서 수량數量의 한량限量없음을 말한다.

적정寂靜의 마음자리에 들어가 선근善根 수행修行의 공덕功德(中中妙圓)을 쌓고 쌓기에 하화중생下化衆生에 자재하고 상구보리上求菩提에 막힘이나 걸림 없이 자재하며, 또한 선정禪定 삼매三昧에 막힘이

나 걸림 없는 자유자재自由自在한 무색정無色定의 마음자리를 청정淸
淨하게 또 견고堅固하게 함을 얻는다.

　이와 같은 중중묘원中中妙圓의 선근善根을 바탕으로 수행修行을 거
듭 더하여 공덕功德을 쌓은 적정寂靜의 마음자리를 갖춘 몸을 두고
선수신善修身이라 이른다.

　5) 법성신法性身: 모든 법법의 공공空한 모양이나 상태를 갖춘 몸을
이르는 것이니, 불생불멸不生不滅 불구부정不垢不淨 부증불감不增不減
함을 갖춘 몸을 법성신法性身이라 이른다.

　식견識見으로서의 반야般若 공공(我空. 我執)과 이웃한 허공虛空이
둘이 아님과 이 둘(我空. 虛空)이 아님도 또한 색색(法空. 法執)으로서
간혜지乾慧地일 뿐임을 분명하게 알아차리고 의지하거나 처하거나
머물거나 집착할 바가 아님을 깨달아 얻는 반야지般若智 공공과 수행
修行(中中妙圓)에 마땅한 마음자리인 적정寂靜과 상구하화上求下化에
자재하며, 선정禪定 삼매三昧에 막힘이나 걸림 없는 마음자리인 무색
정無色定과 두타행頭陀의 무생법인無生法忍과 이 모두를 청정하게 아
우르는 공여래장空如來藏으로 실상實相의 본바탕을 드러내어 나타낸
불공여래장不空如來藏을 법성신法性身이라 이른다.

　6) 이심사신二心捨身: 식견識見으로서의 반야般若 공공(我空. 我執)
과 이웃한 허공虛空이 둘이 아님과 이 둘(我空. 虛空)이 아님도 또한
색색(法空. 法執)으로서 간혜지乾慧地일 뿐임과 반야지般若智 공공과
적정寂靜의 마음자리로서 중중묘원中中妙圓의 선근善根 수행修行 공덕
功德과 상구하화上求下化에 자재하며, 또한 선정禪定 삼매三昧에 자재
한 무색정無色定의 마음자리와 두타행頭陀行의 무생법인無生法忍과

이 모두를 청정淸淨하게 아우르는 공여래장空如來藏과 공여래장으로
드러낸 불공여래장不空如來藏과 실상實相의 본바탕이란 원융무이상
圓融無二相(妙覺. 不二門)이 가리키는 "이것"을 증득證得한 몸을 이른
다. "나我와 내 것我所"이 없음이라는 생각과 생각이 아님을 곧바로
가리킨다.

    7) 부사의신不思議身: 식견識見으로서의 반야般若 공空(我空. 我執)
과 이웃한 허공虛空이 둘이 아님과 이 둘(我空. 虛空)이 아님도 또한
색색色(法空. 法執)으로서 간혜지乾慧地일 뿐임을 분명하게 알아차리고
의지하거나 처하거나 머물거나 집착할 바가 없음을 깨달아 얻는 반
야지般若智 공空과 이를 바탕(十信)으로 불생중불멸중不生中不滅中 불
구중부정중不垢中不淨中 부증중불감중不增中不減中한 중중묘원中中妙
圓의 선근을 수행修行하는 적정寂靜의 마음자리(十住)와 중중묘원中中
墓園의 선근善根 수행을 거듭 쌓고 쌓은 공덕功德(十行)으로 상구보리
하화중생上求菩提下化衆生에 막힘이나 걸림 없이 자재하며, 또한 선정
禪定 삼매三昧에 막힘이나 걸림 없이 자유자재自由自在한 무색정無色
定의 마음자리(十迴向)로 두타행頭陀行인 무생법인無生法忍의 마음자
리(十地)와 이 모두를 청정淸淨하게 아우르는 공여래장空如來藏(等覺.
無上道. 無垢地. 眞空妙有)으로 실상實相의 본바탕을 드러내어 나타낸
불공여래장不空如來藏(金剛慧. 善知識)과 실상實相의 본바탕이 원융무
이상圓融無二相(妙覺. 不二門)의 "이것"임을 증득證得하고 "이것 이란 곧
"나我와 내 것我所"이 없음을 가리키는 것이며, "나我와 내 것我所"이
없음이라는 생각과 생각 아님마저 벗어난 깨우침을 깨달아 얻는 지
혜의 지혜를 얻었기에 부사의신不思議身이라 이른다.

8) 적정신寂靜身: 식견識見으로서의 반야般若 공空(我空. 我執)과 이웃한 허공虛空이 둘이 아님과 이 둘(我空. 虛空)이 아님도 또한 색色(法空. 法執)으로서 간혜지乾慧地일 뿐임을 분명하게 알아차리고 의지하거나 처하거나 머물거나 집착할 바가 없음을 바르게 깨달아 얻고 마친 반야지般若智 공空과 이 반야지般若智 공空을 바탕으로 불생중불멸중不生中不滅中 불구중부정중不垢中不淨中 부증중불감중不增中不減中의 중중묘원中中妙圓한 선근善根을 수행修行하는 적정寂靜의 마음자리에 들어가 공덕功德을 쌓고 쌓은 몸을 이른다.

더할 나위 없이 위 없는 보리菩提를 성취成就하는 방편으로서 중중묘원中中妙圓이라는 선근善根 공덕功德을 수행修行하는 마음자리에 들어선 몸을 가리킨다. 중중묘원中中妙圓한 선근善根을 바탕으로 수행修行을 거듭 쌓고 쌓은 공덕功德을 따라 상구보리하화중생上求菩提下化衆生에 막힘이나 걸림 없이 자재하며, 또한 선정禪定 삼매三昧에 막힘이나 걸림 없이 자유자재한 무색정無色定의 마음자리로 두타행頭陀行의 무생법인無生法忍과 이 모두를 청정하게 아우르는 공여래장空如來藏으로 실상實相의 본바탕을 드러내어 나타내는 불공여래장不空如來藏과 실상實相의 본바탕이 원융무이상圓融無二相(妙覺. 不二門)의 "이것"에 대한 깨우침을 깨달아 얻고 마친다.

9) 허공신虛空身: 참된 공空을 깨달아 얻는 빼어난 몸을 이른다.

식견識見으로서의 반야般若 공空(我空. 我執)과 이웃한 허공虛空이 둘이 아님과 이 둘(我空. 虛空)이 아님도 또한 색色(法空. 法執)으로서 간혜지乾慧地일 뿐임을 분명하게 알아차리고 의지하거나 처하거나 머물거나 집착할 바가 없음을 바르게 깨달아 얻는 반야지般若智 공空을 바탕(十信)으로 불생중불멸중不生中不滅中 불구중부정중不垢中

不淨中 부증중불감중不增中不減中의 중중묘원中中妙圓한 선근善根을 수행修行할 수 있는 적정寂靜의 마음자리(十住)에 이르며, 곧 더할 나위 없이 위 없는 보리菩提를 성취成就하는 방편으로서 중중묘원中中妙圓한 적정寂靜의 태胎에 들어서고 중중묘원中中妙圓의 선근善根 수행修行을 거듭 쌓고 쌓은 공덕功德(十行)의 힘으로 상구보리하화중생上求菩提下化衆生에 막힘이나 걸림 없이 자재하며, 선정禪定 삼매三昧에 막힘이나 걸림 없이 자유자재한 무색정無色定(胎盤)의 마음자리(十廻向)로 두타행頭陀行인 무생법인無生法忍의 마음자리(十地)를 성취하고 이 모두를 청정하게 아우르는 공여래장空如來藏(等覺. 無上道. 無垢地. 眞空妙有)의 마음자리를 얻은 몸을 가리킨다.

모든 언어나 문자, 모양이나 상태에서 벗어나 막힘이나 걸림 없는 자재한 몸을 이르는 것이니, 진공묘유眞空妙有(妙覺. 空如來藏)로서의 몸을 이른다.

10) 묘지신妙智身: 더할 나위 없이 위 없는 빼어난 지혜의 몸을 이른다.

식견識見으로서의 반야般若 공空(我空. 我執)과 이웃한 허공虛空이 둘이 아님과 이 둘(我空. 虛空)이 아님도 또한 색色(法空. 法執)으로서 간혜지乾慧地일 뿐임을 분명하게 알아차리고 의지하거나 처하거나 머물거나 집착할 바가 없음을 깨달아 얻는 반야지般若智 공空을 근본根本으로 중중묘원中中妙圓한 불생중불멸중不生中不滅中 불구중부정중不垢中不淨中 부증중불감중不增中不減中의 선근善根 공덕功德을 수행修行하는 적정寂靜의 마음자리에 들어가 더할 나위 없이 위 없는 보리菩提를 성취成就하는 방편으로서 중중묘원中中妙圓의 선근善根 공덕功德 수행修行을 거듭 쌓고 쌓아서 그 공덕功德을 따라 상구보리하화중생上求菩提下化衆生에 막힘이나 걸림 없이 자재하며, 또한 선정禪定 삼매三昧에 막힘이나 걸림 없이 자유자재한 무색정無色定(胎盤)의 마음자리를 견고하게 또 바르게 잡아서 두타행頭陀行의 무생법인無生法忍을 증득證得하고 이 모두를 청정하게 아우르는 공여래장空如來藏으로 실상實相의 본바탕을 드러내어 나타낸 불공여래장不空如來藏을 빼어난 지혜의 몸(妙智身. 金剛慧心. 善知識)이라 이른다.

불공여래장不空如來藏과 실상實相의 본바탕이 무르녹은 무이상圓融無二相임을 깨달아 얻은 빼어난 지혜의 몸으로서 이 지혜를 통해 "나我와 내 것我所"이 없음(不立五蘊)을 분명하게 깨달아 얻고(不離證得) "나我와 내 것我所"이 없음이라는 생각과 생각 아닌 것에 이르기까지 이끄는 지혜의 지혜를 갖춘 몸을 가리킨다.

십이분교十二分敎: 십이부경十二部經이라 이르고 부처님의 가르침을 설설說한 경문經文으로 그 바탕과 형식形式, 방식方式을 구분하여 12가지로 나눈 것을 이른다.

1) **수다라**修多羅: 계경契經, 법본法本이라 이르고 산문체散文體 곧 율격律格과 같은 외형적外形的 규범規範에 얽매이지 않고 사실을 자유롭게 표현하는 문제問題의 경전을 말한다. 즉 해답을 필요로 하는 물음에 대한 경전을 이른다.

2) **기야**祇夜: 산문체散文體의 경문 뒤에 그 내용을 운문韻文 곧 일정한 언어의 배열排列로써 지은 글을 이른다.

3) 수기授記: 경 가운데 말한 뜻을 문답을 통해 해석解釋하는 것을 이르고 또는 제자가 다음 세상에 태어나는 것을 예언豫言하는 말을 이른다.

4) 가타伽陀: 풍송諷頌(읽고 칭송함), 고기송孤起頌(홀로 일어나 칭송함)을 이르며, 4언 또는 5언, 7언의 운문韻文을 말한다.

5) 우타나優陁那: 무문자설無問自說을 이른다. 곧 묻지 않았는데도 부처님이 스스로 말씀하신 경문經文을 이른다.

6) 니타나尼陀那: 인과因果와 연기緣起를 이르는 것으로 경 가운데 부처님을 만나 법法을 듣게 된 인연과 마음을 일으킨 결과를 이른다.

7) 아파타나阿波陀那: 비유譬喻를 이른다. 경전 중에서 비유譬喻를 들어 비밀스러운 가르침의 이치를 명백明白하게 드러낸 것을 이른다.

8) 이제왈다가伊帝曰多伽: 본래의 일, 본사本事를 이르는 것이니, 중중묘원中中妙圓으로서 부처님뿐만 아니라 제자들이 지난 세상에서의 인연因緣을 말한다.

9) 사타가闍陀伽: 본생本生을 이르는 것이고 부처님 자신이 지난 세상에서 행行하던 보살행菩薩行을 말한 곳을 이른다. 곧 불생중불멸중不生中不滅中하는 보살의 행할 바(處. 刹那中劫中)를 이른다.

10) 비불략毘佛略: 방광方廣, 방등方等을 이르며, 곧 반야般若 공空

의 온계처蘊界處와 이웃한 허공虛空이 둘이 아님과 이 둘이 아님도 또한 색色으로서 간혜지일 뿐임을 보고 듣고 이 또한 의지하거나 처하고 머물거나 집착할 곳이 아님을 바르게 깨달아 얻는 반야지般若智 공空의 광대廣大한 불생중불멸중不生中不滅中 불구중부정중不垢中不淨中 부증중불감중不增中不減中한 중중묘원中中妙圓(一中觀)이라는 생각과 생각이 아닌 곳에 이르기까지의 진리를 말한 경전을 이른다.

11) 아부타달마阿浮陀達磨: 미증유법未曾有法, 희유법稀有法을 이르는 것이며, 부처님의 여러 가지 신통력神通力을 이르는 것이니, 공여래장空如來藏으로 드러내어 나타낸 불공여래장不空如來藏의 불가량不可量 불가수不可數 불가칭不可稱 불가사不可思 불가설不可說 불가설불가설不可說不可說 불가설불가설전不可說不可說轉을 나타내는 경전을 이른다.

12) 우파제사優婆提舍: 논의論議 곧 서로 의견을 내어 토의討議함을 이르는 것이며, 가르침의 법法을 바른 이치대로 의견을 내어 묻고 답한 경전經典을 이른다.

식견識見으로서의 반야般若 공空(我空. 我執)과 이웃한 허공虛空이 둘이 아님과 이 둘(我空. 虛空)이 아님도 또한 색色(法空. 法執)으로서 간혜지乾慧地일 뿐임을 분명하게 알아차리고 의지하거나 처하거나 머물거나 집착할 바가 없음을 분명하고 바르게 깨달아 얻는 반야지般若智 공空의 마음자리에서 묻고 답함을 이른다.

십이인연十二因緣: 욕계欲界, 색계色界, 무색계無色界에 헤매는 원

인과 결과(因果)를 12가지로 나누어 옳고 그름을 분명하게 하는 것
(分辨)을 이른다.

1) 무명無明: 온계처蘊(欲界)界(色界)處(無色界)를 헤매게 하는 근본根
本으로 반야지般若智 공空에 대한 지혜智慧가 밝지 못한 어리석음을
이른다.

반야바라밀般若波羅蜜의 지혜, 곧 반야지般若智 공空에 밝지 못한
어리석음(無明)을 이르는 것이니, 식견識見으로서의 반야般若 공空(我
空. 我執)과 이웃한 허공虛空이 둘이 아님과 이 둘(我空. 虛空)이 아님
도 또한 색色(法空. 法執)으로서 간혜지乾慧地일 뿐임을 분명하게 알아
차리지 못하고 모든 법法이 공空하다는 모양이나 상태를 이른 불생
불멸不生不滅 불구부정不垢不淨 부증불감不增不減하다는 계정혜戒定
慧 온계처蘊界處 신구의身口意 업과業果에만 오로지 의지하고 처하고
머물고 집착함을 이른다.

2) 행行: 식견識見으로서의 반야般若 공空(我空. 我執)과 이웃한 허
공虛空이 둘이 아님과 이 둘(我空. 虛空)이 아님도 또한 색色(法空. 法
執)으로서 간혜지乾慧地일 뿐임을 분명하게 알아차리지 못하고 무명
無明의 어리석음으로 인하여 밑도 끝도 없이 무한無限하고 한량限量
없는 몸身과 말口과 뜻意의 업業을 행行함에 무명無明만 더하고 더할
뿐임을 이른다.

3) 식識: 식견識見으로서의 반야般若 공空(我空. 我執)과 이웃한 허
공虛空이 둘이 아님과 이 둘(我空. 虛空)이 아님도 또한 색色(法空. 法
執)으로서 간혜지乾慧地일 뿐임을 분명하게 알아차리지 못하고 무명

無明이라는 어리석음만이 거듭 더하고 더하는 까닭으로 밝지 못한 몸身과 말口과 뜻意으로 행行하는 업식業識이 쌓이고 쌓여 식견識見만이 더욱 두터워지고 견고堅固해짐을 이른다.

4) **명색**名色: 식견識見으로서의 반야般若 공空(我空. 我執)과 이웃한 허공虛空이 둘이 아님과 이 둘(我空. 虛空)이 아님도 또한 색色(法空. 法執)으로서 간혜지乾慧地일 뿐임을 분명하게 알아차리지 못하고 무명無明만이 더하는 까닭으로 업식業識만이 거듭 쌓이고 쌓여서 두터워지고 견고해지는 까닭에 불생불멸不生不滅이라는 영원永遠함과 불구부정不垢不淨이라는 무한無限함과 부증불감不增不減이라는 한량限量 없는 몸身과 말口과 생각意으로 행行한 업業의 결과果로 이름과 색色만을 남기고 또한 세월을 따라 결과로서 남게 된 계정혜戒定慧 온계처蘊界處 신구의身口意 업과業果를 이른다.

5) **육처**六處: 처할 바 태胎에 처하는 것을 이르니, 안이비설신의眼耳鼻舌身意 육근六根을 비로소 갖추어 이름과 색色으로서 안식眼識, 이식耳識, 비식鼻識, 설식舌識, 신식身識, 의식意識을 갖추게 됨을 이른다.

6) **촉**觸: 처할 바에 따른 육처六處가 곧 안식眼識, 이식耳識, 비식鼻識, 설식舌識, 신식身識, 의식意識이 외물外物에 접촉接觸되어 일어나는 심리작용心理作用이 일어남을 이른다.

7) **수**受: 외물外物에 접촉되어 일어나는 심리작용心理作用을 있는 그대로 여과濾過 없이 받아들임을 이른다.

8) 애愛: 외물과의 접촉으로 일어난 심리작용心理作用을 받아들인 까닭에 의지함과 처함과 머무름과 집착執着함으로서 친밀親密해짐을 이른다.

9) 취取: "나我와 내 것我所"이라는 것에 의지함과 처함과 머무름과 집착함으로 친밀해짐을 따라 구분 짓고 구하여 취取하고자 욕심을 부리면서 외물의 접촉으로 인한 있음(有)의 모든 것을 각각 취하는 것을 이른다. 곧 작용作用을 이르는 것이니, 비유하면 태반胎盤에서의 모든 작용을 말한다.

10) 유有: 몸身과 말口과 생각意으로 행行하는 업과業果(胎盤에서 이루어지는 몸과 말과 생각)를 따라 모든 있음(有)을 이른다.

11) 생生: 태반胎盤에서 벗어나 태어남을 이르는 것이니, "나我와 내 것我所"이라는 몸身과 말口과 생각意의 업과業果에 의지하고 처하고 머물고 또 집착하는 이 몸을 받아 태어나기에 불생불멸不生不滅 불구부정不垢不淨 부증불감不增不減, 곧 영원永遠히 무한無限히 한량限量없이 욕계欲界, 색계色界, 무색계無色界를 따라 윤회輪廻하는 세계에 태어남을 이른다.

12) 노사老死: 늙고 죽어감을 이른다. 이를 자세히 보고 생각하고 또 보고 생각하면서 덧없음을 깨달아 얻는 것이니, 십이인연十二因緣이란 몸身과 말口과 생각意의 업과業果에 의지하거나 처하거나 머물거나 집착할 것이 없음을 밝게 깨우치게 함(緣覺乘)을 이른다.

아견我見: 대부분 신견身見을 이르는 것이니, 보통 "나我"라 하는 것은 색수상행식色受想行識의 오온五蘊이 서로 상충相沖 상합相合하여 이루어짐을 이른다. 참으로 "나我"라 할 것이 없지만 "내我"가 있는 것으로 잘못 알고 있는 견해見解를 말한다.

식견識見 반야般若로서 신구의身口意 업과業果를 불생불멸不生不滅의 영원(壽命)함으로 불구부정不垢不淨의 무한(知識, 精神的 思惟)함으로 부증불감不增不減의 한량(財物)없다는 것에 의지하고 처하고 머물고 집착하며, 상충相沖 상합相合으로 오온五蘊을 쌓아가고 이것에 집착하는 견해를 이른다.

아라한阿羅漢: 성문聲聞 4과(四果: 十信, 十住, 十行, 十廻向)의 가장 윗자리를 이르며, 법계무량회향法界無量廻向으로 세제일지世第一地를 이르고 응공應供, 살적殺賊, 불생不生, 이악離惡이라고도 이른다.

식견識見으로서의 모든 법法이 공空한 모양이나 상태를 이른 불생불멸不生不滅 불구부정不垢不淨 부증불감不增不減하다는 계정혜戒定慧 온계처蘊界處 신구의身口意 업과業果, 곧 반야般若 식견識見(我空. 我執)과 이웃한 허공虛空이 둘이 아님과 이 둘(我空. 虛空)이 아님도 또한 색色(法空. 法執)으로서 간혜지乾慧地일 뿐임을 분명하게 알아차리고 의지하거나 처하거나 머물거나 집착할 바가 없음을 바르게 깨달아 얻는 반야지般若智 공空을 근본根本(十信)으로 수행에 마땅한 적정寂靜의 마음자리에 들어가 머물며(十住), 중중묘원中中妙圓한 선근善根 수행修行(十行)으로 공덕功德을 쌓고 쌓아서 상구하화上求下化에 자재하며, 또한 선정禪定 삼매三昧에 막힘이나 걸림 없이 자유자재한 무색정無色定의 마음자리(十廻向)로서 십회향十廻向의 제 10회향十廻

向 법계무량회향法界無量迴向을 가리킨다.

그리고 하화중생下化衆生하는 일에 있어서 삼계三界 육취六趣와 모든 마음자리에 막힘이나 걸림 없이 자재하며, 상구보리上求菩提하는 일에 있어서 두타행頭陀行(如來行)인 무생법인無生法忍의 마음자리(十地)와 이 모두를 청정하게 아우르는 공여래장空如來藏(等覺. 無上道. 無垢地)과 불공여래장不空如來藏(金剛慧. 善知識)과 실상實相의 본바탕과 원융무이상圓融無二相(妙覺. 不二門)의 "이것"에 이르기까지 모든 경계境界를 자세히 들여다보고 변재辯才를 얻어 법법을 설說하고 보살행菩薩行을 행하는 일에까지 이른다.

아만我慢: 모든 법법이 공空하다는 가르침에도 불구하고 스스로 신구의身口意 업과業果에 의지하고 처하고 머물고 집착하면서 불생불멸不生不滅을 가리켜 "나我와 내 것我所"의 시간時間은 영원永遠하다 이르며, 불구부정不垢不淨을 "나我와 내 것我所"의 정신적精神的 공간空間은 무한無限하다 이르며 부증불감不增不減을 "나我와 내 것我所"의 재물財物에 대한 수량數量은 한량限量없다 이르면서 스스로 자신을 높이고 제 멋대로이며, 게으르고 거만하게 "나我와 내 것我所"만을 믿고 의지하면서 처하고 머물고 집착함을 이른다.

불생불멸不生不滅 불구부정不垢不淨 부증불감不增不減이란 모든 법法이 공空한 모양이나 상태를 언어나 문자를 빌려서 곧바로 가리키는 것임을 믿고 이해하고 또 분명하게 깨달아 얻어야 한다.

식견識見으로서의 반야般若 공空(我空. 我執)과 이웃한 허공虛空이 둘이 아님과 이 둘(我空, 虛空)이 아님도 또한 색色(法空. 法執)으로서 간혜지乾慧地일 뿐임을 알아차리고 의지하거나 처하거나 머물거나 집착할 바가 없음을 바르게 깨달아 얻고 마친 반야지般若智 공空, 즉 모든 법法이 공空하다는 모양이나 상태를 이른 불생불멸不生不滅 불구부정不垢不淨 부증불감不增不減하다는 반야바라밀般若波羅蜜의 지혜란 오온五蘊으로 쌓고 쌓은 업식業識의 언어나 문자, 모양이나 상태로나 정신적精神的 사유思惟로는 헤아려 이를 수 없으며, 또한 의지하거나 처하거나 머물거나 집착할 바가 없음을 가리키는 것이고, 또한 바른 깨우침을 깨달아 얻는 지혜의 지혜를 분명하게 가리키고 있으며, 위 없는 도(平等身으로서의 空如來藏. 無上道. 無垢地)에 이르게 하는 것임을 믿어야 할 뿐만 아니라 분명하게 이해하고 수행修行에 마땅한 적정寂靜의 마음자리에 들어감을 얻어야 한다.

아애我愛: 불생불멸不生不滅 불구부정不垢不淨 부증불감不增不減이란 모든 법法이 공空한 모양이나 상태를 곧바로 가리키기 위해서 언어나 문자를 빌려 쓴 것임을 믿고 이해하지 못한 무명無明으로 인하여 반야般若(智慧)에 대한 식견識見으로서 계정혜戒定慧 온계처蘊界處 신구의身口意 업과業果가 "나我와 내 것我所"이라고 애착愛著하는 번뇌를 이른다. 이는 스스로가 자신을 사랑하는 마음으로 의지하고 처하고 머물고 집착함을 이른다.

아치我癡: "나我와 내 것我所"의 참된 모양이나 상태를 믿고 이해하지 못하면서 "나我와 내 것我所"이 있다는 잘못된 의견이나 생각(見解)을 이른다. 곧 모든 법法이 공空한 모양이나 상태를 언어나 문자로 빌려 쓴 것으로서 "나我와 내 것我所"이란 시간時間의 영원성永遠

性으로 불생불멸不生不滅하다는 의견이나 생각과 "나我와 내 것我所" 이란 공간空間의 영원성永遠性으로 불구부정不垢不淨하다는 의견이나 생각과 "나我와 내 것我所"이란 수량數量의 영원성永遠性으로 부증불감不增不減하다는 의견이나 생각에 의지하고 처하고 머물고 집착하면서 시간時間의 영원永遠함과 공간空間의 무한無限함과 수량數量의 한량限量 없음을 "나我와 내 것我所"이라 믿고 이것에 의지하고 처하고 머물고 집착하는 어리석음을 이른다.

여래장如來藏: 일체 모든 법法과 불보살佛菩薩에 따른 언어나 문자, 모양이나 상태의 계정혜戒定慧 온계처蘊界處 신구의身口意 업과業果를 불생중불멸중不生中不滅中, 불구중부정중不垢中不淨中, 부증중불감중不增中不減中하는 중중묘원中中妙圓의 선근善根 수행修行으로 바르고 밝게 드러내어 행행行하고 작용作用하면서 모든 불사佛事를 아우르고 다함이 없이 갖추었기에 여래장如來藏이라 이른다.

식견識見으로서의 반야般若 공空(我空. 我執)과 이웃한 허공虛空이 둘이 아님과 이 둘(我空. 虛空)이 아님도 또한 색色(法空. 法執)으로서 간혜지乾慧地일 뿐임을 분명하게 깨달아 얻지 못하면, 곧 온전한 반야바라밀般若波羅蜜의 지혜智慧, 곧 일승一乘(第一義)인 반야지般若智 공空을 얻지 못하면 듣지도 못하고 볼 수도 없고 느낄 수도 없고 알 수도 없는 것이 여래장如來藏이다.

헤아려 알 수가 없기에 장藏이며, 중생衆生 또한 여래如來의 성품과 덕을 지니고 있기에 여래장如來藏이라 이른다.

연화장세계蓮華藏世界: 노사나불盧舍那佛이 계신 공덕무량功德無量하고 광대장엄廣大藏嚴한 세계를 이른다.

반야지般若智 공공의 궁극적窮極的이면서 지극至極한 공여래장空如來藏(等覺. 無上道. 無垢地)으로 실상實相의 본바탕을 드러내어 나타낸 불공여래장不空如來藏(金剛慧. 善知識)은 실상實相의 본바탕과 원융무이상圓融無二相(妙覺. 不二門)으로서 "이것"을 가리키고 "이것"이란 곧 "나我와 내 것我所"이 없음을 이르는 것이며, "나我와 내 것我所"이 없음이라는 생각과 생각 아님에 이르기까지를 연화장세계蓮華藏世界라 이른다. 또 일체 국토國土와 일체물一切物을 빠짐없이 모두 갖추었으므로 연화장세계蓮華藏世界라 이른다.

열반涅槃: 불교의 가르침으로서 가장 바람직한 모양이나 상태를 이른다.

모든 법法이 공공한 모양이나 상태를 불생불멸不生不滅 불구부정不垢不淨 부증불감不增不減하다고 가리킨다. 즉 불생불멸不生不滅이란 시간時間의 영원성永遠性, 불구부정不垢不淨이란 공간空間의 무한無限함, 부증불감不增不減이란 수량數量의 한량限量없음은 중중묘원中中妙圓(一中觀)의 불생중불멸중不生中不滅中 불구중부정중不垢中不淨中 부증중불감중不增中不減中함을 가리키는 것과 같이 계정혜戒定慧 온계처蘊界處 신구의身口意 업과業果 또한 영원永遠하고 무한無限하고 한량限量없는 공공의 모양이나 상태로서 의지하거나 처하거나 머물거나 집착할 바가 없음을 가리킨다.

식견識見으로서의 반야般若 공공(我空. 我執)과 이웃한 허공虛空이 둘이 아님과 이 둘(我空. 虛空)이 아님도 또한 색색(法空. 法執)으로서 간혜지乾慧地일 뿐임을 알아차리고 의지하거나 처하거나 머물거나 집착할 바가 없음을 깨달아 얻는 반야바라밀般若波羅蜜의 지혜, 곧 반야지般若智 공空의 지혜가 열반涅槃에 이를 수 있는 방편方便으로서 반야지般若智 공空의 궁극적窮極的이면서 지극至極한 공여래장空如來藏(等覺. 無上道. 無垢地)임을 이른다.

열반涅槃이란 식견識見으로서의 반야般若 공空(我空. 我執)과 이웃한 허공虛空이 둘이 아님과 이 둘(我空, 虛空)이 아님도 또한 색色(法空. 法執)으로서 간혜지乾慧地일 뿐임을 알아차리고 의지하거나 처하거나 머물거나 집착할 바가 없음을 분명하게 깨달아 얻는 반야지般若智 공空을 바탕(十信)으로 수행에 마땅한 적정寂靜의 마음자리에 들어가 머물며(十住), 중중묘원中中妙圓한 선근수행善根修行(不生中不滅中 不垢中不淨中 不增中不減中)의 공덕功德(十行)을 거듭 쌓고 쌓아서 상구보리하화중생上求菩提下化衆生에 막힘이나 걸림 없이 자재自在하며, 또한 선정禪定 삼매三昧에 막힘이나 걸림 없이 자유자재自由自在한 무색정無色定의 마음자리(十廻向)로 두타행頭陀行인 무생법인無生法忍의 마음자리(十地)와 이 모든 마음자리와 세계를 청정하게 아우르는 공여래장空如來藏(等覺. 無上道. 無垢地)으로 실상實相의 본바탕을 드러내어 나타낸 불공여래장不空如來藏(金剛慧. 善知識)을 증득한다. 즉 "모든 법이 공한 모양이나 상태는 불생불멸不生不滅 불구부정不垢不淨 부증불감不增不減하다."라고 가리키는 것은 본래면목本來面目을 이룰 수 있는 방편方便으로서 공여래장空如來藏을 가리키는 것이고 열반涅槃이란 능히 삼덕三德(法身德, 般若德, 解脫德)과 사덕四德(常樂我淨)을 갖춤을 이른다. 그러므로 공여래장空如來藏으로 드러내어 나타낸 총지總持(陀羅尼)로서의 불공여래장과不空如來藏과 실상實相의 본바탕이 원융무이상圓融無二相(妙覺. 不二門)으로서 "이것"을 가리키니, 이를 열반涅槃이라 이른다. 즉 "이것"이란 "나我와 내 것我所"이 없음이라는 생각과 생각이 아님이기에 일체 모든 법法(空如來藏)과 일체 모든 불보살佛菩薩에 따른 언어나 문자 모양이나 상태(不空如來藏)로도 나타내거나 드러낼 수 없음을 이르기 때문이다. 이러한 까닭으로 "살아서 열반涅槃(不立五蘊 不離證得)"이라고 말한다.

오안五眼: 모든 법法이 공空한 모양이나 상태의 일과 그 이치를 지혜로서 드러낸 사물事物(時空間數量을 超越한 蘊界處, 戒定慧, 身口意 業果)의 실상實相을 비추어보는 다섯 가지의 눈을 가리킨다. 곧 육안肉眼, 천안天眼, 법안法眼, 혜안慧眼, 불안佛眼을 이른다.

1) 육안肉眼: 색수상행식色受想行識을 갖춘, 곧 오온五蘊을 갖춘 육신肉身의 눈으로 반야바라밀다般若波羅蜜多가 가리키는 모든 법法이 공空한 모양이나 상태란 불생불멸不生不滅 불구부정不垢不淨 부증불감不增不減하다는 것을 식견識見으로 보는 눈(識見 般若 眼)을 이른다.

2) 천안天眼: 욕계欲界, 색계色界, 무색계無色界, 곧 온계처蘊界處를 깊이 들여다보는 눈으로서 모든 법法의 공空한 모양이나 상태를 이르는 불생불멸不生不滅 불구부정不垢不淨 부증불감不增不減함을 바르게 깨달아 얻은 눈을 이른다.

식견識見으로서의 반야般若 공空(我空. 我執)과 이웃한 허공虛空이 둘이 아님과 이 둘(我空,虛空)이 아님도 또한 색色(法空. 法執)으로서 간혜지乾慧地일 뿐임을 알아서 의지하거나 처하거나 머물거나 집착할 바가 없음을 분명하게 깨달아 얻는 반야지般若智 공空의 눈을 이른다.

3) 법안法眼: 식견識見으로서의 반야般若 공空(我空. 我執)과 이웃한 허공虛空이 둘이 아님과 이 둘(我空. 虛空)이 아님도 또한 색色(法空. 法執)으로서 간혜지乾慧地일 뿐임을 알아서 의지하거나 처하거나 머물거나 집착할 바가 없음을 분명하게 깨달아 얻는 반야바라밀般若波羅蜜의 지혜, 곧 반야지般若智 공空을 근본根本으로 수행에 마땅한 적정寂靜의 마음자리에서 중중묘원中中妙圓한 선근수행善根修行(不生中不滅中 不垢中不淨中 不增中不減中)으로 공덕功德을 거듭 쌓고 쌓아서 상구보리하화중생上求菩提下化衆生에 막힘이나 걸림 없이 자재自在하며, 또한 선정禪定 삼매三昧에 막힘이나 걸림 없이 자유자재自由自在한 무색정無色定의 마음자리로 두타행頭陀行으로서의 무생법인無生法忍과 이 모든 자리와 세계를 청정淸淨하게 아우르는 공여래장空如來藏을 가리켜 법안法眼이라 이른다.

공여래장空如來藏을 법안法眼이라고 이른 것은 반야지般若智 공空이 지극함에 이른 공여래장空如來藏의 지혜智慧로 불공여래장不空如來藏을 드러내어 나타내며, 궁극적窮極的으로는 원융무이상圓融無二相(妙覺. 不二門)이 가리키는 "이것"과 "이것"이란 곧 "나我와 내 것我所"이 없음을 증득證得할 수 있게 하며, "나我와 내 것我所"이 없음이란 생각과 생각 아님을 드러내는 바탕이기 때문이다.

4) 혜안慧眼: 궁극적窮極的이면서 지극至極한 반야지般若智 공空으로서 모든 법法이 공空한 모양이나 상태는 불생불멸不生不滅 불구부정不垢不淨 부증불감不增不減하다는 공여래장空如來藏의 법안法眼(眞空妙有)으로 실상實相의 본바탕이라 이르는 진여眞如, 본래면목本來面目을 드러낸 불공여래장不空如來藏(金剛慧心. 善知識)을 가리켜 혜안慧眼이라고 이른다.

덧붙여 이르자면 일체 모든 법법과 불보살佛菩薩에 따른 언어나 문자, 모양이나 상태에 의지하거나 처하거나 머물거나 집착할 바가 아님을 깊게 들여다보는 진공묘유眞空妙有(不生中不滅中 不垢中不淨中 不增中不減中)의 이치로서 사리事理를 밝게 분별分別하는 선지식의 지혜智慧로운 눈을 이른다.

5) 불안佛眼: 부처의 몸, 깨우침을 깨달아 얻는 몸, 지혜의 지혜를 갖춘 몸(나我와 내 것我所이라는 생각과 생각 아님도 없음, 不立五蘊 不離證得) 가운데 육안肉眼, 천안天眼, 법안法眼, 혜안慧眼, 이 네 가지의 눈을 빠짐없이 갖춘 것을 이른다.

욕계欲界: 육욕천六欲天을 이르니, 사천四天, 삼십삼천三十三天, 염마천炎摩天, 도솔천兜率天, 화락천化樂天, 타화자재천他化自在天을 말한다.

오온五蘊의 식견識見으로 모든 법법이 공空한 모양이나 상태를 이른 불생불멸不生不滅 불구부정不垢不淨 부증불감不增不減에 의지하고 처하고 머물고 집착하는 하늘로 반야般若 공空(我空. 我執)과 이웃한 허공虛空이 둘이 아님을 알아차리지 못하고 단지 오온五蘊 식견識見으로서의 반야般若에 의지하고 처하고 머물고 집착하면서 영원永遠하고 무한無限하고 한량限量없는 신구의身口意 업과業果를 지어가는 하늘을 이른다.

육욕천六欲天 그 밑(五趣)으로 선악善惡의 업보業報를 따라 인간人間, 아수라阿脩羅, 아귀餓鬼, 축생畜生, 지옥地獄의 세계가 뒤를 잇는다.

1) 사천四天: 사왕천四王天을 이른다. 각각의 사천왕四天王은 욕계欲界 육천六天의 첫째 하늘로 사왕천四王天의 주인이며, 수미산須彌山 중턱 4층에 머물면서 곧 수미산須彌山(世間의 中心을 이루는 것이고 頂上에 帝釋이 머물며, 중간에 四天王이 거처함)의 사방四方에 있는 네 개의 섬(四洲)를 지키고 보호한다. 서로가 상합相合하는 하늘이다.

① **지국천왕**持國天王: 건달바乾達婆와 부단나富單那 이 두 왕을 다스려 주도적主導的으로 동주東洲를 지키고 보호한다.

② **증장천왕**增長天王: 구반다鳩槃茶와 폐려다 이 두 왕을 다스려 주도적으로 남주南洲를 지키고 보호한다.

③ **광목천왕**廣目天王: 용龍과 비사사毘舍闍 이 두 왕을 다스려 주도적으로 서주西洲를 지키고 보호한다.

④ **다문천왕**多聞天王: 야찰과 나찰 이 두 왕을 다스려 주도적으로 북주北洲를 지키고 보호한다.

2) 삼십삼천三十三天: 범어를 음역해서 33천三十三天이라 이른 것이니, 도리천忉利天을 말한다. 욕계欲界 육천六天의 둘째 하늘로 수미산 정상에 있으며, 중앙에 제석천帝釋天이 있고 동서남북으로 8개의 성이 있으며, 모두 33천이 있다. 현실세계現實世界인 사바세계娑婆世界를 다스리는 하늘을 이른다.

3) 염마천炎摩天: 욕계欲界 육천六天의 셋째 하늘로 수미산 정상에 있는 도리천忉利天 위의 공간에 자리하며, 야마천夜摩天, 수야마천須夜摩天이라 이른다. 곧 밤낮의 구분 없이 불타오르는 환락歡樂을 누리는 하늘을 이른다.

4) 도솔천兜率天: 욕계欲界 육천六天의 넷째 하늘로 미륵보살彌勒菩薩의 정토淨土라 이른다. 외원外院은 하늘 무리의 욕락처欲樂處이고 내원內院은 미륵보살의 정토라 이른다. 도솔천 아래 있는 사왕천, 도리천, 염마천은 욕정欲情에 잠겨있고 위에 있는 화락천, 타화자재천은 들뜬 마음으로 가득하지만 들뜨지도 잠기지도 않으면서 5욕락, 곧 재물욕財物欲, 색욕色欲, 식욕食欲, 수면욕睡眠欲, 명예욕名譽慾에 만족한 마음으로 머무는 하늘을 이른다.

5) 화락천化樂天: 욕계欲界 육천六天의 다섯째 하늘로 화자락천化自樂天, 화자재천化自在天, 악변화천樂變化天이라 이른다. 곧 자신이 원하는 세계로 변화變化시켜 즐거움을 얻는 하늘을 이른다. 곧 자신이 마주 대한 것들을 변화變化시켜서 즐기고 만족해하는 하늘을 이른다.

6) 타화자재천他化自在天: 욕계欲界 육천六天의 여섯째 하늘로 가장 높은 하늘에 자리하며, 다른 하늘의 즐거움을 자신의 즐거움으로 만들어 즐길 수 있는 이들이니, 우리가 말하는 마왕魔王을 말한다. 곧 욕계欲界의 정점頂點으로 다른 하늘이 지어놓은 것으로 즐거움이 따르는 모든 것을 가져다 자유롭게 누리는 하늘이니, 마왕魔王 파순波旬(魔羅)이 머무는 하늘을 이른다.

유전流轉: 유流란 차례를 따라 이어주거나 이어받는 것을 가리키며, 전轉이란 이리 구르고 저리 구르면서 헤매는 것을 가리킨다. 오온五蘊에 의지하고 처하고 머물고 집착하는 중생이 온계처(三界. 欲界,

色界, 無色界)와 육도(六道, 六趣: 地獄道, 餓鬼道, 畜生道, 阿修羅道, 人間道, 天上道)에 태어나고 죽은 일이 멈추지 않음을 이른다.

　　육근六根: 육식六識이 의지하고 처할 바가 되며, 육식六識을 일으켜서 마주 대하는 경계境界를 분별分別하고 판단判斷해서 알게 하는 뿌리를 이른다. 안근眼根, 이근耳根, 비근鼻根, 설근舌根, 신근身根, 의근意根을 이르는 것이며, 근根이란 작용作用을 일으키는 강력한 힘을 말한다. 안근眼根은 안식眼識을 내어서 색色의 경계境界(我空. 盧空)를 분별分別하고 판단判斷해서 알게 하며, 이근耳根, 비근鼻根, 설근舌根, 신근身根 또한 그러하며, 의식意識이라는 강력한 작용作用을 일으켜 법法(法空. 法執)의 경계를 분별하고 판단해서 알게 하는 뿌리가 되기에 근根이라고 이른다.

　　육도六道: 육취六趣라고도 이르니, 오온五蘊에 의지하고 처하고 머물고 집착하면서 신구의身口意 업과業果의 인연因緣에 따라 윤회輪廻하는 길을 여섯으로 나눈 것을 말한다. 지옥도地獄道, 아귀도餓鬼道, 축생도畜生道, 아수라도阿修羅道, 인간도人間道, 천상도天上道를 이른다. 불생불멸不生不滅 불구부정不垢不淨 부증불감不增不減한 신구의身口意 업과業果에 의지하고 처하고 머물고 집착하는 온계처蘊界處를 가리킨다.

　　육바라밀六波羅密: 열반涅槃이라 이르는 저 언덕에 오르기 위한 여섯 가지 방편方便을 이른다. 곧 보살이 수행修行하는 바라밀의 법法으로 여섯 가지를 말한다.

  1) **단나바라밀**檀那波羅蜜(報施波羅蜜): 식견識見으로서의 반야般若 공空(我空. 我執)과 이웃한 허공虛空이 둘이 아님과 이 둘(我空. 虛空)이 아님도 또한 색色(法空. 法執)으로서 간혜지乾慧地일 뿐임을 알아차리고 의지하거나 처하거나 머물거나 집착할 바가 없음을 분명하게 깨달아 얻는 올바른 반야바라밀般若波羅蜜의 지혜智慧, 곧 반야지般若智 공空을 바탕(十信)으로 적정寂靜의 마음자리에 들어가(十住) 중중묘원中中妙圓의 선근수행善根修行(十行)으로 공덕功德을 쌓고 쌓아서 상구하화上求下化에 자재하며, 또한 선정禪定 삼매三昧에 막힘이나 걸림이 없는 무색정無色定의 마음자리(十迴向)로 두타행頭陀行인 무생법인無生法忍의 마음자리(十地)와 이 모두를 청정하게 아우르는 반야지般若智 공空의 궁극적窮極的이면서 지극至極한 공여래장空如來藏(等覺. 無上道. 無垢地. 眞空妙有)으로 보시報施(不生中不滅中 不垢中不淨中 不增中不減中)하는 바라밀報施婆羅蜜을 가리킨다.

  2) **시라바라밀**尸羅波羅密(持戒波羅蜜): 식견識見으로서의 반야般若 공空(我空. 我執)과 이웃한 허공虛空이 둘이 아님과 이 둘(我空. 虛空)이 아님도 또한 색色(法空. 法執)으로서의 간혜지乾慧地와 반야지般若智 공空과 적정寂靜과 무색정無色定과 무생법인無生法忍과 이 모두를 청정하게 아우르는 반야지般若智 공空의 궁극적窮極的이면서 지극至極한 공여래장空如來藏의 지혜로 중중묘원中中妙圓한 계정혜戒定慧 곧 불생중불멸중不生中不滅中 불구중부정중不垢中不淨中 부증중불감중不增中不減中의 중중묘원中中妙圓한 계정혜戒定慧를 수행修行하는 보

살행菩薩行을 이른다.

3) 찬제바라밀羼提波羅蜜(忍辱波羅蜜) 식견識見으로서의 반야般若 공空(我空. 我執)과 이웃한 허공虛空이 둘이 아님과 이 둘(我空. 虛空)이 아님도 또한 색色(法空. 法執)으로서 간혜지乾慧地일 뿐임을 분명하게 알아차리고 의지하거나 처하거나 머물거나 집착할 바가 없음을 분명하게 깨달아 얻는 올바른 반야바라밀般若波羅蜜의 지혜智慧, 곧 반야지般若智 공空과 적정寂靜의 마음자리에 들어가 중중묘원中中妙圓의 선근善根 공덕功德을 수행修行함과 이 공덕의 힘(十行)으로 상구하화上求下化에 자재하며, 또한 선정禪定 삼매三昧에 막힘이나 걸림이 없는 무색정無色定의 마음자리와 두타행頭陀行의 무생법인無生法忍과 이 모두를 아우르는 반야지般若智 공空의 궁극적窮極的이면서 지극至極한 공여래장空如來藏(等覺. 無上道. 無垢地)과 실상實相의 본바탕을 드러낸 불공여래장不空如來藏(金剛慧心. 善知識)을 깨달아 얻기 위해 참고 견디어내는 바라밀波羅蜜 수행을 이른다.

4) 비리야바라밀毘梨耶波羅蜜(精進波羅蜜): 식견識見으로서의 반야般若 공空(我空. 我執)과 이웃한 허공虛空이 둘(我空. 虛空)이 아님과 이 둘이 아님도 또한 색色(法空. 法執)으로서 간혜지乾慧地일 뿐임을 분명하게 알아차리고 의지하거나 처하거나 머물거나 집착할 바가 없음을 분명하게 깨달아 얻는 올바른 반야바라밀般若波羅蜜의 지혜智慧인 반야지般若智 공空으로 적정寂靜의 마음자리에 들어가 중중묘원中中妙圓한 선근善根을 수행修行함과 상구하화上求下化에 자재하고 선정禪定 삼매三昧에 막힘이나 걸림이 없는 무색정無色定의 마음자리와 두타행頭陀行(如來行)인 무생법인無生法忍의 마음자리와 이 모두를 청

정하게 아우르는 공여래장空如來藏과 실상實相의 본바탕을 드러낸 불공여래장不空如來藏을 증득證得하기 위해 중중묘원中中妙圓의 온전 穩全한 수행법修行法으로 힘쓰고 게으름을 피우지 않는 바라밀 수행 을 이른다.

  5) **선나바라밀**禪那波羅蜜(禪定波羅蜜): 식견識見으로서의 반야般若 공空(我空. 我執)과 이웃한 허공虛空이 둘(我空. 虛空)이 아님과 이 둘이 아님도 또한 색色(法空. 法執)으로서 간혜지乾慧地일 뿐임을 분명하게 알아차리고 의지하거나 처하거나 머물거나 집착할 바가 없음을 분 명하게 깨달아 얻는 올바른 반야지般若智 공空으로 적정寂靜의 마음 자리에 들어가 중중묘원中中妙圓의 선근善根 수행修行으로 공덕功德 을 쌓고 쌓아서 상구하화上求下化에 자재한 무색정無色定으로 선정禪 定 삼매三昧에 막힘이나 걸림이 없는 마음자리와 두타행頭陀行으로 서 무생법인無生法忍의 마음자리와 이 모두를 청정하게 두루 아우르 는 공여래장空如來藏과 실상實相의 본바탕을 드러낸 불공여래장不空 如來藏을 증득하기 위해 선정禪定 삼매三昧에 드는 바라밀 수행을 이 른다.

  6) **반야바라밀**般若波羅蜜: 식견識見으로서의 반야般若 공空(我空. 我 執)과 이웃한 허공虛空이 둘(我空. 虛空)이 아님과 이 둘이 아님도 또 한 색色(法空. 法執)으로서 간혜지乾慧地임을 분명하게 알아차리고 의 지하거나 처하거나 머물거나 집착할 바가 없음을 분명하게 깨달아 얻는 반야지般若智 공空으로 적정寂靜의 마음자리에 들어가 중중묘 원中中妙圓의 선근善根 수행修行을 거듭 쌓고 쌓은 공덕功德으로 상 구하화上求下化에 자재하고 선정禪定 삼매三昧에 막힘이나 걸림이 없

는 무색정無色定의 마음자리와 두타행頭陀行(如來行)의 무생법인無生法忍과 이 모두를 청정하게 아우르는 공여래장空如來藏을 이른다.

　반야지般若智 공空의 궁극적窮極的이면서 지극至極한 공여래장空如來藏(等覺. 無上道. 無垢地)이란 실상實相의 본바탕을 드러낸 불공여래장不空如來藏(金剛慧心. 善知識)을 증득證得하기 위한 중중묘원中中妙圓의 온전한 수행법修行法으로 궁극적窮極的으로는 보살이 실상實相의 본바탕에 이르게 하고 삼세三世 모든 부처님이 아뇩다라삼먁삼보리阿耨多羅三藐三菩提를 얻게 하는 참 지혜를 이른다.

　육진六塵: 육경六境을 이른다. 육식六識으로 분별해서 판단하고 알게 하는 마주 대한 경계를 이른다. 곧 색경色境, 성경聲境, 향경香境, 미경味境, 촉경觸境, 법경法境을 말하며, 이 육경六境, 즉 육진六塵은 육근六根을 통해 몸으로 받아들여서 청정淸淨한 마음을 물들이고 참된 성품(眞性)을 흐리게 하는 까닭으로 진塵(티끌 같은 煩惱)이라 이른다.

　이변二邊: 불법佛法을 가르치는 일에 있어 언어나 문자(經典)로서 드러낼 수 있는 가장자리(空如來藏과 不空如來藏)와 언어나 문자, 모양이나 상태(圓融無二相. 妙覺. 不二門)로 나타낼 수 있는 가장자리를 이른다. 굳이 이르자면 원융무이상圓融無二相(妙覺. 不二門)이 가리키는 "이것"과 "이것"이란 곧 "나我와 내 것我所"이 없음과 또한 "나我와 내 것我所"이 없음이라는 생각과 생각 아닌 것을 가리킨다.

이여래장二如來藏: 공여래장空如來藏(等覺. 無上道. 無垢地. 眞空妙有)과 불공여래장不空如來藏(金剛慧心. 善知識)을 이른다.

1) 공여래장空如來藏: 식견識見으로서의 반야般若 공空(我空. 我執)과 이웃한 허공虛空이 둘이 아님(我空. 虛空)과 이 둘이 아님도 또한 색色(法空. 法執)으로서 간혜지乾慧地임을 분명하게 알아차리고 의지하거나 처하거나 머물거나 집착할 바가 없음을 분명하게 깨달아 얻는 바른 반야바라밀般若波羅蜜의 지혜智慧, 곧 반야지般若智 공空을 근본으로 수행에 마땅한 적정寂靜의 마음자리에 들어가 중중묘원中中妙圓의 선근善根 수행修行으로 공덕功德을 쌓고 쌓아서 이 공덕功德(十行)으로 상구하화上求下化에 자재하고 더불어 선정禪定 삼매三昧에 막힘이나 걸림이 없이 자유자재한 무색정無色定의 마음자리에서 두타행頭陀行의 무생법인無生法忍과 이 모두를 청정淸淨하게 아우르는 여래행如來行이 공여래장空如來藏이다.

반야지般若智 공空의 궁극적窮極的이면서 지극至極함에 이른 공여래장空如來藏으로 모든 부처님이 증득證得한 청정한 법신法身의 체體로서 불공여래장不空如來藏을 성취成就하는 것이니, 이는 여래如來의 중중묘원中中妙圓한 진공묘유眞空妙有의 행行으로서 영원永遠하고 무한無限하고 한량限量없는 공덕功德의 작용作用이며, 일체 모든 법法과 불보살佛菩薩에 따른 언어나 문자, 모양이나 상태에 의지하거나 처하거나 머물거나 집착하지 않는 행行과 작용作用으로서 여래행如來行을 이른다. 즉 번뇌煩惱와 서로 응應하지 않는 행行의 작용作用이기에 공空이라 이르며, 깨우침(空如來藏)을 깨달아(不空如來藏) 얻지 못하면 보고見 듣고聞 깨우치고覺 알지知 못하기에 장藏이라 이른다.

2) 불공여래장不空如來藏: 반야지般若智 공空의 궁극적窮極的이면서 지극至極함을 청정淸淨하게 깨달아 얻고 마친 공여래장空如來藏으로 모든 부처님이 증득證得한 청정한 법신法身의 체體로서 불공여래장不空如來藏을 성취成就한 일이란 진여眞如, 본래면목本來面目, 실상實相의 본바탕을 드러내어 나타낸 일체 모든 법法과 불보살佛菩薩에 따른 언어나 문자, 모양이나 상태에 의지하거나 처하거나 머물거나 집착하지 않는 공여래장空如來藏(中中妙圓)의 모든 공덕功德을 온전하게 갖추었을 뿐만 아니라 또한 그 어떠한 공덕功德이라도 드러내어 나타내지 못하는 것이 없음을 이른다. 즉 모든 법과 불보살에 따른 언어나 문자, 모양이나 상태뿐만 아니라 그것으로도 드러내어 나타낼 수 없는 원융무이상圓融無二相(妙覺. 不二門)의 "이것"이기에 공空이 아닌 여래장如來藏, 즉 청정한 법신法身의 체體로서 불공여래장不空如來藏이라고 이르는 것이며, "이것"은 "나我와 내 것我所"이 없음을 가리킴과 동시에 "나我와 내 것我所"이 없음이라는 생각과 생각 아님을 곧바로 가리킴에 이르기까지이다.

일심一心: 존재하는 온갖 것의 실체實體, 실상實相인 진여眞如를 가리킨다.

식견識見으로서의 반야般若 공空(我空. 我執)과 이웃한 허공虛空이 둘(我空. 虛空)이 아님과 이 둘이 아님도 또한 색色(法空. 法執)으로서 간혜지乾慧地임을 분명하게 알아차리고 의지하거나 처하거나 머물거나 집착할 바가 없음을 분명하게 깨달아 얻음이 바른 반야지般若智 공空이며, 이 바른 반야지般若智 공空을 깨달아 얻음(十信)으로부터 수행에 마땅한 적정寂靜의 마음자리에 들어가 머물며(十住), 중중묘원中中妙圓의 선근수행善根修行(十行)을 거듭 쌓고 쌓아서 불생중불멸중不生中不滅中 불구중부정중不垢中不淨中 부증중불감중不增中不減中한 중중묘원中中妙圓의 공덕功德(識見에 의지하거나 처하거나 머물거나 집착하지 않는 마음이)이 두루 원만圓滿해지면 상구보리하화중생上求菩提下化衆生에 막힘이나 걸림 없이 자재自在해지며, 또한 선정禪定 삼매三昧에 막힘이나 걸림 없이 자유자재한 무색정無色定의 마음자리(十廻向)로서 두타행頭陀行(如來行)의 무생법인無生法忍(十地)에 이르고 이 모두를 청정淸淨하게 또 아우르는 공여래장空如來藏(等覺. 無上道. 無垢地. 眞空妙有)에 이른다.

반야바라밀다般若波羅蜜多의 요긴要緊한 가르침인 반야지般若智 공空의 궁극적窮極的이면서 지극至極한 공여래장空如來藏(等覺. 無上道. 無垢地. 眞空妙有)으로 드러내어 나타낸 불공여래장不空如來藏(金剛慧心. 善知識)과 실상實相의 본바탕이 원융무이圓融無二(妙覺. 不二門)한 모양이나 상태相를 일심一心이라 이를 수 있다. 원융무이상圓融無二相이 말하는 "이것"은 "나我와 내 것我所"이 없음을 분명하게 가리키는 일심一心이며, 언어나 문자, 모양이나 상태로 일심一心이라 이르는 순간 아상我相, 곧 "나我와 내 것我所"이 있게 됨을 밝게 믿고 이해해야만 한다. "나我와 내 것我所"이 없음이라는 생각이 일심一心이며, 생각 아님이 아뇩다라삼먁삼보리심阿耨多羅三藐三菩提心이다.

일여一如: 일一은 일체 모든 법法과 불보살佛菩薩에 따른 언어나 문자 모양이나 상태에 의지하거나 처하거나 머물거나 집착할 바 없는 "이것"을 가리키며, 유일唯一함을 이르고 여如는 똑같다는 뜻으로 차별差別 없이 평등平等한 것임을 이른다.

공여래장空如來藏으로 드러낸 불공여래장不空如來藏과 실상實相의 본바탕이 원융무이圓融無二한 모양이나 상태相(妙覺. 不二門)를 이른 "이것"을 말한다. "이것"은 즉 "나我와 내 것我所"이 없음을 가리킨다. 이를 일여一如라 이른다.

자리이타自利利他: 자신自身만을 위해 수행修行하는 것이 자리自利이며, 다른 이의 이익利益을 위한 목적目的으로 행하는 것을 이타利他라 한다.

식견識見으로서의 반야般若 공空(我空. 我執)과 이웃한 허공虛空이 둘이 아님과 이 둘(我空. 虛空)이 아님도 또한 색色(法空. 法執)으로서 간혜지乾慧地일 뿐임을 분명하게 알아차리고 의지하거나 처하거나 머물거나 집착할 바가 없음을 분명하게 깨달아 얻는 반야바라밀般若波羅蜜의 지혜, 곧 반야지般若智 공空을 바탕으로 수행修行에 마땅한 적정寂靜의 마음자리에 들어가 중중묘원中中妙圓한 선근善根 수행修行의 공덕功德을 거듭 쌓고 쌓아서 상구하화上求下化에 자재하고 또한 막힘이나 걸림 없이 선정禪定 삼매三昧에 자유자재自由自在한 무색정無色定의 마음자리에서 두타행頭陀行(如來行)의 무생법인無生法忍을 관통貫通하고 이 모두를 청정하게 아우르는 공여래장空如來藏의 지혜를 깨달아 얻는다.

확연確然하게 깨달아 얻는 공여래장空如來藏의 마음자리에 의지하고 처하고 머물고 집착하는 것이 자리自利이며, 청정淸淨한 공여래장空如來藏의 마음으로 하화중생下化衆生에 응무소주이생기심應無所住而生其心하는 것이 이타利他다. 곧 마땅히 머무는 바 없는 마음으로 하화중생下化衆生의 마음을 일으키는 것이니, 이는 불생중불멸중不生

中不滅中 불구중부정중不垢中不淨中 부증중불감중不增中不減中한 마땅히 머무는 바 없는 마음으로서 영원永遠하고 무한無限하고 한량限量없는 신구의身口意 업과業果을 일으키는 것이 이타利他이며, 이를 대승大乘의 행行이라 이른다.

적멸寂滅: 니르바나, 깨우침을 깨달아 얻었음을 가리키며, 지혜의 지혜를 가리킨다.

적寂이란 모든 법法이 공空한 모양이나 상태로서 불생불멸不生不滅 불구부정不垢不淨 부증불감不增不減함에 의지하거나 처하거나 머물거나 집착하지 않음을 이른다. 이것에 의지하고 처하고 머물고 집착하는 좁은 생각에 자신自身만을 내세워 버티는 아집我執에 의한 식견識見(我空)과 이웃한 허공虛空이 둘(我空. 虛空)이 아님과 이 둘이 아님도 또한 색色(法空. 法執)으로서 간혜지乾慧地일 뿐임을 분명하게 알아차리고 의지하거나 처하거나 머물거나 집착할 바가 없음을 분명하게 깨달아 얻음이 반야바라밀般若波羅蜜의 지혜, 곧 반야지般若智 공空이며, 이를 적寂이라 이른다.

고요하고 평온함(寂)으로 즉 반야지 공을 바탕으로 수행修行에 마땅한 적정寂靜의 마음자리에 들어가 머물며, 중중묘원中中妙圓(一中觀)의 불생중불멸중不生中不滅中 불구중부정중不垢中不淨中 부증중불감중不增中不減中한 선근善根 수행修行의 공덕功德을 쌓고 쌓아서 상구보리하화중생上求菩提下化衆生에 자재하며, 또한 선정禪定 삼매三昧에 막힘이나 걸림 없는 무색정無色定으로 두타행頭陀行(如來行)인 무생법인無生法忍의 마음자리와 이 모두를 청정淸淨하게 아우르는 공여래장空如來藏에 이른다.

그리고 반야지般若智 공空의 궁극적窮極的이면서 지극至極한 공여래장空如來藏(等覺. 無上道. 無垢地. 眞空妙有)으로 실상實相의 본바탕을 드러내어 나타내는 불공여래장不空如來藏(金剛慧心. 善知識)과 실상實相의 본바탕이 둘 없는 모양이나 상태로 무르녹은 원융무이상圓融無二相(妙覺. 不二門)을 증득證得한다. 즉 일체 모든 법法과 불보살佛菩薩에 따른 언어나 문자 모양이나 상태에 의지하거나 처하거나 머물거나 집착할 바가 없는 것에 대한 깨우침을 깨달아 얻는 "이것"을 가리킨다. "이것"이란 곧 "나我와 내 것我所"이 없음을 가리킨다. 즉 멸滅이란 "나我와 내 것我所"이 없음을 깨달아 얻었다는 생각마저 멸滅했다는 것을 가리키는 것이니, 이를 두고 적멸寂滅이라 이른다. 그러므로 불가량不可量 불가수不可數 불가칭不可稱 불가사不可思 불가설不可說 불가설불가설不可說不可說 불가설불가설전不可說不可說轉과 또한 불생중불멸중不生中不滅中 불구중부정중不垢中不淨中 부증중불감중不增中不減中한 중중묘원中中妙圓과 그리고 무불무불무불無不無不無不이라는 생각과 생각 아님을 가리킨다.

적정寂靜: 적寂이란 모든 법法이 공空한 모양이나 상태로서 불생불멸不生不滅 불구부정不垢不淨 부증불감不增不減함을 가리킨다. 이것에 의지하고 처하고 머물고 집착하는 좁은 생각에 자신自身만을 내세워 버티는 아집我執에 의한 식견識見(我空. 我執)과 이웃한 허공虛空이 둘(我空. 虛空)이 아님과 이 둘이 아님도 또한 색色(法空. 法執)으로서 간혜지乾慧地일 뿐임을 분명하게 알아차리고 의지하거나 처하거나 머물거나 집착할 바가 없음을 분명하게 깨달아 얻음이 반야바라밀般若波羅蜜의 지혜, 즉 반야지般若智 공空을 적寂이라 한다.

정靜이란 모든 법法이 공空한 모양이나 상태를 이른 불생불멸不生不滅 불구부정不垢不淨 부증불감不增不減한 계정혜戒定慧 온계처蘊界處 신구의身口意 업과業果가 단청(丹靑:대궐이나 절 등의 벽, 기둥, 천정 따위에 여러 가지 빛깔로 그림과 무늬를 그려 놓은 것)의 빛깔과 같이 세밀하고 그 경계가 맑음을 이르는 것이니, 곧 모든 법法이 공空함으로서 고요하고 평온함(寂)과 공空함의 모양이나 상태가 불생중불멸중不生中不滅中한 시간時間의 영원성永遠性과 불구중부정중不垢中不淨中한 정신적精神的 공간空間의 무한無限함과 부증중불감중不增中不減中한 모든 있음有의 한량限量없는 수량數量이 반야지般若智 공空을 근본으로 한 것이며, 이는 수행修行에 마땅한 적정寂靜의 마음자리임을 이른다.

비유譬喩를 들어 이르자면 실상實相의 본바탕인 몸(不立五蘊)으로서 마야 부인의 태胎에 들었음을 가리키며, 중중묘원中中妙圓함의 선근善根 공덕功德을 수행修行할 수 있는 마음자리를 밝고 바르게 얻었음을 말한다.

절상絶相: 모든 법法(空如來藏)과 불보살佛菩薩에 따른 언어나 문자, 모양이나 상태로 드러내어 나타낸(不空如來藏) 모든 것을 끊어낸 진여眞如(我와 我所가 없음)에 이르는 문門(不二門)을 말한다. 곧 원융무이상圓融無二相(妙覺. 不二門)의 "이것"으로 "나我와 내 것我所"이 없음이라는 생각과 생각 아님을 가리킨다.

정관正觀: 정견正見과 같다. 한쪽으로 치우쳐 들여다보는 사관邪觀, 사견邪見과 상대적相對的인 개념槪念이며, 바르게 살펴서 들여다봐야 할 경계境界를 사실과 같이 들여다보는 일을 이른다. 무색정無色定의 마음자리로 십회향十迴向 제10 법계무량회향法界無量迴向을 이른다.

모든 법法이 공空한 모양이나 상태가 불생불멸不生不滅 불구부정不垢不淨 부증불감不增不減하다는 이 가르침을 자신自身의 좁은 생각으로 의지하고 처하고 머물고 집착하는 아집我執으로 인한 계정혜戒定慧 온계처蘊界處 신구의身口意 업業(我空. 我執)과 이웃한 허공虛空이 둘이 아님과 이 둘(我空. 虛空)이 아님도 또한 색色(法空. 法執)으로서 간혜지乾慧地일 뿐임을 분명하게 알아차리고 의지하거나 처하거나 머물거나 집착할 바가 없음을 바르게 깨달아 얻고 마친 반야바라밀般若波羅蜜의 지혜智慧, 곧 반야지般若智 공空을 근본根本으로 들여다봄을 정관正觀이라 이른다.

자세하게 이르자면 반야지般若智 공空을 근본根本(十信)으로 수행修行에 마땅한 적정寂靜의 마음자리에 들어가 머물면서(十住) 불생중불멸중不生中不滅中 불구중부정중不垢中不淨中 부증중불감중不增中不減中의 선근善根 수행修行 공덕功德(十行)을 쌓고 쌓아서 중중묘원中中妙圓의 힘이 두루 원만圓滿해지고 견고해진 무색정無色定으로 하화중생下化衆生하는 일에 막힘이나 걸림 없이 바르게 살펴서 들여다보고 상구보리上求菩提하는 일에 선정禪定 삼매三昧의 막힘이나 걸림 없는 자유자재自由自在(正觀. 十迴向)함으로 두타행頭陀行(如來行)인 무생법인無生法忍의 마음자리(十地)와 이 모두를 청정淸淨하게 아우르는 공여래장空如來藏(等覺. 無上道. 無垢地)으로 드러내어 나타낸 불공여래장不空如來藏(金剛慧心. 善知識)과 실상實相의 본바탕이 원융무이상圓融無二相(妙覺. 不二門)으로 "이것"과 "이것"이란 "나(我)와 내 것(我所)"이 없음과 "나(我)와 내 것(我所)"이 없다는 생각과 생각 아님에 이르기까지를 바르게 살펴서 들여다보는 일을 정관正觀이라 이른다.

제석帝釋: 제석천帝釋天의 준말이다. 수미산須彌山 정상 도리천忉利天의 왕을 말한다. 반야般若 식견識見의 공空(我空. 我執)과 이웃한 허공虛空이 둘이 아님과 이 둘(我空. 虛空)이 아님도 또한 색色(法空. 法執)으로서 간혜지乾慧地임을 본 이들로 이에 의지하고 처하고 머물고 집착하면서 사천왕四天王과 삼십이천三十二天을 통솔하고 더불어 불법佛法에 귀의歸依하는 사람들을 보호하고 아수라阿脩羅의 군대를 항복 받는 천왕天王을 이른다.

종체宗體: 한 경전經典의 핵심核心이 되는 근본 바탕으로 긴요緊要한 점을 이르니, 깨우침의 본보기와 방식을 가리킨다.

공여래장空如來藏(等覺. 無上道. 無垢地. 眞空妙有)으로 드러내고 나타낸 불공여래장不空如來藏(金剛慧心. 善知識)과 실상實相의 본바탕이 원융무이상圓融無二相(妙覺. 不二門)으로 "이것"를 가리킨다. 곧 "나我와 내 것我所"이 없음을 이르며, "나我와 내 것我所"이 없음이라는 생각과 생각 아님을 체득體得한 불립오온중불리증득중不立五蘊中不離證得中으로서 실질적實質的인 체體體를 이른다.

중생심衆生心: 중생이 본래 갖추고 있는 진여眞如의 마음을 이른다. 모든 법법法에서 이르기를 법성法性, 진여眞如, 본래면목本來面目, 아뇩다라삼먁삼보리심阿耨多羅三藐三菩提心이라 말하며, 중생은 불

성佛性, 여래장如來藏, 자성청정심自性淸淨心, 원융무이상圓融無二相이
라고 가리켜 말한다.

    지견知見: 계정혜戒定慧 온계처蘊界處 신구의身口意 업과業果의 이
치를 바르게 밝혀서 확실하게 보고 이해하는 견해見解를 이른다. 계
향戒香(寂靜. 止行. 奢摩他) 정향定香(無色定. 觀行. 毗婆舍那) 혜향慧香(無
生法忍) 해탈향解脫香(空如來藏) 해탈지견향解脫知見香(不空如來藏)에서
지견知見을 이르는 것이니, 모든 이치를 바르게 밝혀서 확실하게 보
고見 듣고聞 깨우치고覺 아는 일知을 증득證得한 반야바라밀般若波羅
蜜의 지혜, 곧 반야지般若智 공空의 향기香를 가리킨다.

    덧붙여 설명說明하자면 이렇다. 모든 법法의 공空한 모양이나 상태
를 이르는 불생불멸不生不滅 불구부정不垢不淨 부증불감不增不減한
계정혜戒定慧의 바른 이치를 자신의 좁은 생각으로 의지하고 처하고
머물고 집착하는 아집我執(我空)과 이웃한 허공虛空이 둘이 아님과
이 둘이 아님도 또한 색色(法空. 法執)으로서 간혜지乾慧地일 뿐임을
분명하게 알아차리고 의지하거나 처하거나 머물거나 집착할 바가 없
음을 분명하게 깨달아 얻는 반야지般若智의 공空을 증명證明하고 바
르게 수행할 수 있는 선근善根(般若智 空)으로 적정寂靜의 마음자리
(戒香. 止行. 奢摩他)에 들어가 머물면서 불생중불멸중不生中不滅中 불
구중부정중不垢中不淨中 부증중불감중不增中不減中의 중중묘원中中妙
圓한 선근善根 수행修行의 공덕功德을 쌓고 쌓아서 두루 원만하며, 청
정淸淨하고 견고함을 얻어 하화중생下化衆生에 막힘이나 걸림 없이
자재하며, 상구보리上求菩提에 막힘이나 걸림 없이 자재하며, 또한 선
정禪定 삼매三昧에 막힘이나 걸림 없이 자유자재한 무색정無色定의

마음자리(定香. 觀行. 毗婆舍那)로 두타행頭陀行(如來行)인 무생법인無生法忍의 마음자리(慧香)와 이 모두를 청정하게 아우르는 공여래장空如來藏(等覺. 無上道. 無垢地. 眞空妙有)의 마음자리(解脫香)를 바르게 밝혀서 분명하게 보고 증명證明하여 얻는 까닭에 실상實相의 본바탕을 가리키는 불공여래장不空如來藏(解脫知見香. 金剛慧心. 善知識)을 드러내어 나타내고 이것이 원융무이상圓融無二相(妙覺. 不二門)임을 바르게 밝혀서 확실하게 보고(知見) 이해理解한다는 생각과 생각 아닌 "이것" 곧 "나我와 내 것我所"이 없음에 대한 깨우침을 바르게 깨달아 얻었음을 이른다.

향香은 바른 반야바라밀般若波羅蜜의 지혜, 즉 반야지般若智 공空을 가리키며, 궁극적窮極的이면서 지극至極한 해탈지견향解脫知見香(不空如來藏. 金剛慧心. 善知識)까지의 지혜로운 작용을 이른다.

지륜地輪: 신족통神足通을 이르는 것이니, "두 발은 땅을 디디고 정수리는 하늘을 향해 있다."라고 말한 바를 가리킨다. 천상천하天上天下 유아독존唯我獨尊을 이른다.

불생불멸不生不滅 불구부정不垢不淨 부증불감不增不減한 모양이나 상태로서 모든 법法이 공空하다는 아집我執에 따른 식견識見 반야般若(我空. 我執)와 이웃한 허공虛空이 둘(我空. 虛空)이 아님과 이 둘이 아님도 또한 색色(法空. 法執)일 뿐인 간혜지乾慧地임을 알아차리고 의지하거나 처하거나 머물거나 집착할 바가 없음을 분명하게 깨달아 얻는 일, 곧 색불이공色不異空 공불이색空不異色 색즉시공色卽是空 공즉시색空卽是色 수상행식受想行識 역부여시亦復如是 시제법공상是諸法空相 불생불멸不生不滅 불구부정不垢不淨 부증불감不增不減을 가리키는 것으로 지극至極한 반야바라밀般若波羅蜜의 지혜智慧, 즉 반야지般若智 공空(一中觀. 中中妙圓)을 이른다.

이와 같은 올바른 반야지般若智 공空으로 수행할 수 있는 마음자리를 갖추게 되니, 이 마음자리를 적정寂靜이라 이르고 이 적정寂靜의 마음자리에 들어가 머물면서 불생중불멸중不生中不滅中 불구중부정중不垢中不淨中 부중중불감중不增中不減中한 중중묘원中中妙圓의 선근善根 수행修行 공덕功德을 거듭 쌓고 쌓아서 상구보리하화중생上求菩提下化衆生의 바른길(道)을 단단하게 다질 수 있는 바탕이 지륜地輪이다.

지행止行: 적정寂靜의 마음자리를 가리킨다. 사마타舍摩陀를 말한다.

아집我執(我空)에 따른 식견識見 반야般若 공空(我空. 我執)과 이웃한 허공虛空이 둘이 아님과 이 둘(我空. 虛空)이 아님도 또한 색色(法空. 法執)으로서 간혜지乾慧地일 뿐임을 알아차리고 의지하거나 처하거나 머물거나 집착할 바가 아님을 분명하게 깨달아 얻고 즉 반야지般若智 공空의 바른길을 얻고도 불생불멸不生不滅 불구부정不垢不淨 부중불감不增不減한 계정혜戒定慧 온계처蘊界處 신구의身口意 업과業果라는 식견識見으로서의 반야般若와 이웃한 허공虛空에 의지하고 처하고 머물고 집착하려는 거꾸로 뒤바뀐 망상妄想을 멈추는 것이 지행止行이며, 중중묘원中中妙圓한 선근善根 수행修行에 들어가 머무는 적정寂靜의 마음자리(戒香. 奢摩他)를 가리킨다.

식견識見으로서의 반야般若 공空(我空. 我執)과 이웃한 허공虛空이 둘이 아님과 이 둘이 아님을 두고 깨우침을 얻었다고 말하면서 이 아공我空과 허공虛空, 이 둘이 아님에 의지하고 처하고 머물고 집착한다면, 이러한 둘이 아님이라는 소식으로 인하여 영원永遠하고 무한無限하고 한량限量없음이 곱빼기가 되어 생각으로도 헤아릴 수 없고 거두어들일 수도 없이 깊고 깊기에 영원토록 생주이멸生住異滅하면서 윤회輪廻할 뿐만 아니라 번뇌煩惱만 더더욱 키우는 것임을 분명하게 알아차리고 이해해야만 한다.

반야지般若智 공空을 근본으로 수행에 마땅한 적정寂靜의 마음자리(戒香)에서 불생중불멸중不生中不滅中 불구중부정중不垢中不淨中 부증중불감중不增中不減中한 중중묘원中中妙圓의 선근善根 공덕功德 수행修行을 통해 두루 원만圓滿하면서 더욱 견고堅固하게 함을 삼마발리三摩鉢里, 사마타舍摩陀라고 이른다.

진여眞如: 일체 모든 법法과 일체 모든 불보살佛菩薩에 따르는 언어나 문자, 모양이나 상태에 의지하거나 처하거나 머물거나 집착하지 않는 여래행如來行의 모든 공덕功德을 온전하게 갖추었을 뿐만 아니라 나타내어 드러내지 못할 그 어떠한 것도 없음을 이른다.

일체 모든 법法과 불보살에佛菩薩에 따른 언어나 문자, 모양이나 상태와 그 어떠한 것으로도 드러내어 나타낼 수 없기에 불공여래장空如來藏(金剛慧心. 善知識)과 실상實相의 본바탕이 무르녹아 두 가지 모양이나 상태가 없는 원융무이상圓融無二相(妙覺. 不二門)의 "이것"을 가리키며, "이것"은 곧 "나와 내 것"이 없음을 이르며, "나와 내 것"이 없음이라는 생각과 생각 아님에 이르기까지를 가리킨다.

다시 이르자면 불생중불멸중不生中不滅中 불구중부정중不垢中不淨中 부증중불감중不增中不減中으로서 모든 법륜法輪을 아우르는 작용作用

(地水火風輪轉, 法輪轉)을 이르는 공여래장空如來藏(窮極의 般若智 空)으로 드러난 진여眞如, 본래면목本來面目, 아뇩다라삼먁삼보리阿耨多羅三藐三菩提란 실상實相의 본바탕과 불공여래장不空如來藏이 무르녹아서 두 가지 모양이나 상태가 없는 "이것", 즉 원융무이상圓融無二相의 "이것"이라는 생각과 생각 아님에 이르기까지를 진여眞如라 이른다.

다시 또 이르자면 불생중불멸중不生中不滅中 불구중부정중不垢中不淨中 부증중불감중不增中不減中이라는 언어나 문자, 모양이나 상태로도 가리킬 수가 없는 것으로 "나我와 내 것我所"이 없음을 가리키는 것이니, 이는 불립오온不立五蘊 불리증득不離證得한 체體(몸)임을 이른다. 덧붙이자면 공여래장空如來藏과 불공여래장不空如來藏으로도 드러내어 나타낼 수 없는 것이며, 이러한 언어나 문자, 모양이나 상태에 의지하거나 처하거나 머물거나 집착하지 않음이라는 생각과 생각이 아님에 이르기까지를 진여眞如라 이른다.

다시 또 이르자면 불생중불멸중不生中不滅中 불구중부정중不垢中不淨中 부증중불감중不增中不減中한 중중묘원中中妙圓(一中觀. 般若智 空)으로도 가리킬 수 없음이 진여眞如이니, 이 중중묘원中中妙圓이 반딧불이라면 "나我와 나의 것我所"이 없음에 대한 생각과 생각이 아닌 것으로서 진여眞如라 가리킨 "이것"은 밝은 태양을 가리킨다. 안과 밖이라는 이를 수 있는 경계가 없으며, 이웃할 것이 없기에 생각과 생각이 아닌 것으로 헤아릴 수도 미칠 수도 없는 원융무이상圓融無二相(妙覺. 不二門)의 "이것"을 진여眞如라는 문자를 빌려 나타낸다.

찰나剎那: 불생불멸不生不滅 불구부정不垢不淨 부증불감不增不減하다는 모든 법法의 공空한 모양이나 상태를 이른 계정혜戒定慧 온계처

蘊界處 신구의身口意 업業에 대한 식견識見 반야般若 공空(我空. 我執)과 이웃한 허공虛空이 둘이 아님과 이 둘(我空. 虛空)이 아님도 또한 색色(法空. 法執)으로서 간혜지乾慧地일 뿐임을 알아차리고 의지하거나 처하거나 머물거나 집착할 바가 없음을 깨달아 얻은 반야바라밀般若波羅蜜의 지혜智慧, 즉 온전하게 성취成就한 반야지般若智 공空을 바탕으로 선근善根 수행修行의 바른길에 들어선 적정寂靜의 마음자리(戒香)와 이 적정寂靜의 마음자리에서 중중묘원中中妙圓한 불생중불멸중不生中不滅中 불구중부정중不垢中不淨中 부증중불감중不增中不減中의 공덕功德 수행修行 중에 거꾸로 뒤바뀌어 아공我空과 허공虛空과 법공法空이라는 망상妄想에 의지하려 하거나 처하려 하거나 머물려 하거나 집착하려 함을 멈추게 하는 행行을 가리켜 지행止行이라 이르며, 이를 찰나刹那라 이른다.

중중묘원中中妙圓(般若智 空. 一中觀)함의 찰나刹那를 얻었기에 선정禪定 삼매三昧에 막힘이나 걸림 없는 무색정無色定의 마음자리(定香)에서 상구하화上求下化하는 일에 불생중불멸중不生中不滅中 불구중부정중不垢中不淨中 부증중불감중不增中不減中하는 중중묘원中中妙圓의 행行을 가리켜 관행觀行이라 이르며, 이를 겁겁이라 이른다.

찰나刹那와 겁겁을 일념一念이라 말하니, 곧 한 생각, 한순간으로서 불생중불멸중不生中不滅中 불구중부정중不垢中不淨中 부증중불감중不增中不減中하는 중중묘원中中妙圓(般若智 空. 一中觀)함을 가리킨다. 이는 단 한 번 있는 일을 이른다.

총지總持: 다라니陀羅尼를 이르고 무수無數 무량無量한 불법佛法을 빠짐없이 거두어 지니고 잊지 않는 힘을 이른다. 하나의 법法이나 하나의 글월, 하나의 뜻을 기억해 가지는 것으로서 모든 법法을 밝게 드러내어 나타낼 수 있음을 이른다. 곧 모든 법을 하나의 법이나 하나의 문장, 하나의 뜻으로 함축含蓄하고 있음을 다라니陀羅尼라 이르고 진언眞言(부처의 깨달음이나 誓願을 나타내는 말)이라 이른다. 불공여래장不空如來藏(金剛慧心. 善知識)을 가리킨다.

출세간법出世間法: 모든 법法이 공空하다는 모양이나 상태를 이른 불생불멸不生不滅 불구부정不垢不淨 부증불감不增不減한 식견識見으로서의 반야般若 공空(我空. 我執)과 이웃한 허공虛空이 둘이 아님과 이 둘(我空. 虛空)이 아님도 또한 색色(法空. 法執)으로서 간혜지乾慧地일 뿐임을 알아차리고 이에 의지하거나 처하거나 머물거나 집착할 바가 없음을 확실하게 깨달아 얻는 온전한 반야바라밀般若波羅蜜의 지혜로서 반야지般若智 공空을 바탕으로 한 법法을 이른다.

올바르게 수행修行을 할 수 있는 마음자리인 적정寂靜, 즉 이와 같음을 얻는 마음자리(般若智 空)를 깨달아 얻었음을 출세간법出世間法이라 이른다. 덧붙이자면 의지하거나 처하거나 머물거나 집착할 바 없는 중중묘원中中妙圓(一中觀. 般若智 空)한 불생중불멸중不生中不滅中 불구중부정중不垢中不淨中 부증중불감중不增中不減中의 선근善根 공덕功德을 수행修行하는 마음자리를 가리켜 출세간법出世間法이라 이른다.

칠각지七覺支: 칠각분七覺分이라 이르기도 하고 일곱 걸음을 걸었다고도 이른다. 깨우침을 깨달아 얻은 곳(涅槃. 三昧. 禪定. 本來面目. 眞

如. 不空如來藏. 圓融無二相)에 이르기 위한 도행道行하는 7가지를 이른
다. 곧 도道(길)를 얻기 위하여 수행修行하는 일에 지혜智慧로서 참된
것과 거짓된 것, 의지하거나 처하거나 머물거나 집착하는 것과 의지
하거나 처하거나 머물거나 집착할 것이 없음을 자세히 살펴서 들여
다보며, 구분區分 지어 보고見 듣고聞 깨우치고覺 아는知 7가지를 이
른다.

1) **택법각분**擇法覺分: 모든 법法이 공空한 모양이나 상태인 불생불
멸不生不滅이라는 시간時間의 무한無限함과 불구부정不垢不淨이라는
정신적精神的 공간空間을 측량測量할 수 없음과 부증불감不增不減이
라는 수량數量이 한량限量 없는 식견識見으로서의 반야般若 공空(我
空. 我執)과 이웃한 허공虛空이 둘이 아님과 이 둘(我空. 虛空)이 아님
도 또한 색색(法空. 法執)으로서 간혜지乾慧地일 뿐임을 알아차리고
의지하거나 머물거나 처하거나 집착할 바가 없음을 분명하게 깨달
아 얻는 온전한 반야바라밀般若波羅蜜의 지혜智慧, 즉 반야지般若智
공空을 깨달아 얻었음을 가리킨다.

이는 수행修行에 마땅한 바른 마음자리로 도행道行할 수 있는 반
야지般若智 공空을 근본根本(十信)으로 한 초발심주初發心住로서 적정
寂靜의 마음자리를 이르며, 불생중불멸중不生中不滅中 불구중부정중
不垢中不淨中 부증중불감중不增中不減中하는 중중묘원中中妙圓의 선근
善根 수행법修行法(十住)을 가리키는 것이니, 이를 택법각분擇法覺分이
라 이른다.

반야지般若智 공空을 근본根本으로 한 십신十信의 초발심初發心 마
음자리로 1. 신심信心, 2. 염심念心, 3. 정진심精進心, 4. 혜심慧心, 5.
정심定心, 6. 불퇴심不退心, 7. 호법심護法心, 8. 회향심迴向心, 9. 계심

戒心, 10. 원심願心을 이른다.

십주十住의 마음자리로 1. 초발심주初發心住, 2. 치지주治地住, 3. 수행주修行住, 4. 생귀주生貴住, 5. 방편구족주方便具足住, 6. 정심주正心住, 7. 불퇴주不退住, 8. 동진주童眞住, 9. 법왕자주法王子住, 10. 관정주灌頂住를 이른다.

2) 정진각분精進覺分: 반야지般若智 공空을 바르게 깨달아 얻는 수행의 마음자리(十信)로 도행道行하는 중중묘원中中妙圓의 적정寂靜을 이른다. 적정寂靜의 마음자리에 들어가(入流) 머물며(十住), 도행으로서 불생중불멸중不生中不滅中 불구중부정중不垢中不淨中 부증중불감중不增中不減中의 선근善根을 수행하며, 일념一念(刹那中劫中) 하나라도 놓치지 않는 중중묘원中中妙圓함으로 게으르지 않고 온 힘을 다하여 정진精進하면서 적정寂靜의 선근善根 공덕功德을 쌓고 쌓아가는 수행修行의 마음자리(十行)를 정진각분精進覺分이라 이른다.

십행十行의 마음자리로 1. 환희행歡喜行, 2. 요익행饒益行, 3. 무위역행無違逆行(無瞋恨行), 4. 무굴요행無屈橈行(無盡行), 5. 이치난행離癡亂行, 6. 선현행善現行, 7. 무착행無著行, 8. 난득행難得行(尊重行), 9. 선법행善法行, 10. 진실행眞實行을 가리킨다.

3) 희각분喜覺分: 일념一念(刹那中劫中) 하나라도 놓치지 않는 중중묘원中中妙圓함으로 게으르지 않고 온 힘을 다하여 정진精進하는 적정寂靜의 마음자리를 거듭 쌓고 쌓아서 하화중생下化衆生에 막힘이나 걸림 없고 상구보리上求菩提에 막힘이나 걸림 없이 자재自在하고 선정禪定 삼매三昧에 막힘이나 걸림 없이 자유자재自由自在한 견고堅固함과 두루 원만圓滿함을 얻어 기뻐하고 즐거워하는 무색정無色定

의 마음자리(十迴向)를 이른다.

십회향十迴向의 마음자리로 1. 구호중생이중생상회향救護衆生離衆生相迴向, 2. 불괴회향不壞迴向, 3. 등일체불회향等一切佛迴向, 4. 지일체처회향至一切處迴向, 5. 무진공덕장회향無盡功德藏迴向, 6. 수순평등선근회향隨順平等善根迴向, 7. 수순등관중생회향隨順等觀衆生迴向, 8. 진여상회향眞如相迴向, 9. 무박해탈회향無縛解脫迴向, 10. 법계무량회향法界無量迴向을 이른다.

4) 제각분除覺分: 선정禪定 삼매三昧에 막힘이나 걸림 없이 자유자재自由自在한 마음자리인 무색정無色定으로 두타행頭陀行(如來行)인 무생법인無生法忍의 마음자리를 두고 제각분除覺分이라 이른다.

중중묘원中中妙圓한 마음자리가 두루 원만하고 견고하게 이루어졌음을 가리키는 것이니, 중중묘원中中妙圓한 선근善根 수행修行의 공덕功德으로 고향집 길 어귀를 벗어나 사립짝문을 열고 앞뜰을 지나 닳고 닳은 쇠로 만든 신발을 신고 섬돌에 올라섰음을 가리킨다.

십지十地의 마음자리로 1. 환희지歡喜地, 2. 이구지離垢地, 3. 발광지發光地, 4. 염혜지焰慧地, 5. 난승지難勝地, 6. 현전지現前地, 7. 원행지遠行地, 8. 부동지不動地, 9. 선혜지善慧地, 10. 법운지法雲地를 이른다.

5) 사각분捨覺分: 반야지般若智 공空과 중중묘원中中妙圓함으로 게으르지 않고 온 힘을 다하여 정진精進하는 적정寂靜의 마음자리와 선정禪定 삼매三昧에 막힘이나 걸림 없이 자유자재自由自在한 마음자리를 얻어 기뻐하고 즐거워하는 무색정無色定의 마음자리와 중중묘원中中妙圓함이 두루 원만해지고 견고해진 두타행頭陀行의 무생법인無生法忍으로 고향집의 길 어귀를 벗어나 사립짝문을 열고 앞뜰을

지나 닳고 닳은 쇠로 만든 신발을 섬돌에 가지런하게 놓고 툇마루
에 올라서서 이 모두를 청정淸淨하게 아우르는 공여래장空如來藏(等
覺. 無上道. 無垢地. 眞空妙有)을 가리킨다.

섬돌에 신발을 가지런하게 벗어놓고 툇마루에 올라 방문을 앞에 둔
마음자리로서 뛸 듯이 기쁘고 즐거워함을 이른다. 적정寂靜의 마음자
리로서 십주十住와 십행十行과 무색정無色定의 마음자리로서 십회향十
迴向과 무생법인無生法忍의 마음자리로서 십지十地, 이 모두를 청정淸
淨하게 아우르는 공여래장空如來藏을 사각분捨覺分이라 이른다.

6) 정각분定覺分: 쇠로 만든 신발을 섬돌에 가지런하게 놓고 툇마
루에 올라선 공여래장空如來藏(等覺. 無上道. 無垢地)으로 마주한 방문
을 열어 드러낸 불공여래장不空如來藏(金剛慧心. 善知識)을 가리키며,
금강혜심金剛慧心을 정각분定覺分이라 이른다.

덧붙이자면 공여래장空如來藏으로 실상實相의 본바탕을 드러내어
나타낸 불공여래장不空如來藏과 실상實相의 본바탕이 원융무이상圓
融無二相(妙覺. 不二門)이라는 깨우침을 깨달아 얻었음을 말하며, 지혜
의 지혜를 얻었음을 이르고 바른 깨우침의 체體로서 마음자리를 깨
달아 얻었기에(不立五蘊中不離證得中) 정각분定覺分이라 이른다.

7) 염각분念覺分: 실상實相의 본바탕과 이를 드러내어 나타낸 불공
여래장不空如來藏이 원융무이상圓融無二相(妙覺. 不二門)임을 보고見 듣
고聞 깨우치고覺 알아서知 일체 모든 법法과 불보살佛菩薩에 따른 언
어나 문자 모양이나 상태에 의지하거나 처하거나 머물거나 집착할
바 없는 "이것", 즉 "나我와 내 것我所"이 없는 일념一念을 염각분念覺
分이라 이르며, 묘각妙覺을 가리킨다.

덧붙이자면 일념一念(刹那中劫中)이란 곧 불립오온중불리증득중不立五蘊中不離證得中의 중중묘원中中妙圓으로서 불생중불멸중不生中不滅中 불구중부정중不垢中不淨中 부증중불감중不增中不減中을 가리키는 것이며, 중중묘원中中妙圓하다는 "이것"에 대한, 즉 "나我와 내 것我所"이 없음에 대한 생각과 생각 아님에 이르기까지를 염각분念覺分이라 이른다. 곧 아뇩다라삼먁삼보리阿耨多羅三藐三菩提를 가리킨다.

팔정도八正道: 팔성도八聖道라고도 이르며, 실천實踐 수행修行하는 중요한 8가지를 이른다. 중정中正, 중도中道(中中妙圓)의 수행법修行法이기에 정도正道라 하고, 성인聖人의 도道이므로 성도聖道라고 한다. 중정中正과 중도中道란 모든 법法이 공空한 모양이나 상태로서 불생중불멸중不生中不滅中 불구중부정중不垢中不淨中 부증중불감중不增中不減中으로 중중묘원中中妙圓의 선근善根(般若智 空) 수행법修行法을 이른다.

1) **정견**正見: 식견識見으로서의 반야般若 공空(我空. 我執)과 이웃한 허공虛空이 둘이 아님과 이 둘(我空. 虛空)이 아님도 또한 색색(法空. 法執)으로서 간혜지乾慧地일 뿐임을 분명하게 알아차리고 의지하거나 처하거나 머물거나 집착할 바가 없음을 밝게 깨달아 얻는 온전한 반야바라밀般若波羅蜜의 지혜智慧, 즉 반야지般若智 공空으로 보는 일이 정견正見이다.

반야지般若智 공空을 깨달아 얻는 일로서 중중묘원中中妙圓의 불생중불멸중不生中不滅中 불구중부정중不垢中不淨中 부증중불감중不增中不減中으로 보는 일이며, 생생도 멸멸도 아닌 가운데, 더럽지도 깨끗

하지도 않은 가운데, 늘지도 줄지도 않은 가운데를 이르는 것이니, 이렇듯 계정혜戒定慧 온계처蘊界處 신구의身口意 업과業果를 반야지般若智 공空의 선근善根 수행법修行法으로 바르게 보는 것을 정견正見이라 이른다.

2) **정사유**正思惟: 반야지般若智 공空의 선근善根 수행법修行法으로 바르게 보는 일을 통하여 수행에 마땅한 적정寂靜의 마음자리에 들어가 머물며, 중중묘원中中妙圓한 선근善根 수행修行으로 반야지般若智 공空의 공덕功德을 쌓고 쌓아서 바르게 사유思惟함을 이른다.

모든 법法이 공空(의지하거나 처하거나 머물거나 집착할 바가 없음)한 모양이나 상태를 가리킨 중중묘원中中妙圓함을 쌓고 쌓아가는 적정寂靜의 마음자리에서 선근 수행修行함을 가리키는 것이니, 이를 정사유正思惟라 이른다.

3) **정어**正語: 중중묘원中中妙圓의 공덕功德을 쌓고 쌓아가는 적정寂靜의 선근善根 수행修行으로 상구보리하화중생上求菩提下化衆生에 막힘이나 걸림 없이 자재自在하며, 또한 선정禪定 삼매三昧에 막힘이나 걸림 없이 자유자재自由自在한 무색정無色定의 마음자리에서 아래로는 중생衆生을 이끄는 일에 바른말로 가르쳐서 바른길에 들어서게 하고 위로는 자유자재自由自在한 선정禪定 삼매三昧로 바르게 행하고 바르게 말하는 바를 정어正語라 이른다.

4) **정업**正業: 무색정無色定의 자유자재自由自在한 선정禪定 삼매三昧로 바르게 행하고 바르게 말하고 바르게 사유思惟하면서 중중묘원中中妙圓함의 마음자리를 더욱 원만하고 견고하게 거듭해서 쌓고 쌓아

감으로 두타행頭陀行의 무생법인無生法忍, 곧 여래如來의 행行으로서
생生함이 없는 법法을 끝내 성취成就함을 이르는 것이니, 정견正見,
정사유正思惟, 정어正語 곧 신구의身口意 업業이란 중중묘원中中妙圓이
라는 반야지般若智 공空의 선근善根 수행修行으로서 바른 업業이기에
정업正業이라 이른다.

5) 정명正命: 두타행頭陀行의 무생법인無生法忍, 곧 여래如來의 행行
으로서 생生함이 없는 법法(無生法忍)을 마침내 성취成就하고 중중묘
원中中妙圓으로서 일 점 하나 막힘이나 걸림이 없는 선근善根(般若智
空) 수행으로 지극至極함에 이르기까지 깨달아 얻는 공여래장空如來
藏(等覺. 無上道. 無垢地. 眞空妙有)을 정명正命이라 이른다. 여기서 이르
는 명命이란 성주괴공成住壞空을 이른다.

생멸生滅이란 오온五蘊, 곧 색수상행식色受想行識 위에 세운 시간時
間으로서 생주이멸生住異滅할 뿐임을 뜻하는 것이며, 공空 즉 법法 위
에 세운 시간時間, 즉 모든 법法이 공空한 모양이나 상태를 이른 불
생불멸不生不滅 불구부정不垢不淨 부증불감不增不減한 위에 세운 시간
의 영원성永遠性이란 불생중불멸중不生中不滅中으로 성주괴공成住壞
空에서 벗어났음을 정명正命이라 이른다. 곧 공여래장空如來藏 위에
세운 찰나중겁중刹那中劫中을 정명正命이라 이른다. 그리고 정신적精
神的 공간空間의 무한無限함이란 불구중부정중不垢中不淨中으로 성주
괴공成住壞空에서 벗어났음을 이르며, 수량數量의 한량限量 없음이란
부증중불감중不增中不減中으로 성주괴공成住壞空에서 벗어났음을 이
른다.

성주괴공成住壞空이란 불립오온중불리증득중不立五蘊中不離證得中
으로서 중중묘원中中妙圓의 불생중불멸중不生中不滅中 불구중부정중

不垢中不淨中 부증중불감중不增中不減中하다는 생각과 생각 아닌 것에 이르기까지를 가리킨다.

6) 정정진正精進: 여래如來의 행行으로서 생생함이 없는 법法, 곧 무생법인無生法忍을 마침내 성취成就하고 중중묘원中中妙圓으로서 막힘이나 걸림이 없는 선근善根(般若智 空의 中中妙圓함)을 깨달아 얻는 공여래장空如來藏에서 멈추지 말아야 함을 거듭 당부하고 이르는 것이니, 공여래장空如來藏(等覺. 無上道. 無垢地. 眞空妙有)으로 실상實相의 본바탕을 드러내어 나타낸 불공여래장不空如來藏(金剛慧心. 善知識)을 이루고 또 얻기 위해 더욱 수행修行에 힘을 써야 함을 바른 정진精進이라 이른다.

깨우침을 깨달아 얻기 위한 길, 도道를 이루어 증득證得하는 일에 있어서 공여래장空如來藏을 청정하게 얻고는 일체 모든 법法과 불보살佛菩薩에 따른 언어나 문자, 모양이나 상태에 의지하거나 처하거나 머물거나 집착할 바가 없음을 깨달아 얻었다고 생각하는 삿된 마음을 일으키지 않아야 함을 가리킨다.

쇠로 만든 신이 다 닳도록 오랜 세월을 보내다 고향길 어귀에 들어서고 고향집 사립짝문을 열고 앞마당을 지나 섬돌 위에 쇠 신을 가지런히 벗어놓고 툇마루(空如來藏)에 올라서고는 방문을 열지 못하고 툇마루에 주저앉아 뜰앞만을 바라보면서 허망虛妄하게 끝마치는 일이 없도록 중중묘원中中妙圓함의 선근善根 수행修行에 더욱 힘을 들여 노력해야 함을 이른다.

중중묘원中中妙圓한 반야지般若智 공空의 선근善根 공덕功德으로 여래행如來行(空如來藏)을 쌓고 쌓아가는 수행修行을 쉬지 않으며, 또 만족함이 없도록 더욱 정진하고 노력함을 정정진正精進이라 이른다.

7) 정념正念: 중중묘원中中妙圓한 반야지般若智 공空의 선근善根 공덕功德으로 여래행如來行(空如來藏)을 쌓고 쌓아가는 수행修行에 게으르지 않고 쉬지 않으며, 만족함이 없이 노력하여 얻는 불공여래장不空如來藏(金剛慧心. 善知識)으로 생각함을 정념正念이라 이른다.

고향집 방문을 거침없이 열고 들어가 행주좌와行住坐臥함을 이르는 것이니, 일체 모든 법法과 불보살佛菩薩에 따른 언어나 문자 모양이나 상태를 있는 그대로 얻었음을 이른다. 총지總持로서의 불공여래장不空如來藏과 실상實相의 본바탕이 원융무이상圓融無二相(妙覺. 不二門)으로 무르녹아(圓融) 둘이 없는 모양이나 상태(無二相. 一念.不二門)로 바르게 생각함을 정념正念이라 이른다.

8) 정정正定: 불공여래장不空如來藏(金剛慧心. 善知識)과 실상實相의 본바탕이란 원융무이상圓融無二相으로 무르녹아(圓融) 둘이 없는 모양이나 상태(一念. 妙覺. 不二門)인 "이것"이란 곧 "나我와 내 것我所"이 없다는 바른 자리(不立五蘊不離證得)에 앉음을 가리킨다.

불생중불멸중不生中不滅中 불구중부정중不垢中不淨中 부증중불감중不增中不減中한 중중묘원中中妙圓이라는 생각과 생각이 아닌 것으로도 드러내거나 나타낼 수 없으며, "나我와 내 것我所"이 없다는 생각과 생각 아님에 이르기까지를 정정正定(寂滅)이라 이른다.

풍륜風輪: 두타행頭陀行(如來行)으로서 무생법인無生法忍의 마음자리를 이르는 것이니, 바람을 비유譬喩로 들었음을 이른다.

식견識見으로서의 반야般若 공空(我空. 我執)과 이웃한 허공虛空이 둘이 아님과 이 둘(我空. 虛空)이 아님도 또한 색色(法空. 法執)으로서 간혜지乾慧地일 뿐임을 분명하게 알아차리고 의지하거나 처하거나 머물거나 집착할 바가 없음을 바르게 깨달아 얻는 반야지般若智 공空을 근본으로 적정寂靜의 마음자리에서 선근善根 수행修行(不生中不滅中 不垢中不淨中 不增中不減中)의 공덕功德을 쌓고 쌓아서 청정淸淨하고 견고堅固해짐으로 상구하화上求下化에 막힘이나 걸림 없이 자재하며, 또한 선정禪定 삼매三昧에 막힘이나 걸림 없이 자유자재한 무색정으로 두타행頭陀行(如來行)의 생生함이 없는 법法을 끝끝내 견디어냄(無生法忍)을 풍륜風輪이라 이른다.

두타행頭陀行으로서 무생법인無生法忍의 마음자리는 공여래장空如來藏(等覺. 無上道. 無垢地)과의 경계境界이며, 공여래장은 실상實相의 본바탕을 드러내어 나타낸 불공여래장不空如來藏(金剛慧心. 善知識)을 증득證得하게 한다. 그러므로 정수리를 보이지 말라 이르고 허공을 나는 새는 흔적도 없다 이르며, 나뭇가지가 움직이는 것은 바람이 일기 때문이라고 이르고 바람(거꾸로 뒤바뀐 한 번의 생각)으로 인하여 하나의 파도가 만파萬波를 일으킨다고 이르며, 삼천 년에 한 번씩 열리는 천도天桃가 떨어질까 염려스럽다 이르고 바로 눈앞에 있는 종문宗門이 닫칠까 걱정스럽다 이르며, 구멍 없는 피리가 소리를 낸다고 이르며, 진흙으로 만든 소가 강물을 건넌다고 이르며, 낙타가 바늘구멍을 통과한다고 이르며, 돌로 만든 사자가 사자후獅子吼를 한다고 이르며, 돌로 만든 사자 새끼가 졸고 있다고 이르며, 가릉빈가의 소리라는 등등의 말들을 한다.

공여래장空如來藏을 이루었다는 생각, 곧 깨우쳐 얻었다는 생각에서 멈추지 말아야 하니, 지륜地輪, 수륜水輪, 화륜火輪, 풍륜風輪을 청정하게 아우르는 공여래장空如來藏이란 지수화풍륜을 비유로써 색수상행식色受想行識으로 이를 수 있는 지극한 반야바라밀般若波羅

蜜의 지혜, 즉 반야지般若智 공空을 가리키며, 공여래장空如來藏이라는 마음자리를 깨달아 얻고 이를 통해 오온五蘊으로 이루어진 이 몸이란 의지하고 처하고 머물고 집착할 바가 없음을 밝게 깨우치게 된다. 이렇듯 불립오온不立五蘊을 통해 곧 "나我와 내 것我所"을 세우지 않고 실상實相의 본바탕과 불공여래장不空如來藏이 원융무이상圓融無二相(妙覺. 不二門)임을 증득證得하기 위하여(不離證得) 언어나 문자, 모양이나 상태를 빌려 쓴 방편方便임을 밝게 믿고 이해(信解)하는 일이 수행修行의 처음을 이른다.

피안彼岸: 도피안到彼岸이라고도 이른다. 바라밀波羅蜜(淸淨함을 修行함)이란 범어를 번역한 것이며, 모든 법法이 공空한 모양이나 상태는 불생불멸不生不滅 불구부정不垢不淨 부증불감不增不減하다는 식견識見으로서의 반야般若 공空(我空. 我執)과 이웃한 허공虛空이 둘이 아님과 이 둘(我空. 虛空)이 아님도 또한 색色(法空. 法執)으로서 간혜지乾慧地일 뿐임을 분명하게 알아차리고 의지하거나 처하거나 머물거나 집착할 바가 없음을 분명하게 깨달아 얻음이 반야바라밀般若波羅蜜의 지혜智慧, 즉 반야지般若智 공空임을 가리킨다. 이 반야지般若智 공空을 바탕으로 수행修行에 마땅한 적정寂靜의 마음자리에 들어가 중중묘원中中妙圓한 불생중불멸중不生中不滅中 불구중부정중不垢中不淨中 부증중불감중不增中不減中의 선근善根 수행修行으로 공덕功德을 거듭 쌓고 쌓아서 상구보리하화중생上求菩提下化衆生에 막힘이나 걸림 없이 자재하며, 또한 선정禪定 삼매三昧에 막힘이나 걸림 없이 자유자재自由自在한 무색정無色定의 마음자리를 청정하고 견고하게 하며, 자재한 선정禪定 삼매三昧로 무생법인無生法忍의 두타행頭陀行(如

來行)으로서 궁극적窮極的이면서 지극至極한 반야바라밀다般若波羅蜜多의 공空, 즉 공여래장空如來藏을 견고堅固하며, 청정淸淨하게 하며, 두루 원만함으로 실상實相의 본바탕을 드러낸 공空 아닌 여래장不空如來藏과 실상實相의 본바탕이 원융무이상圓融無二相(妙覺. 不二門)으로 "이것"을 가리키며, "이것"이 곧 "나我와 내 것我所"이 없음을 가리키는 것(不立五蘊中不離證得中)으로서 막힘이나 걸림 없이 행주좌와行住坐臥에 자재한 언덕을 이른다.

해행解行: 알고 이해理解하는 것과 수행修行, 이 둘을 이른다. 불교의 가르침을 인지認知할 수 있는 전체를 몇 개로 나눈 것에서 하나를 이르는 것이다.

의지하거나 처하거나 머물거나 집착할 바가 없는 공空한 모양이나 상태를 이른 계정혜戒定慧 온계처蘊界處 신구의身口意 업業의 모든 법法이란 불생불멸不生不滅 불구부정不垢不淨 부증불감不增不減함에서 공空하다는 언어나 문자, 모양이나 상태가 전체全體임을 이르는 것이며, 불생불멸不生不滅 불구부정不垢不淨 부증불감不增不減한 계정혜戒定慧 온계처蘊界處 신구의身口意 업과業果를 나눈 제각각 하나하나의 언어나 문자, 모양이나 상태가 전체全體를 가리킨다는 것이다.

수행修行하는 사람의 지력智力(不生中不滅中 不垢中不淨中 不增中不減中한 戒定慧 蘊界處 身口意 業果)에 의하여 이론적理論的인 가르침의 뜻을 분명하게 알아서 마치는 것을 해解라 하고, 수행修行의 실천적實踐的인 부분(識見 般若 空. 般若智 空. 寂靜. 無色定. 無生法忍. 空如來藏. 不空如來藏. 圓融無二相)을 분명하게 깨달아 얻고 알아서 마치고 실천하는 것을 행行(如來行)이라고 한다. 이 둘은 수행하는 이가 반드시 갖

추어야 할 것으로서 예로부터 분명하게 알아서 마치는 해解를 눈
(目), 행行을 발(足)에 비유하였다. 바른 길道를 행行하기 위해서는 눈
과 발이 서로 떨어지지 않고 함께 하는 것이니, 지목(般若智 目)과 족
행足行(我空과 虛空이 둘이 아님과 이 둘이 아님도 또한 法空으로서 色. 乾慧地
임을 깨우친 般若智 空, 地輪)이라 일렀다. 분명하게 알아서 믿고 초발심
을 일으키는 십신十信과 이 십신으로서 초발심주을 일으키는 십주十
住와 십행十行의 자리를 가리키며, 이는 보현보살普賢菩薩이 실천實踐
수행修行하는 마음자리를 이른다.

화륜火輪: 식견識見으로서의 반야般若 공空(我空. 我執)과 이웃한
허공虛空이 둘이 아님과 이 둘(我空. 虛空)이 아님도 또한 색色(法空. 法
執)으로서 간혜지乾慧地일 뿐임을 분명하게 알아차리고 의지하거나
처하거나 머물거나 집착할 바가 없음을 깨달아 얻는 온전한 반야바
라밀般若波羅蜜의 지혜智慧, 즉 반야지般若智 공空(地輪)을 바탕으로
적정寂靜의 마음자리(水輪)에 들어가 중중묘원中中妙圓의 선근善根 수
행修行(不生中不滅中 不垢中不淨中 不增中不減中)을 거듭 더하고 쌓고 쌓
은 공덕功德으로 하화중생下化衆生하는 일에 막힘이나 걸림 없이 자
재自在하고 상구보리上求菩提에 막힘이나 걸림 없이 자재하며, 또한
선정禪定 삼매三昧에 막힘이나 걸림 없이 자유자재自由自在한 무색정
無色定의 마음자리를 화륜火輪이라 이른다.
　반야지般若智(地輪. 十信) 공空과 적정寂靜의 마음자리(水輪. 十住. 十
行)와 무색정無色定의 마음자리(火輪. 十迴向)와 두타행頭陀行(風輪. 十
地)인 무생법인無生法忍, 이 모두를 청정하게 아우르는 공여래장空如
來藏(等覺. 無上道. 無垢地. 眞空妙有)의 마음자리를 증득證得하고 무상

도無上道, 곧 위 없는 길道로서 실상實相의 본바탕을 드러내어 불공여래장不空如來藏(金剛慧. 善知識)으로 나타내고 불공여래장不空如來藏과 실상實相의 본바탕이 원융무이상圓融無二相(妙覺. 不二門)으로서 "이것이 무엇인가?"의 "이것"이며, "이것"이란 "나我와 내 것我所"이 없는 무상정등정각無上正等正覺임을 증득證得하게 하는 바른길道을 공여래장空如來藏이라 이른다.

굳이 덧붙이자면 이렇다. 식견識見으로서의 반야般若 공空(我空. 我執)과 이웃한 허공虛空이 둘이 아님과 이 둘(我空. 虛空)이 아님도 또한 색色(法空. 法執)으로서 간혜지乾慧地일 뿐임을 분명하게 알아차리고 의지하거나 처하거나 머물거나 집착할 바가 없음을 깨달아 얻는 온전한 반야바라밀般若波羅蜜의 지혜智慧, 곧 반야지般若智 공空은 보리살타菩提薩埵 의반야바라밀다고衣般若波羅蜜多故 심무가애心無罣碍 무가애고無罣碍苦 무유공포無有恐怖 원리전도몽상遠離顚倒夢想 구경열반究竟涅槃에 이르게 한다는 것이며, 공여래장空如來藏의 무상도無上道은 반야지般若智 공空의 지극至極함을 이르는 것이니, 쇠로 만든 신이 닳고 닳도록 오랜 세월 돌고 돌아서 고향집 마루에 올라 방문 앞에 주저앉아 멈추지 말고 수행修行에 박차를 가해야 함을 이른다. 그러므로 삼세제불三世諸佛 의반야바라밀다依般若波羅蜜多 고득아뇩다라삼먁삼보리故得阿耨多羅三藐三菩提라고 이른 것이다.

소위 이르기를 시제법공상是諸法空相 불생불멸不生不滅 불구부정不垢不淨 부증불감不增不減의 가르침을 듣고 "나我와 내 것我所"이 없는 무상정등정각無上正等正覺을 곧바로 깨달아 얻으면 돈오頓悟라 이르고, 십신十信, 십주十住, 십행十行, 십회향十廻向, 십지十地, 등각等覺, 금강혜金剛慧, 묘각妙覺의 차례를 따라 반야지般若智 공空, 적정寂靜, 무색정無色定, 무생법인無生法忍, 공여래장空如來藏이라는 무상도無上

道를 깨우치고 불공여래장不空如來藏과 실상實相의 본바탕으로서 원융무이상圓融無二相(妙覺. 不二門)의 "이것"으로서 "나我와 내 것我所"이 없음에 대한 생각과 생각 아님을 비로소 증득證得한 아뇩다라삼먁삼보리阿耨多羅三藐三菩提, 곧 무상정등정각無上正等正覺을 깨달아 얻으면 점수漸修라고들 말한다.

화택火宅: 삼계三界 곧 욕계欲界, 색계色界, 무색계無色界가 상충相衝 상합相合하면서 시끄러운 것을 집이 불타오르는 것에 비유譬喩한 것이니, 고뇌苦惱로 가득함을 이른다.

환희지歡喜地: 십지十地 가운데 처음의 자리를 이른다. 식견識見으로서의 반야般若 공空(我空. 我執)과 이웃한 허공虛空이 둘이 아님과 이 둘(我空. 虛空)이 아님도 또한 색色(法空. 法執)으로서 간혜지乾慧地일 뿐임을 분명하게 알아차리고 의지하거나 처하거나 머물거나 집착할 바 없음을 분명하게 깨달아 얻는 반야바라밀般若波羅蜜의 지혜, 곧 반야지般若智 공空을 초발심주初發心住로 하여 적정寂靜의 마음자리에 들어가 중중묘원中中妙圓의 선근善根 수행修行, 곧 불생중불멸중不生中不滅中 불구중부정중不垢中不淨中 부증중불감중不增中不減中의 선근善根 공덕功德 수행修行을 거듭 쌓고 쌓아서 하화중생下化衆生하는 일에 막힘이나 걸림이 없고 상구보리上求菩提하는 일에 막힘이나 걸림 없이 자재하며, 또한 선정禪定 삼매三昧에 막힘이나 걸림 없이 자유자재自由自在한 무색정無色定의 마음자리로 두타행頭陀行(如來行)으로서 무생법인無生法忍의 마음자리를 견문각지見聞覺知하고는 기뻐하면서 즐거워하는 마음자리를 가리킨다.

진여眞如의 이치 중 일부분을 증득證得하고 성인聖人의 지위(十地)에 오른 것을 가리키며, 다시는 이 자리에서 물러서지 않으며, 십회향十迴向의 제10 법계무량회향法界無量迴向의 마음자리로 자리리타自利利他의 여래행如來行을 비로소 성취成就하고 기뻐하며, 즐거워함을 환희지歡喜地라 이른다.

2부
품별 요약

品別 要約

첫째 모임.

보리도량菩提道場에서
설說하신
부처님의 법문法門

1. 세주묘엄품世主妙嚴品

시방十方으로부터 와서 모임에 참석한 각 방처方處(東西南北四維上下)의 상수上首와 또 각 방처方處의 상수上首를 따르는 권속眷屬으로 세계를 빼어나게 장엄하며, 이 상수上首(대장. 우두머리)를 따라 신해수증信解修證하고자 모인 이들을 이른다.

십신十信의 시방十方 상수上首(대장. 우두머리)를 십주十住의 제1 초발심주初發心住로 삼아 각각 시방十方을 따라 상수를 두고 이 상수를 따른 권속眷屬이 항하恒河(갠지스 강의 한자 이름)의 모래알과 같음을 이르며, 바다와 같이 또 구름처럼 모임을 말한다.

이와 같음으로 십주十住, 십행十行, 십회향十迴向, 십지十地의 각각 자리(東西南北四維上下)마다 상수를 두고(復有) 각각의 상수를 따라(復次) 불찰미진수세계佛刹微塵數世界, 즉 부처 세계의 티끌 수와 같은 세계의 모든 이들이 보리도량菩提道場에 모여 상수上首(대장. 우두머리)의 보살들이 정각正覺을 이루신 부처님을 찬탄讚歎하고 상서祥瑞로움을 말한다.

정각正覺이란 식견識見으로서의 반야般若 공空(我空. 我執)과 이웃한 허공虛空이 둘이 아님과 이 둘(我空. 虛空)이 아님도 또한 색색色(法空. 法執)으로서 간혜지乾慧地일 뿐임을 분명하게 알아차리고 의지하거나 처하거나 머물거나 집착할 바 없음을 분명하게 깨달아 얻는 반야바라밀般若波羅蜜의 지혜, 곧 반야지般若智 공空을 초발심初發心(十信)으

로 하여 적정寂靜의 마음자리에 들어가(十住) 중중묘원中中妙圓의 선
근善根 수행修行, 곧 불생중불멸중不生中不滅中 불구중부정중不垢中不
淨中 부증중불감중不增中不減中의 공덕功德 수행修行(十行)을 거듭 쌓
고 쌓아서 하화중생下化衆生하는 일에 막힘이나 걸림이 없고 상구보
리上求菩提하는 일에 막힘이나 걸림 없이 자재하며, 또한 선정禪定 삼
매三昧에 막힘이나 걸림 없이 자유자재自由自在한 무색정無色定의 마
음자리(十迴向)로 두타행頭陀行(如來行)으로서 무생법인無生法忍의 마
음자리(十地)와 이 모두를 두루 원만하게 또 청정하게 아우르는 공여
래장空如來藏(等覺. 無上道. 無垢地. 眞空妙有)으로 실상實相의 본바탕인
불공여래장不空如來藏(金剛慧. 善知識)을 드러내어 나타내고 실상의 본
바탕과 불공여래장不空如來藏이 원융무이상圓融無二相(妙覺. 不二門)으
로서 "이것"이며, "이것"이 곧 "나我와 내 것我所"이 없음을 가리키는
것이고 "나我와 내 것我所"이 없다는 생각과 생각 아닌 아뇩다라삼
먁삼보리阿耨多羅三藐三菩提를 증득證得함을 시성정각始成正覺이라
이른다.

2. 여래현상품如來現相品

각각의 상수上首(대장. 우두머리)를 따라(復次) 불찰미진수세계佛刹微塵數世界, 즉 부처 세계의 티끌 수와 같은 세계가 백억百億 만억萬億이며, 이 백억 만억 하나하나의 티끌마다 50위의 차례를 따라 세계가 있으며, 또한 각각 50위의 상수上首를 따라서 각각 백억 만억 동서남북東西南北 사유四維 상하上下의 세계와 권속이 있음을 말한다. 그러므로 여래현상품如來現像品이라 이른다.

모든 법法이 공空한 모양이나 상태를 이른 불생불멸不生不滅 불구부정不垢不淨 부증불감不增不減한 온처계蘊處界를 넘어서 중중묘원中中妙圓의 불생중불멸중不生中不滅中 불구중부정중不垢中不淨中 부증중불감중不增中不減中한 세계(十信. 十住. 十行. 十迴向. 十地)를 뛰어넘어 이 모두를 두루 아우르는 청정한 공여래장空如來藏(等覺. 無上道. 無垢地. 眞空妙有)으로서 실상實相의 본바탕과 불공여래장不空如來藏(金剛慧心. 善知識)이 원융무이상圓融無二相(妙覺. 不二門)으로서 "이것"과 "이것"이 "나와 내 것"이 없음을 가리키며, "나와 내 것"이 없음이라는 생각과 생각 아닌 것에 이르기까지를 가리킨다.

3. 보현삼매품普賢三昧品

　십신十信의 시방十方 상수上首(대장. 우두머리)를 십주十住의 제1 초발심주初發心住로 삼아 십주十住와 십행十行에 막힘이나 걸림이 없고 중중묘원中中妙圓의 선근善根 수행修行을 하면서 모든 행이 진실眞實함에 이른 바를 말한다. 곧 보현보살普賢菩薩의 행과 원願을 두루 원만하게 성취하였음을 이른다.

　식견識見으로서의 반야般若 공空(我空. 我執)과 이웃한 허공虛空이 둘이 아님과 이 둘(我空. 虛空)이 아님도 또한 색色(法空. 法執)으로서 간혜지乾慧地일 뿐임을 분명하게 알아차리고 의지하거나 처하거나 머물거나 집착할 바 없음을 분명하게 깨달아 얻는 반야바라밀般若波羅蜜의 지혜, 곧 반야지般若智 공空을 근본根本(十信)으로 수행에 마땅한 초발심주初發心住로서 적정寂靜의 마음자리에 들어가 머물며(十住), 중중묘원中中妙圓의 선근善根 수행修行, 곧 불생중불멸중不生中不滅中 불구중부정중不垢中不淨中 부증중불감중不增中不減中의 공덕功德 수행修行(十行)을 하여 십주十住, 십행十行의 마음자리를 온전하게 갖춘 바를 찬탄讚歎하고 법法을 청청함이 보현삼매품普賢三昧品이다.

　보현삼매普賢三昧라 이른 것은 중중묘원中中妙圓의 불생중불멸중不生中不滅中 불구중부정중不垢中不淨中 부증중불감중不增中不減中한 세 가지, 곧 반야지般若智 공空의 시간時間으로서 생생生과 멸멸滅이 아닌 가운데와 반야지般若智 공空의 사유확장思惟擴張으로서 더럽지도 청정

하지도 아닌 가운데와 반야지般若智 공空의 모든 있음有으로서 늘지
도 줄지도 않는 가운데를 이른다. 이 세 가지에 막힘이나 걸림 없이
두루 원만圓滿한 그리고 청정淸淨한 십주十住와 십행十行의 각각 백
억 만억 동서남북東西南北 사유四維 상하上下에 따른 모든 마음자리
(如來現像)를 이른다.

4. 세계성취품世界成就品

　식견識見으로서의 반야般若 공공(我空. 我執)과 이웃한 허공虛空이 둘이 아님과 이 둘(我空. 虛空)이 아님도 또한 색色(法空. 法執)으로서 간혜지乾慧地일 뿐임을 분명하게 알아차리고 의지하거나 처하거나 머물거나 집착할 바 없음을 분명하게 깨달아 얻는 반야바라밀般若波羅蜜의 지혜, 곧 반야지般若智 공공을 근본根本(十信)으로 수행에 마땅한 초발심주初發心住로서 적정寂靜의 마음자리에 들어가 머물며(十住), 중중묘원中中妙圓의 선근善根 수행修行으로 불생중불멸중不生中不滅中 불구중부정중不垢中不淨中 부증중불감중不增中不減中의 공덕功德(十行)을 거듭 쌓고 쌓아서 상구보리하화중생上求菩提下化衆生에 막힘이나 걸림 없이 자재하며, 또한 선정禪定 삼매三昧에 막힘이나 걸림 없이 자유자재한 십회향十迴向으로서 무색정無色定의 마음자리를 성취成就하였음을 이른다.

　세계 바다를 이르는 것이니, 십회향十迴向으로서 1. 구호중생이중생상회향救護衆生離衆生相迴向, 2. 불괴회향不壞迴向, 3. 등일체불회향等一切佛迴向, 4. 지일체처회향至一切處迴向, 5. 무진공덕장회향無盡功德藏迴向, 6. 수순평등선근회향隨順平等善根迴向, 7. 수순등관중생회향隨順等觀衆生迴向, 8. 진여상회향眞如相迴向, 9. 무박해탈회향無縛解脫迴向, 10. 법계무량회향法界無量迴向을 이르며, 각각의 세계 바다에 제각각 상수上首(대장. 우두머리)를 따라(復次) 불찰미진수세계佛刹微塵

數世界, 즉 부처 세계의 티끌 수와 같은 세계가 백억百億 만억萬億이며, 이 백억 만억 하나하나의 티끌마다 차례(50위)를 따라 성취成就하였으며, 또한 각각의 상수上首를 따라서 각각 백억 만억 동서남북東西南北 사유四維 상하上下의 세계 바다뿐만 아니라 권속眷屬도 또한 성취하였음을 세계성취품世界成就品이라 이른다. 즉 무색정無色定의 자리로서 상구하화上求下化에 막힘이나 걸림 없이 자재하며, 또한 선정禪定 삼매三昧에 막힘이나 걸림이 없이 자유자재自由自在함을 성취成就한 마음자리를 이른다.

5. 화장세계품華藏世界品

　두타행頭陀行으로서 무생법인無生法忍의 마음자리와 공여래장空如來藏을 이른다.

　식견識見으로서의 반야般若 공空(我空. 我執)과 이웃한 허공虛空이 둘이 아님과 이 둘(我空. 虛空)이 아님도 또한 색色(法空. 法執)으로서 간혜지乾慧地일 뿐임을 분명하게 알아차리고 의지하거나 처하거나 머물거나 집착할 바 없음을 분명하게 깨달아 얻는 반야바라밀般若波羅蜜의 지혜, 곧 반야지般若智 공空을 근본根本(十信)으로 수행에 마땅한 초발심주初發心住로서 적정寂靜의 마음자리에 들어가 머물며(十住), 중중묘원中中妙圓의 선근善根 수행修行으로 불생중불멸중不生中不滅中 불구중부정중不垢中不淨中 부증중불감중不增中不減中의 공덕功德(十行)을 거듭 쌓고 쌓아서 상구보리하화중생上求菩提下化衆生에 막힘이나 걸림 없이 자재하며, 또한 선정禪定 삼매三昧에 막힘이나 걸림 없이 자유자재한 십회향十迴向으로서 무색정無色定의 마음자리를 성취成就하고 여래행如來行(頭陀行)으로서 무생법인無生法忍의 마음자리(十地)와 이 모두를 두루 원만圓滿하게 아우르는 공여래장空如來藏을 화장세계華藏世界라 이른다.

　십주十住, 십행十行, 십회향十迴向, 십지十地의 마음자리로서 각각의 상수上首(대장. 우두머리)를 따라(復次. 40위) 불찰미진수세계佛刹微塵數世界, 즉 부처 세계의 티끌 수와 같은 세계가 백억百億 만억萬億이며, 이 백억 만억 하나하나의 티끌마다 40위의 차례를 따라 화장세계華藏世界가 있으며, 또한 각각 화장세계에 40위의 상수上首를 따라서 제각각 백억 만억 동서남북東西南北 사유四維 상하上下의 화장세계와 권속이 있음을 이른다. 이 모두를 두루 원만하게 아우르는 공여래장으로서 산과 대지, 땅, 향수해香水海(般若智 空 擴張思惟), 향수하香水河(十住. 十行. 十迴向. 十地), 세계종世界種(中中妙圓함)을 게송으로 설하고 불가칭不可稱, 불가수不可數, 불가량不可量, 불가사不可思, 불가설不可說, 불가설불가설不可說不可說, 불가설불가설전不可說不可說轉한 화장세계華藏世界의 종류種類와 명칭名稱과 규모規模를 말하고 거듭 게송으로 설說함을 이른다.

6. 비로자나품毘盧遮那品

반야지般若智 공空의 궁극적窮極的이면서 지극至極한 공여래장空如來藏으로 드러난 불공여래장不空如來藏(金剛慧心. 善知識)을 체득體得하였음을 이른다. 즉 삼세제불三世諸佛 의반야바라밀다依般若波羅蜜多 고득아뇩다라삼먁삼보리故得阿耨多羅三藐三菩提를 가리킨다.

식견識見으로서의 반야般若 공空(我空. 我執)과 이웃한 허공虛空이 둘이 아님과 이 둘(我空. 虛空)이 아님도 또한 색色(法空. 法執)으로서 간혜지乾慧地일 뿐임을 분명하게 알아차리고 의지하거나 처하거나 머물거나 집착할 바 없음을 분명하게 깨달아 얻는 반야바라밀般若波羅蜜의 지혜, 곧 반야지般若智 공空을 근본根本(十信)으로 수행에 마땅한 초발심주初發心住로서 적정寂靜의 마음자리에 들어가 머물며(十住), 중중묘원中中妙圓의 선근善根 수행修行으로 불생중불멸중不生中不滅中 불구중부정중不垢中不淨中 부증중불감중不增中不減中한 공덕功德(十行)을 거듭 쌓고 쌓아서 상구보리하화중생上求菩提下化衆生에 막힘이나 걸림 없이 자재하며, 또한 선정禪定 삼매三昧에 막힘이나 걸림 없이 자유자재한 십회향十迴向으로서 무색정無色定의 마음자리를 성취成就하고 두타행頭陀行(如來行)으로서 무생법인無生法忍의 마음자리(十地)와 이 모두를 두루 원만圓滿하게 또 청정하게 아우르는 공여래장空如來藏(等覺. 無上道. 無垢地. 眞空妙有)으로 불공여래장不空如來藏(金剛慧心. 善知識)을 밝게 드러내어 나타내고 불공여래장不空如來藏과 실상實相의 본바탕이란 원융무이상圓融無二相(妙覺. 不二門)이 가리키는 "이것"이며, "이것"이란 곧 "나我와 내 것我所"이 없음을 이르는 것이고 "나我와 내 것我所"이 없음이라는 생각과 생각 아님이 아뇩다라삼먁삼보리阿耨多羅三藐三菩提이며, 이를 시성정각始成正覺이라 이르고 비로자나毘盧遮那 부처님(不立五蘊不離證得)이라 이른다.

둘째 모임.

보광명전普光明殿에서
설說하신
부처님의 법문法門

7. 여래명호품如來名號品

비로소 바른 깨우침을 성취始成正覺하신 석가釋迦 세존世尊에게 법法을 청하고 불과佛果의 인연因緣과 결과結果로서 여래如來의 공덕德과 체상體相을 드러내신다.

백억 만억 동서남북東西南北 사유四維 상하上下를 따라 불찰미진수세계佛刹微塵數世界, 즉 부처 세계의 티끌 수와 같은 세계가 백억百億 만억萬億이며, 이 백억 만억 하나하나의 티끌마다 화장세계華藏世界가 있으며, 또한 각각 화장세계에 백억 만억 동서남북東西南北 사유四維 상하上下 상수上首를 따라 제각각 백억 만억 권속이 있음과 부처님 처소에 나아감을 이른다.

문수보살文殊菩薩이 동서남북東西南北 사유四維 상하上下의 상수上首(우두머리. 대장)로서 설법說法을 통해 깨우침의 모든 경계와 시방세계十方世界의 사천하四天下(十住. 十行. 十迴向. 十地)와 사바세계娑婆世界의 여래如來 명호名號와 세계를 구분 짓게 된 이유를 설한다.

8. 사성제품四聖諦品

동서남북東西南北 사유四維 상하上下에 따라 제각각 십주十住와 십행十行과 십회향十迴向과 십지十地(四天下)를 따르는 사바세계娑婆世界의 권속眷屬을 위해 사성제四聖諦 제각각의 이름을 설한다.

동서남북東西南北 사유四維 상하上下 제각각 사바세계娑婆世界에 따른 고苦의 진실眞實이란 식견識見으로서의 불생불멸不生不滅 불구부정不垢不淨 부증불감不增不減하다는 신구의身口意 업과業果와 이웃한 허공虛空이 둘이 아님과 이 둘(我空. 盧空)이 아님도 또한 색色(法空. 法執)으로서 간혜지乾慧地일 뿐임으로 인하여 신구의身口意 업업業이 한량限量없이 늘어나는 결과結果만을 초래한다. 아니 그보다 더한 확장성擴張性으로 생각으로는 헤아릴 수 없고 사람이 어찌할 수 없다는 체념諦念에 봉착逢着하면서 불법佛法의 가르침은 허무맹랑虛無孟浪한 것이라 결정짓게 만드는 일로서 집착執著에 따른 고통의 진실을 이른다.

오온五蘊의 식견識見으로부터 벗어나지 못하고 언어나 문자, 모양이나 상태에 의지하고 처하고 머물고 집착하면서 철두철미徹頭徹尾하게 "나我와 내 것我所"이라 이른다. 즉 100년도 못 가는 이 몸, 오온五蘊으로 이루어진 이 몸으로 태어나고 없어질 때까지 인생人生이란 고통이라고 보는 것이 고통의 진실苦諦이다.

동서남북東西南北 사유四維 상하上下 제각각 사바세계娑婆世界에 따른 집集의 진실眞實이란 모든 고통의 근거나 원인을 이르는 것이니, 반야般若 식견識見으로서 모든 법法의 공空한 모양이나 상태를 이른 불생불멸不生不滅 불구부정不垢不淨 부증불감不增不減한 신구의身口意 업과業果를 "나我와 내 것我所"이라 의지하고 처하면서 머물고자 집착하는 아상我相(我空. 我執)이 집集의 진실集諦이다.

동서남북東西南北 사유四維 상하上下 제각각 사바세계娑婆世界에 따른 멸滅의 진실眞實이란 "나我와 내 것我所"이라는 반야般若 식견識見으로서의 공空이란 단지 마르지 않는 지혜로서 간혜지乾慧地만을 얻은 것일 뿐이다. 이르자면 이렇다. 시간時間 공간空間 수량數量으로 무한無限한 온蘊(欲界)과 계界(色界)와 처處(無色界)와 또한 계戒와 정定과 혜慧와 그리고 신업身業과 구업口業과 의업意業으로서 마르지 않는 지혜로 간혜지乾慧智만 얻을 수 있을 뿐이다. 이는 단지 식견識見 반야般若로 끝날 뿐이니, 이를 벗어나 진정한 반야바라밀般若波羅蜜의 지혜, 즉 반야지般若智 공空을 얻은 이것이 멸의 진실滅諦이다.

동서남북東西南北 사유四維 상하上下 제각각 사바세계娑婆世界에 따른 도道의 진실이란 반야지般若智 공空을 근본根本으로 한 중중묘원中中妙圓한 선근善根 수행修行의 공덕功德으로 두루 원만圓滿하고 청정淸淨하며, 견고堅固하게 증득證得한 공여래장空如來藏(等覺. 無上道. 無垢地. 眞空妙有)을 도의 진실道諦이라 이른다.

사바세계娑婆世界란 도道에 입류入流하지 못한 세계를 이르는 것이니, 반야바라밀般若波羅蜜의 지혜, 즉 반야지般若智 공空을 깨달아 얻지 못한 세계를 이른다.

9. 광명각품 光明覺品

식견識見으로서의 반야般若 공空(我空. 我執)과 이웃한 허공虛空이 둘이 아님과 이 둘(我空. 虛空)이 아님도 또한 색色(法空. 法執)으로서 간혜지乾慧地일 뿐임을 분명하게 알아차리고 의지하거나 처하거나 머물거나 집착할 바 없음을 분명하게 깨달아 얻는 반야바라밀般若波羅蜜의 지혜, 곧 반야지般若智 공空과 초발심주初發心住로서 적정寂靜의 마음자리로 중중묘원中中妙圓의 선근善根 수행修行으로 불생중불멸중不生中不滅中 불구중부정중不垢中不淨中 부증중불감중不增中不減中의 공덕功德(十行)을 거듭 쌓고 쌓음과 상구하화上求下化에 막힘이나 걸림 없이 자재하며, 또한 선정禪定 삼매三昧에 막힘이나 걸림 없이 자유자재한 무색정無色定의 마음자리(十迴向)와 두타행頭陀行(如來行)으로서 무생법인無生法忍의 마음자리(十地)와 이 모두를 두루 원만圓滿하게 또 청정淸淨하게 아우르는 공여래장空如來藏(等覺. 無上道. 無垢地)의 마음자리와 불공여래장不空如來藏(金剛慧心. 善知識)과 실상實相의 본바탕이란 원융무이상圓融無二相(妙覺. 不二門)이 가리키는 "이것"이며, "이것"이란 곧 "나我와 내 것我所"이 없음을 이르는 것이고 "나我와 내 것我所"이 없음이라는 생각과 생각 아님이 아뇩다라삼먁삼보리阿耨多羅三藐三菩提이며, 이것이 시성정각始成正覺임을 설한다.

이와 같음을 설설說하는 광명각품光明覺品으로 석가釋迦 세존世尊(毗

盧遮那佛)의 바른 깨우침이 특히 뛰어난 정각正覺의 인과因果로서 팔
상八相과 체성體性과 인행因行과 위덕威德과 방편方便의 덕德과 대자
대비大慈大悲로 중생衆生을 제도濟度하는 덕德과 인과因果가 두루 원
만圓滿한 덕德을 설하고 이와 같은 무수無數, 무량無量, 무변無邊, 무
등無等함, 곧 중중묘원中中妙圓의 선근善根으로서 불가칭不可稱, 불가
수不可數, 불가량不可量, 불가사不可思 불가설不可說, 불가설불가설不可
說不可說, 불가설불가설전不可說不可說轉한 진법계眞法界 허공계虛空界
를 비추고 동서남북東西南北 사유四維 상하上下도 또한 이와 같음으
로 비추어 밝히고 그 하나하나의 티끌과도 같은 세계 가운데 빠짐없
이 백억百億 염부제閻浮提(六趣. 四輪)뿐만 아니라 백억百億 색구경천色
究竟天(둘이 아닌 色으로서 法空. 法執)까지 밝게 비춤이 광명각품光明覺
品이다.

10. 보살문명품菩薩問明品

    석가釋迦 세존世尊(毗盧遮那佛)의 시성정각始成正覺, 즉 특히 뛰어난 광명각光明覺으로서 백억百億 만억萬億 나유타那由陀 사바세계娑婆世界의 동서남북東西南北 사유四維 상하上下에 따른 제각각 상수上首가 되는 보살에게 문수보살이 연기緣起(因果인 般若智 空으로 일으킨 初發心住)의 깊고 깊음과 가르쳐 이끄는 일의 깊고 깊음과 신구의身口意 업과業果의 깊고 깊음과 설說하는 법法의 깊고 깊음과 화엄세계華嚴世界(不空如來藏의 福田. 如來行)의 깊고 깊음과 가르치는 법法의 깊고 깊음과 바른 행行의 깊고 깊음과 수행修行의 깊고 깊음과 실상實相의 본바탕으로서 불공여래장不空如來藏, 즉 원융무이상圓融無二相(妙覺. 不二門)의 도道가 깊고 깊음과 "나와 내 것"이 없음이라는 생각과 생각이 아닌 경계境界의 깊고 깊음을 묻고 문수보살이 게송偈頌으로 밝게 밝혀 주는 것이 보살문명품菩薩問明品이다.

11. 정행품淨行品

지수보살智首菩薩이 석가釋迦 세존世尊(毗盧遮那佛)의 시성정각始成
正覺, 즉 특히 뛰어난 광명각光明覺으로서 법法의 빼어남을 묻고 문
수보살文殊菩薩이 답答으로 청정淸淨하게 행주좌와行住坐臥하면서 깨
우침을 깨달아 얻기를 또 시방세계十方世界(始成正覺의 世界)를 두루
보길 원하고 설한 것이 정행품淨行品이다.

12. 현수품賢首品

　석가釋迦 세존世尊(毗盧遮那佛)의 시성정각始成正覺, 즉 특히 뛰어
난 광명각光明覺으로서의 법法, 아뇩다라삼먁삼보리심阿耨多羅三藐
三菩提心의 공덕功德을 드러내어 나타내 보이고자 문수보살文殊菩薩
이 현수보살賢首菩薩에게 묻고 현수보살賢首菩薩이 게송으로 답함을
이른다.

　식견識見으로서의 반야般若 공空(我空. 我執)과 이웃한 허공虛空이
둘이 아님과 이 둘(我空. 虛空)이 아님도 또한 색色(法空. 法執)으로서
간혜지乾慧地일 뿐임을 분명하게 알아차리고 의지하거나 처하거나
머물거나 집착할 바가 없음을 분명하게 깨달아 얻는 반야바라밀般
若波羅蜜의 지혜, 곧 반야지般若智 공空을 근본(十信)으로 한 초발심주
初發心住와 적정寂靜의 마음자리(十住)로서 중중묘원中中妙圓의 선근善
根 수행修行(十行)으로 불생중불멸중不生中不滅中 불구중부정중不垢中
不淨中 부증중불감중不增中不減中의 공덕功德을 거듭 쌓고 쌓음과 상
구하화上求下化에 막힘이나 걸림 없이 자재하며, 또한 선정禪定 삼매
三昧에 막힘이나 걸림 없이 자유자재한 무색정無色定의 마음자리(十
迴向)와 두타행頭陀行으로서 무생법인無生法忍의 마음자리(十地)와 이
모두를 두루 원만圓滿하게 또 청정淸淨하게 아우르는 공여래장空如
來藏(等覺. 無上道. 無垢地. 眞空妙有)의 마음자리로서 해인삼매海印三昧,
화엄삼매華嚴三昧, 인타라망삼매因陀羅網三昧와 불공여래장不空如來藏

(金剛慧心. 善知識)으로서 법문삼매法門三昧, 사섭법삼매四攝法三昧, 세
간삼매世間三昧와 실상實相의 본바탕과 불공여래장不空如來藏이 원융
무이상圓融無二相(妙覺. 不二門)으로서 가리키는 "이것"의 모공삼매毛
孔三昧, 주반장엄삼매主伴(不空如來藏과 實相의 본바탕)莊嚴三昧, 삼매三
昧의 작용作用이 다함이 없음과 "이것"이란 곧 "나我와 내 것我所"이
없음을 이르는 것이고 "나我와 내 것我所"이 없음이라는 생각과 생각
아님이란 그 어떠한 비유譬喩로도 드러내어 나타낼 수 없는 아뇩다
라삼먁삼보리阿耨多羅三藐三菩提이며, 이것이 시성정각始成正覺임을
시방十方 제불諸佛이 증명證明으로서 제각기 오른손으로 정수리를
만지고 찬탄讚歎하심이 현수품賢首品이다.

셋째 모임.

도리천궁切利天宮에서 설說하신 부처님의 법문法門

13. 승수미산정품昇須彌山頂品

　석가釋迦 세존世尊(毗盧遮那佛)이 수미산 정상에 올라 사자좌師子座의 장엄을 펴시고 온 세계가 다 이와 같음을 제석천帝釋天이 게송偈頌으로 찬탄讚歎함을 이른다.

　식견識見으로서의 반야般若 공空(我空. 我執)과 이웃한 허공虛空이 둘이 아님과 이 둘(我空. 虛空)이 아님도 또한 색色(法空. 法執)으로서 간혜지乾慧地일 뿐임을 분명하게 알아차리고 의지하거나 처하거나 머물거나 집착할 바 없음을 분명하게 깨달아 얻는 반야바라밀般若波羅蜜의 지혜, 곧 반야지般若智 공空을 근본(十信)으로 초발심주初發心住을 일으킴이 아뇩다라삼먁삼보리심阿耨多羅三藐三菩提心과 같음을 이르며, 그러므로 이를 근본根本 법회法會라 이르는 것이며, 시방十方(온 세계)의 제석천도 또한 이와 같음을 게송偈頌으로 찬탄讚歎함을 이른다.

14. 수미정상게찬품須彌頂上偈讚品

석가釋迦 세존世尊(毗盧遮那佛)의 근본根本 법회法會로 보살 대중이 모이고 또 좇아 온 바 세계 이름과 각각 부처님의 명호와 비로자나 毘盧遮那 화장세계華藏世界에 결가부좌結跏趺坐하고 모든 세계가 이와 같음을 보살이 게송으로 찬탄함을 이른다.

동서남북東西南北 사유四維 상하上下에 따른 각각의 상수上首 보살들이 반야지般若智 공空을 근본根本으로 한 믿음으로서의 십신十信, 즉 1. 신심信心, 2. 염심念心, 3. 정진심精進心, 4. 혜심慧心, 5. 정심定心, 6. 불퇴심不退心, 7. 호법심護法心, 8. 회향심迴向心, 9. 계심戒心, 10. 원심願心의 마음자리를 말하면서 부처님을 찬탄하며, 일승一乘의 보배로움을 찬탄하고 부처님의 덕德이란 끝이 없음을 이른다.

15. 십주품十住品

　　반야바라밀般若波羅蜜의 지혜, 곧 반야지般若智 공空을 근본(十信)으로 초발심주初發心住을 일으키고 십주十住의 마음자리, 곧 적정寂靜의 마음자리에 들어가 중중묘원中中妙圓의 불생중불멸중不生中不滅中 불구중부정중不垢中不淨中 부증중불감중不增中不減中한 선근善根 수행修行으로 공덕功德을 쌓아가는 마음자리를 이른다.

　　반야지般若智 공空을 근본으로 한 십신十信의 마음자리를 초발심주初發心住로 삼은 십주十住의 마음자리, 즉 1. 초발심주初發心住, 2. 치지주治地住, 3. 수행주修行住, 4. 생귀주生貴住, 5. 방편구족주方便具足住, 6. 정심주正心住, 7. 불퇴주不退住, 8. 동진주童眞住, 9. 법왕자주法王子住, 10. 관정주灌頂住에 따라 각각의 마음자리로서 삼매三昧와 가피加被를 또 법을 권하여 배우게 하고 거듭 게송偈頌을 통해 각각의 마음자리를 하나씩 잡아서 더욱 뛰어나게 하는 법法을 설하고 찬탄讚歎함을 이른다.

16. 범행품梵行品

　정념천자正念天子가 법法을 청하고 법혜보살法慧菩薩이 열 가지의 법을 설한다.

　정념천자正念天子가 법혜보살法慧菩薩에게 묻기를, 여래의 가르침을 의지해서 출가하면 어떻게 청정清淨한 행을 닦아서 **위 없는 지혜의 도**를 얻을 수 있는가에 대한 물음으로 법혜보살法慧菩薩이 몸과 몸의 업業과 말과 말의 업과 뜻과 뜻의 업과 부처님과 가르침의 법과 승僧과 계율戒律, 이 열 가지를 들어 중중묘원中中妙圓의 선근善根으로 자세히 들여다보고(三昧. 不生中不滅中 不垢中不淨中 不增中不減中) 청정清淨한 행行을 성취成就하고 법法을 수행修行하며, 큰 자비심慈悲心을 일으켜 단 하나라도 잃지 않기를 설한다.

　적정寂靜의 마음자리에 머물면서 각각 십주十住의 마음자리마다 신구의身口意 업과業果와 부처님과 교법教法과 승僧과 계율戒律을 중중묘원中中妙圓의 선근善根 수행으로 자세히 살펴서 들여다보고 망상妄想을 멈추어(止行. 奢摩他) 모든 마음자리를 청정清淨하게 함을 이른다.

17. 초발심공덕품初發心功德品

제석천왕帝釋天王이 법法을 청청請하고 법혜보살法慧菩薩이 설하기도 알기도 어려운 이승二乘의 초발심初發心 공덕功德을 설하여 중생에게 이익이 됨과 세계가 성주괴공成住壞空함과 십신十信에 따르는 방편方便과 이해理解와 초발심주初發心住의 광대廣大한 공덕功德을 설한다.

식견識見으로서의 반야般若 공공(我空. 我執)과 이웃한 허공虛空이 둘이 아님과 이 둘(我空. 虛空)이 아님도 또한 색색(法空. 法執)으로서 간혜지乾慧地일 뿐임을 분명하게 알아차리고 의지하거나 처하거나 머물거나 집착할 바 없음을 분명하게 깨달아 얻는 반야바라밀般若波羅蜜의 지혜, 곧 반야지般若智 공공을 근본(十信)으로 초발심주初發心住(寂靜으로서 十住의 처음 마음자리)을 일으킴이 아뇩다라삼먁삼보리심阿耨多羅三藐三菩提心과 같음을 이르는 것이 초발심공덕품初發心功德品이다.

초발심주初發心住의 빼어난 결과結果뿐만 아니라 불과佛果와의 동등同等함과 능히 불사佛事를 지어가고(百億 萬億 阿僧祇의 티끌 수와 같은 世界의 十住. 十行. 十迴向. 十地. 空如來藏. 不空如來藏. 圓融無二相) 큰 지혜가 나타나며, 온 세계로부터 공양供養을 받고 시방十方 제불諸佛로부터 증명證明을 받으며, 현재와 미래에 따른 이익이 됨이 다함 없음을 설한다. 법혜보살法慧菩薩이 거듭해서 초발심주初發心住로부터 모든 마음자리를 하나하나 자세하게 설하고 비유譬喩로도 미치지 못하는 무한無限함과 공덕功德의 원만圓滿함 등으로 다함이 없는 보리심菩提心을 일으키도록 거듭 권하니, 이는 초발심공덕품初發心功德品을 이른다.

18. 명법품明法品

　정진혜보살精進慧菩薩이 법혜보살法慧菩薩에게 묻기를 보살이 일체 지혜智慧를 구하는 마음을 일으켜 이와 같음의 무수無數 무량無量한 선근善根 공덕功德을 성취成就하고 보살이 수행修行에 마땅한 바른 마음자리에 들어가며, 부처님의 출세간법出世間法을 얻은 것이며, **위 없는 보리**菩提에 끝내 이르는 것이냐는 물음에 대하여, 법혜보살法 慧菩薩이 십행十行의 마음자리에 들어가기 위해 초발심주初發心住로 부터 치지주治地住, 수행주修行住, 방편구족주方便具足住, 정심주正心 住, 불퇴주不退住, 동진주童眞住, 법왕자주法王子住, 관정주灌頂住에 이 르기까지 각각의 마음자리마다 열 가지 청정淸淨한 인因으로서의 법 法(般若波羅蜜多)과 과과果의 법法(阿耨多羅三藐三菩提)과 보살의 대원大願 과 이 모든 마음자리의 원만圓滿함과 십바라밀十波羅蜜과 선근善根 방편方便과 수행修行 공덕功德 등을 어리석고 게으름 때문에 잃지 않 기를 게송偈頌으로 거듭 설함이 명법품明法品이다.

　식견識見으로서의 반야般若 공空(我空. 我執)과 이웃한 허공虛空이 둘이 아님과 이 둘(我空. 虛空)이 아님도 또한 색色(法空. 法執)으로서 간혜지乾慧地일 뿐임을 분명하게 알아차리고 의지하거나 처하거나 머물거나 집착할 바 없음을 분명하게 깨달아 얻는 반야바라밀般若波 羅蜜의 지혜, 곧 반야지般若智 공空을 근본(十信)으로 초발심주初發心 住(寂靜으로서 十住의 처음 마음자리)을 일으켜 수행修行에 마땅한 적정

寂靜의 마음자리, 곧 십주十住에 들어가 중중묘원中中妙圓(一中觀)의 불생중불멸중不生中不滅中 불구중부정중不垢中不淨中 부증중불감중不增中不減中한 선근善根 수행修行으로 공덕功德을 밝게 성취成就한 십행十行의 마음자리로 올라섬을 이른다.

넷째 모임.

야마천궁夜摩天宮에서
설說하신
부처님의 법문法門

19. 승야마천궁품昇夜摩天宮品

십주十住 각각의 마음자리에서 중중묘원中中妙圓한 선근善根 수행修行으로 성취한成就한 공덕功德이 모임에 두루두루 하고 석가釋迦세존世尊을 청하여 보배 궁전에 오르시고 천왕天王이 부처님을 찬탄하고 온 세계의 야마천왕夜摩天王과 천궁天宮이 중중묘원中中妙圓의 선근善根 수행修行 공덕功德으로 더더욱 광대廣大해짐을 이른다.

반야바라밀般若波羅蜜의 지혜, 곧 반야지般若智 공空을 근본(十信)으로 초발심주初發心住(寂靜으로서 十住의 처음 마음자리)을 일으켜 수행修行에 마땅한 적정寂靜의 마음자리, 곧 십주十住에 들어가 머물면서 중중묘원中中妙圓(一中觀)의 불생중불멸중不生中不滅中 불구중부정중不垢中不淨中 부증중불감중不增中不減中한 선근善根 수행修行으로 무진장無盡藏 공덕功德을 밝게 성취成就하고 십행十行의 마음자리, 곧 1. 환희행歡喜行, 2. 요익행饒益行, 3. 무위역행無違逆行(無瞋恨行), 4. 무굴요행無屈撓行(無盡行), 5. 이치난행離癡亂行, 6. 선현행善現行, 7. 무착행無著行, 8. 난득행難得行(尊重行), 9. 선법행善法行, 10. 진실행眞實行으로서 각각의 마음자리를 따라 백억百億 만억萬億 아승기阿僧祇 세계 동서남북東西南北 사유四維 상하上下에 막힘이나 걸림 없이 행행行(十行)함을 이른다.

20. 야마궁중게찬품夜摩宮中偈讚品

　수행修行에 마땅한 적정寂靜의 마음자리, 곧 십주十住에 들어가 머물면서 중중묘원中中妙圓(一中觀)의 불생중불멸중不生中不滅中 불구중부정중不垢中不淨中 부증중불감중不增中不減中한 선근善根 수행修行으로 공덕功德을 밝게 성취成就하기에 대중이 구름같이 모이고 모든 보살의 명호名號와 부처님의 명호를 이르고 이와 같음의 사자좌獅子座에 앉으며, 온 세계도 또한 이와 같음을 설한다.

　백억百億 만억萬億 아승기阿僧祇 세계 동서남북東西南北 사유四維 상하上下의 각각 상수上首가 되는 보살 대중이 부처님을 게송偈頌으로 찬탄讚歎하면서 특히 뛰어난 공덕功德과 억겁億劫에라도 만나기 어려움과 부처님 공덕功德은 끝없음과 믿고 따라야 할 경계境界와 부처님의 설법說法은 사유思惟하기 어려움과 모든 법法을 비유譬喩로 능히 앎과 세간世間을 밝히는 모든 법法과 신구의身口意 업業에 의지하지 않은 부처님의 몸과 마음으로 비유譬喩와 법法을 하나로 함과 집착執著할 수도, 볼 수도 들을 수도 없음을 찬탄한다.

21. 십행품十行品

공덕림보살功德林菩薩이 부처님의 위신력威神力으로 선사유삼매善思惟三昧(中中妙圓의 善根)에 들어 법法을 설설說함이니, 모든 부처님으로부터 신구의身口意 업업業에 따르는 큰 힘으로 도움을 받고 지켜줌을 받아서 삼매三昧에 듦을 이른다.

식견識見으로서의 반야般若 공공(我空. 我執)과 이웃한 허공虛空이 둘이 아님과 이 둘(我空. 虛空)이 아님도 또한 색색(法空. 法執)으로서 간혜지乾慧地일 뿐임을 분명하게 알아차리고 의지하거나 처하거나 머물거나 집착할 바 없음을 분명하게 깨달아 얻는 반야바라밀般若波羅蜜의 지혜, 곧 반야지般若智 공공을 근본(十信)으로 초발심주初發心住(十住의 처음 마음자리)을 일으켜 수행修行에 마땅한 적정寂靜의 마음자리, 곧 십주十住에 들어가 중중묘원中中妙圓(一中觀)의 불생중불멸중不生中不滅中 불구중부정중不垢中不淨中 부증중불감중不增中不減中한 선근善根 수행修行으로 무진장無盡藏 공덕功德을 밝게 성취成就한 십행十行의 마음자리, 곧 1. 환희행歡喜行, 2. 요익행饒益行, 3. 무위역행無違逆行(無瞋恨行), 4. 무굴요행無屈橈行(無盡行), 5. 이치난행離癡亂行, 6. 선현행善現行, 7. 무착행無著行, 8. 난득행難得行(尊重行), 9. 선법행善法行, 10. 진실행眞實行으로서 일만一滿 부처 세계의 티끌 수와 같은 세계를 지나서 일만一滿 부처 세계의 티끌 수와 같은 부처님이 계시고 모두의 이름이 공덕림功德林임을 설한다.

공덕림보살功德林菩薩이 보살행菩薩行으로 십행十行을 이르며, 1. 환희행歡喜行의 마음자리로서 보시바라밀布施波羅蜜의 모든 행行과 2. 요익행饒益行의 마음자리로서 지계바라밀持戒波羅蜜의 모든 행行과 3. 무위역행無違逆行의 마음자리로서 인욕바라밀忍辱波羅蜜의 모든 행行과 4. 무굴요행無屈撓行의 마음자리로서 정진바라밀精進波羅蜜의 모든 행行과 5. 이치난행離癡亂行의 마음자리로서 선정바라밀禪定波羅蜜의 모든 행行과 6. 선현행善現行의 마음자리로서 반야바라밀般若波羅蜜의 모든 행行과 7. 무착행無著行의 마음자리로서 방편바라밀方便婆羅蜜의 모든 행行과 8. 난득행難得行의 마음자리로서 원바라밀願波羅蜜의 모든 행行과 9. 선법행善法行의 마음자리로서 역바라밀力波羅密의 모든 행行과 10. 진실행眞實行의 마음자리로서 지혜바라밀智慧波羅蜜의 모든 행行을 따르는 상서祥瑞로움을 증명證明하고 게송偈頌으로서 거듭 설한다. 즉 게송을 설하는 모양이나 상태와 세존께 예경禮敬함과 삼세三世 부처님의 행行을 배움과 수행修行의 근본根本(中中妙圓)을 거듭 설함이 십행품十行品이다.

22. 십무진장품十無盡藏品

삼세三世 제불諸佛이 설說한 열 가지 장藏(般若智 空을 根本으로 한 十行의 中中妙圓함을 깨우친 마음자리)의 이름과 공덕림보살功德林菩薩이 설한 열 가지 법法으로서의 장藏을 이른다. 각 하나하나의 마음자리가 다함이 없는 장(無盡藏)임을 설한다.

1. 신장信藏으로서 믿음의 모양이나 상태와 힘과 신구의身口意 업業의 작용作用과 성취成就를 설하고 2. 계장戒藏으로서 보살이 열 가지 계戒를 성취함과 두루 이익利益이 됨과 받지 않아야 할 계와 자신에게 머물지 않은 계와 후회後悔 없는 계와 지니어 가지지 않는 계와 탐내거나 구함이 없는 계와 허물이 없는 계와 훼손毀損되거나 범犯함이 없는 계를 설하고 3. 참장慚藏으로서 과거의 악惡함으로 부끄러운 마음을 냄과 과거過去의 악惡함으로 부끄러운 마음이 없음과 부끄러워하는 모양이나 상태를 설하고 4. 괴장愧藏으로서 수행修行에 부끄러움이 없는 생각과 중생에게 해로움을 주고도 부끄러움이 없음과 세간世間을 들여다보고 부끄러운 행을 닦음을 설하고 5. 문장聞藏으로서 일체 법法을 듣고 아는 일과 인연因緣으로 생하는 법法(十二因緣)과 세간世間의 법과 출세간出世間의 법과 유위법有爲法과 무위법無爲法과 유기법有記法과 무기법無記法과 다문多聞의 생각과 뜻을 설하고 6. 시장施藏으로서 열 가지 보시報施 이름과 분감시分減施와 갈지시竭盡施와 안으로 보시報施와 밖으로 보시와 안과 밖의 보

시와 일체 보시와 과거過去의 보시와 미래未來의 보시와 현재現在의 보시와 구경究竟 보시를 설하고 7. 혜장慧藏으로서 이와 같음의 실질적實質的인 뜻을 앎과 자신의 이익과 타인에게 이익이 되도록 함과 열 가지 다할 수 없음과 혜장慧藏의 이익을 설하고 8. 염장念藏으로서 티끌과도 같은 일을 기억記憶함과 기억해서 생각하는 열 가지 모양이나 상태와 기억해서 생각하는 일의 이익을 설하고 9. 지장持藏으로서 모든 법法을 잡아 가짐과 지장持藏의 덕德, 이 덕의 양量을 설하고 10. 변장辯藏으로서 부처님과 다름이 없이 법을 설함과 변장의 이익을 얻음을 설하고 장藏의 특히 뛰어남과 열 가지 다함이 없는 법을 설함이 십무진장품十無盡藏品이다.

다섯째 모임.

도솔천궁兜率天宮에서 설說하신 부처님의 법문法門

23. 승도솔천궁품昇兜率天宮品

식견識見으로서의 반야般若 공空(我空. 我執)과 이웃한 허공이 둘이 아님과 이 둘(我空. 虛空)이 아님도 또한 색色(法空. 法執)일 뿐인 간혜지乾慧地임을 알아차리고 의지하거나 처하거나 머물거나 집착할 바가 없음을 깨달아 얻는 반야지般若智 공空에 대한 믿음(十信)으로 수행에 마땅한 적정寂靜의 마음자리에 머물면서(十住) 선근善根 수행修行인 중중묘원中中妙圓의 공덕功德(十行)을 거듭 쌓고 쌓아서 두루 원만圓滿해지고 청정淸淨해진 무색정無色定의 마음자리(十廻向)로 하화중생下化衆生에 막힘이나 걸림 없이 자재하며, 또한 막힘이나 걸림 없이 자유자재한 선정禪定 삼매三昧로 상구보리上求菩提하는 일에 막힘이나 걸림이 없는 백 만억 부처 세계의 티끌 수와도 같은 장엄을 이른다.

모임이 백 만억 부처 세계의 티끌 수와도 같은 장엄으로 온 세계에 가지런하게 드러나 나타나며, 세존이 도솔타천兜率陀天에 이르신 그 처소(無色定의 마음자리)의 장엄莊嚴을 설한다. 사자좌의 덕과 장엄, 누각의 장엄, 휘장의 장엄, 몸의 장엄, 영락의 장엄, 향의 장엄, 구름이 내리는 장엄, 백 만억 부처 세계의 티끌 수와도 같은 장엄 밖의 가지가지 장엄, 광명 장엄, 보배 옷 장엄, 보배 깃발 장엄, 음악소리 장엄, 찬탄하는 소리의 장엄, 법을 설하여 중생을 제도濟度하는 장엄, 보살의 지위地位로 나가는 장엄, 타인을 이익이 되게 하는 장엄, 보살의 바라밀波羅蜜 행行으로 이익이 되게 하는 장엄, 보살의

큰 작용作用으로서 장엄, 사람과 하늘이 신구의身口意 업業으로 예경
禮敬하는 장엄, 모든 보살 대중이 받들어 섬기고 공양供養하는 장엄,
모든 하늘이 신업身業으로 공양하는 장엄, 모든 보살이 법공양法供
養을 하는 장엄, 중중묘원中中妙圓의 선근善根이 깊고 깊음과 시방十
方에 따른 십회향十迴向의 마음자리, 즉 1. 구호중생이중생상회향救
護衆生離衆生相迴向, 2. 불괴회향不壞迴向, 3. 등일체불회향等一切佛迴
向, 4. 지일체처회향至一切處迴向, 5. 무진공덕장회향無盡功德藏迴向,
6. 수순평등선근회향隨順平等善根迴向, 7. 수순등관중생회향隨順等觀
衆生迴向, 8. 진여상회향眞如相迴向, 9. 무박해탈회향無縛解脫迴向, 10.
법계무량회향法界無量迴向의 마음자리를 견고堅固하면서 청정淸淨하
게 하여 시방十方을 꿰뚫게 함(一中觀. 中中妙圓)을 설한다.

그러므로 십만十萬 억億 아승기阿僧祇 도솔兜率 천자天子들이 여래
如來를 맞이하여 공양供養 일으킴을 설하고 부처님의 특히 뛰어난
공덕功德을 대중이 친견親見하면서 여래의 장애障礙 없는 공덕功德과
있음과 없음이라는 둘이 없는 공덕과 불사佛事의 공덕과 일체 세계
를 나타내 보이는 공덕 등등 상구보리하화중생上求菩提下化衆生하는
그 모든 공덕功德을 설하면서 아래로는 중생에게 이익이 되도록 하
고 위로는 깨우침의 길, 도를 넓힘(般若智 空을 根本으로 일으킨 初發心
住. 般若智 擴張思惟)을 설한다.

부처님을 궁전으로 청請하고 궁전에 들어가시어 장엄莊嚴하시고
천왕天王이 이익을 얻고 게송偈頌으로 찬탄讚歎하며, 부처님이 결가
부좌結跏趺坐하시고 상구보리하화중생上求菩提下化衆生의 공덕功德을
나타내시고 대중이 구름같이 모임과 궁전의 장엄莊嚴됨을 설함이 승
도솔천궁품昇兜率天宮品이다.

24. 도솔천궁게찬품兜率天宮偈讚品

상구하화上求下化에 자재한 십회향十迴向으로서 무색정無色定의 마음자리를 드러낸 모임에 대중이 구름과 같이 모여들고 보살의 명호名號를 말하고 십十 만억萬億 아승기阿僧祇로부터 쫓아 나온 국토를 말하며, 섬기던 부처님의 명호를 말하고 보살 대중이 앉아서 광명光明 놓음을 설하며, 보살 대중의 특히 뛰어난 선근善根 수행修行의 공덕功德(中中妙圓한 十迴向)을 찬탄讚歎하면서 십十 만억萬億 아승기阿僧祇로부터 온 세계世界도 이와 같음을 설한다.

세존世尊이 무릎에서 광명光明을 놓으시니, 보살 대중이 옛적의 인연因緣으로 함께 하면서 동서남북東西南北 사유四維 상하上下의 각각(十迴向) 상수上首가 되는 보살들이 게송偈頌으로 찬탄讚歎함이 도솔천궁게찬품兜率天宮偈讚品이다.

동서남북東西南北 사유四維 상하上下의 각각(十迴向) 상수上首가 되는 보살을 이르면, 동방東方의 금강당보살金剛幢菩薩과 서방西方의 용맹당보살勇猛幢菩薩과 남방南方의 견고당보살堅固幢菩薩과 북방北方의 광명당보살光明幢菩薩과 동북방東北方의 지당보살智幢菩薩과 동남방東南方의 보당보살寶幢菩薩과 서남방西南方의 정진당보살精進幢菩薩과 서북방西北方의 이구당보살離垢幢菩薩과 하방下方의 성수당보살星宿幢菩薩과 상방上方의 법당보살法幢菩薩이 게송偈頌으로 찬탄讚歎함을 이른다.

25. 십회향품十迴向品

선근善根 수행修行으로 중중묘원中中妙圓의 공덕功德(十行)을 거듭 쌓고 쌓아서 두루 원만圓滿해지고 청정淸淨해진 무색정無色定의 마음자리(十迴向)로 하화중생下化衆生에 막힘이나 걸림 없이 자재하며, 또한 막힘이나 걸림 없이 자유자재한 선정禪定 삼매三昧로 상구보리上求菩提하는 일에 막힘이나 걸림이 없으므로 금강당보살金剛幢菩薩이 부처님의 신력으로 지광삼매智光三昧에 들어가 마치니, 동서남북東西南北 사유四維 상하上下에 각각 십만 부처 세계의 티끌 수와 같은 세계 밖을 지나서 십만 부처 세계의 티끌 수와 같은 모든 부처님이 계시고 모두 이름이 금강당金剛幢임을 설하고 금강당보살金剛幢菩薩을 찬탄하시며, 신구의身口意 업業에 힘을 주어 돕고 지켜줌을 말한다.

금강당보살金剛幢菩薩이 선정禪定에서 일어나 견고堅固하면서 청정淸淨하게 꿰뚫는 무색정無色定의 마음자리(十迴向)를 모든 보살에게 설하니, 즉 1. 구호중생이중생상회향救護衆生離衆生相迴向, 2. 불괴회향不壞迴向, 3. 등일체불회향等一切佛迴向, 4. 지일체처회향至一切處迴向, 5. 무진공덕장회향無盡功德藏迴向, 6. 수순평등선근회향隨順平等善根迴向, 7. 수순등관중생회향隨順等觀衆生迴向, 8. 진여상회향眞如相迴向, 9. 무박해탈회향無縛解脫迴向, 10. 법계무량회향法界無量迴向의 마음자리를 가리킨다.

1) 구호중생이중생상회향救護衆生離衆生相迴向

금강당보살金剛幢菩薩이 상구보리하화중생上求菩提下化衆生하는 무색정無色定의 마음자리를 꿰뚫고 선정禪定에서 일어나 두루 원만圓滿해지고 견고堅固해진 청정淸淨한 불생중불멸중不生中不滅中 불구중부정중不垢中不淨中 부증중불감중不增中不減中한 중중묘원中中妙圓의 선근善根 수행修行 공덕功德으로 하화下化로서 중생衆生을 구하고 보호保護하지만, 중생이라는 모양이나 상태를 벗어나 회향迴向하는 마음자리를 설하고 금강당보살金剛幢菩薩이 거듭 게송偈頌으로서 이와 같음으로 회향迴向하는 마음자리(歡喜行. 布施波羅蜜)를 설한다.

2) 불괴회향不壞迴向

금강당보살金剛幢菩薩이 상구보리하화중생上求菩提下化衆生하는 무색정無色定의 마음자리를 꿰뚫고 선정禪定에서 일어나 두루 원만圓滿해지고 견고堅固해진 청정淸淨한 불생중불멸중不生中不滅中 불구중부정중不垢中不淨中 부증중불감중不增中不減中한 중중묘원中中妙圓의 선근善根 수행修行 공덕功德으로 무너지지 않고 이익利益이 되는 마음자리로 회향迴向함을 설하며, 금강당보살金剛幢菩薩이 거듭 게송偈頌으로서 이와 같음으로 회향迴向하는 마음자리(饒益行. 持戒波羅蜜)를 설한다.

3) 등일체불회향等一切佛迴向

금강당보살金剛幢菩薩이 상구보리하화중생上求菩提下化衆生하는 무색정無色定의 마음자리를 꿰뚫고 선정禪定에서 일어나 두루 원만圓滿해지고 견고堅固해진 청정淸淨한 불생중불멸중不生中不滅中 불구중부정중不垢中不淨中 부증중불감중不增中不減中한 중중묘원中中妙圓의 선근선根善 수행修行 공덕功德으로 마주 대하는 모든 부처님과 평등平等하다는 상구上求로서의 마음자리로 회향함을 설하고 금강당보살金剛幢菩薩이 거듭 게송偈頌으로서 이와 같음으로 회향迴向하는 마음자리(無違逆行, 忍辱波羅蜜)를 설한다.

4) 지일체처회향至一切處迴向

금강당보살金剛幢菩薩이 상구보리하화중생上求菩提下化衆生하는 무색정無色定의 마음자리를 꿰뚫고 선정禪定에서 일어나 두루 원만圓滿해지고 견고堅固해진 청정淸淨한 불생중불멸중不生中不滅中 불구중부정중不垢中不淨中 부증중불감중不增中不減中한 중중묘원中中妙圓의 선근善根 수행修行 공덕功德으로 일체 처할 바 지극至極한 마음자리로 회향함을 설하고 금강당보살金剛幢菩薩이 거듭 게송偈頌으로서 이와 같음으로 회향迴向하는 마음자리(無屈撓行. 精進波羅蜜)를 설한다.

5) 무진공덕장회향無盡功德藏迴向

금강당보살金剛幢菩薩이 상구보리하화중생上求菩提下化衆生하는 무색정無色定의 마음자리를 꿰뚫고 선정禪定에서 일어나 두루 원만圓滿해지고 견고堅固해진 청정淸淨한 불생중불멸중不生中不滅中 불구중부정중不垢中不淨中 부증중불감중不增中不減中한 중중묘원中中妙圓의 선근善根 공덕功德이 다함이 없는 마음자리의 장(空如來藏)으로 회향함을 설하고 금강당보살金剛幢菩薩이 거듭 게송偈頌으로서 이와 같음으로 회향迴向하는 마음자리(離癡亂行. 禪定波羅蜜)를 설한다.

6) 수순평등선근회향隨順平等善根迴向

금강당보살金剛幢菩薩이 상구보리하화중생上求菩提下化衆生하는 무색정無色定의 마음자리를 꿰뚫고 선정禪定에서 일어나 두루 원만圓滿해지고 견고堅固해진 청정淸淨한 불생중불멸중不生中不滅中 불구중부정중不垢中不淨中 부증중불감중不增中不減中한 중중묘원中中妙圓의 평등平等한 선근善根 수행修行 공덕功德을 따르는 마음자리로 회향함을 설하고 금강당보살金剛幢菩薩이 거듭 게송偈頌으로서 이와 같음으로 회향迴向하는 마음자리(善現行. 般若波羅蜜)를 설한다.

7) 수순등관중생회향隨順等觀衆生迴向

금강당보살金剛幢菩薩이 상구보리하화중생上求菩提下化衆生하는 무색정無色定의 마음자리를 꿰뚫고 선정禪定에서 일어나 두루 원만圓滿해지고 견고堅固해진 청정淸淨한 불생중불멸중不生中不滅中 불구중부정중不垢中不淨中 부증중불감중不增中不減中한 중중묘원中中妙圓의 선근善根 수행修行 공덕功德으로 거스르지 않고 따르는 평등함을 자세히 들여다보면서 중생을 따르는 마음자리로 회향迴向함을 설하고 금강당보살金剛幢菩薩이 거듭 게송偈頌으로서 이와 같음으로 회향迴向하는 마음자리(無著行. 方便婆羅蜜)를 설한다.

8) 진여상회향眞如相迴向

금강당보살金剛幢菩薩이 상구보리하화중생上求菩提下化衆生하는 무색정無色定의 마음자리를 꿰뚫고 선정禪定에서 일어나 두루 원만圓滿해지고 견고堅固해진 청정淸淨한 불생중불멸중不生中不滅中 불구중부정중不垢中不淨中 부증중불감중不增中不減中한 중중묘원中中妙圓의 선근善根 수행修行 공덕功德으로 실상實相의 본바탕을 드러낸 모양이나 상태를 따르는 마음자리로 회향迴向함을 설하고 금강당보살金剛幢菩薩이 거듭 게송偈頌으로서 이와 같음으로 회향迴向하는 마음자리(難

得行. 願波羅蜜)를 설한다.

9) 무박해탈회향無縛解脫迴向

금강당보살金剛幢菩薩이 상구보리하화중생上求菩提下化衆生하는 무색정無色定의 마음자리를 꿰뚫고 선정禪定에서 일어나 두루 원만圓滿해지고 견고堅固해진 청정淸淨한 불생중불멸중不生中不滅中 불구중부정중不垢中不淨中 부증중불감중不增中不減中한 중중묘원中中妙圓의 선근善根 수행修行 공덕功德으로 막힘이나 걸림 없이 자재한 해탈로 회향迴向함을 설하고 금강당보살金剛幢菩薩이 거듭 게송偈頌으로서 이와 같음으로 회향迴向하는 마음자리(善法行. 力波羅密)를 설한다.

10) 법계무량회향法界無量迴向

금강당보살金剛幢菩薩이 상구보리하화중생上求菩提下化衆生하는 무색정無色定의 마음자리를 꿰뚫고 선정禪定에서 일어나 두루 원만圓滿해지고 견고堅固해진 청정淸淨한 불생중불멸중不生中不滅中 불구중부정중不垢中不淨中 부증중불감중不增中不減中한 중중묘원中中妙圓의 선근善根 수행修行 공덕功德으로 무량無量한 법계法界로 회향하는 마음자리를 설하고 금강당보살金剛幢菩薩이 거듭 게송偈頌으로서 이와 같음으로 회향迴向하는 마음자리(眞實行. 智慧波羅蜜)를 설한다.

여섯째 모임.

타화자재천궁他化自在天宮에서
설說하신
부처님의 법문法門

26. 십지품十地品

식견識見으로서의 반야般若 공空(我空. 我執)과 이웃한 허공虛空이 둘이 아님과 이 둘(我空. 虛空)이 아님도 또한 색色(法空. 法執)으로서 간혜지乾慧地일 뿐임을 분명하게 알아차리고 의지하거나 처하거나 머물거나 집착할 바 없음을 분명하게 깨달아 얻는 반야바라밀般若波羅蜜의 지혜, 곧 반야지般若智 공空을 근본根本(十信)으로 수행에 마땅한 초발심주初發心住로서 적정寂靜의 마음자리에 들어가 머물며(十住), 중중묘원中中妙圓의 선근善根 수행修行, 곧 불생중불멸중不生中不滅中 불구중부정중不垢中不淨中 부증중불감중不增中不減中의 공덕功德 수행修行(十行)을 거듭 쌓고 쌓아서 상구보리하화중생上求菩提下化衆生에 막힘이나 걸림 없이 자재하며, 또한 선정禪定 삼매三昧에 막힘이나 걸림 없이 자유자재한 십회향十迴向으로서 무색정無色定의 마음자리를 성취成就한 두타행頭陀行(如來行)으로서 무생법인無生法忍의 마음자리를 이른다.

십지의 마음자리, 곧 1. 환희지歡喜地, 2. 이구지離垢地, 3. 발광지發光地, 4. 염혜지焰慧地, 5. 난승지難勝地, 6. 현전지現前地, 7. 원행지遠行地, 8. 부동지不動地, 9. 선혜지善慧地, 10. 법운지法雲地를 이른다.

해탈월보살解脫月菩薩이 법을 청하여 앞서 금강당보살金剛幢菩薩이 여래의 명호만 칭하고 설하지 않음을 묻고 모인 대중이 법을 청하며, 금강장보살金剛藏菩薩이 설법說法의 광대廣大함을 말하고 법法을 설한다.

1) 환희지歡喜地

십회향十迴向 무색정의 마음자리, 10지의 법계무량회향法界無量迴向으로 두타행頭陀行의 마음자리인 무생법인無生法忍을 이룸과 이 마음자리에 들어선 선근善根 공덕功德의 결과와 자비와 법을 설한 연유 등등을 설하고 금강장보살金剛藏菩薩이 이와 같음의 뜻, 즉 반야지般若智 공空을 근본根本(十信)으로 한 초발심주初發心住로부터 십주十住, 십행十行, 십회향十迴向, 십지十地의 처음 마음자리인 환희지歡喜地에 이르기까지 이와 같음의 뜻을 거듭 게송偈頌으로 설한다.

2) 이구지離垢地

무생법인無生法忍의 다함이 없는 선근善根 공덕功德의 두타행頭陀行(如來行)으로 허물에서 벗어나 무너지지 않는 마음자리를 설하고 금강장보살金剛藏菩薩이 이구지離垢地의 작용作用과 공덕功德의 결과結果 등을 게송偈頌으로 거듭 설한다.

3) 발광지發光地

무생법인無生法忍의 다함이 없는 선근善根 공덕功德의 두타행頭陀行(如來行)으로 일체 부처님과 같이 지혜의 빛을 일으키는 가지런한 마음자리를 설하고 금강장보살金剛藏菩薩이 발광지發光地의 작용作用과 공덕功德의 결과結果 등을 게송偈頌으로 거듭 설한다.

4) 염혜지焰慧地

무생법인無生法忍의 다함이 없는 선근善根 공덕功德의 두타행頭陀

行(如來行)으로 일체 처에서 지혜가 타오르는 불꽃과 같은 지극至極
한 마음자리를 설하고 금강장보살金剛藏菩薩이 염혜지焰慧地의 작용
作用과 공덕功德의 결과結果 등을 게송偈頌으로 거듭 설한다.

5) 난승지難勝地

무생법인無生法忍의 다함이 없는 선근善根 공덕功德의 두타행頭陀
行(如來行)으로 어려움을 넘어선 마음자리를 설하고 금강장보살金剛
藏菩薩이 난승지難勝地의 작용作用과 공덕功德의 결과結果 등을 게송
偈頌으로 거듭 설한다.

6) 현전지現前地

무생법인無生法忍의 다함이 없는 선근善根 공덕功德의 두타행頭陀
行(如來行)으로 식견識見 반야般若의 온계처蘊界處와 십주十住, 십행十
行, 십회향十迴向과 그 모든 문이 눈앞에 드러나는 마음자리를 설하
고 금강장보살金剛藏菩薩이 현전지現前地의 작용作用과 공덕功德의 결
과結果 등을 게송偈頌으로 거듭 설한다.

7) 원행지遠行地

무생법인無生法忍의 다함이 없는 선근善根 공덕功德의 두타행頭陀
行(如來行)으로 중중묘원中中妙圓함을 벗어나 더욱 멀리 행行하는 마
음자리를 설하고 하늘이 찬탄하니, 7가지 보리분법菩提分法, 7가지
물들고 청정淸淨함, 7가지 신구의身口意 업業의 청정함, 7가지 삼매三
昧 등의 마음자리를 설하고 금강장보살金剛藏菩薩이 원행지遠行地의
작용作用과 공덕功德의 결과結果 등을 게송偈頌으로 거듭 설한다.

8) 부동지不動地

무생법인無生法忍의 다함이 없는 선근善根 공덕功德의 두타행頭陀行(如來行)으로 모든 법과 불보살에 따른 언어나 문자, 모양이나 상태에 움직이지 않는 마음자리를 설하고 금강장보살金剛藏菩薩이 부동지不動地의 작용作用과 공덕功德의 결과結果 등을 게송偈頌으로 거듭 설한다.

9) 선혜지善慧地

무생법인無生法忍의 다함이 없는 선근善根 공덕功德의 두타행頭陀行(如來行)으로 선근善根 지혜智慧의 마음자리를 설하고 금강장보살金剛藏菩薩이 선혜지善慧地의 작용作用과 공덕功德의 결과結果 등을 게송偈頌으로 거듭 설한다.

10) 법운지法雲地

무생법인無生法忍의 다함이 없는 선근善根 공덕功德의 두타행頭陀行(如來行)으로 구름과 같은 법계法界를 설하고 금강장보살金剛藏菩薩이 법운지法雲地의 작용作用과 공덕功德의 결과結果 등을 게송偈頌으로 거듭 설한다.

무생법인無生法忍, 즉 십지十地의 두타행頭陀行(如來行)으로서 다함이 없는 모든 선근善根 공덕功德을 비유譬喩로 설하고 십지十地 공덕功德의 이익利益으로서 믿음의 공덕과 다함이 없는 공양供養 공덕을 설하며, 금강장보살金剛藏菩薩이 거듭 게송偈頌으로 이와 같음 등을 설한다.

일곱째 모임.

보광명전普光明殿에서
설說하신
부처님의 2번째 법문法門

27. 십정품十定品

무생법인無生法忍의 다함이 없는 선근善根 공덕功德의 두타행頭陀行(如來行)으로 공여래장空如來藏(等覺. 無上道. 無垢地)과 불공여래장不空如來藏(金剛慧心. 善知識)의 바른 깨우침을 이루심을 설하고 보안보살普眼菩薩이 법法을 청한다.

법法을 설하는 이가 열 가지 대大 삼매三昧로서 보광명普光明 대 삼매(空如來藏)와 묘광명妙光明 대 삼매(不空如來藏)를 비유譬喩로서 설하며, 제불국토諸佛國土에 들어가는 신통神通 대 삼매, 청정淸淨한 마음의 깊고 깊은 행行의 대 삼매, 과거過去를 아는 대 삼매, 지광명장智光明藏 대 삼매, 모든 세계의 부처님을 아는 대 삼매, 모든 중생을 차별差別하는 대 삼매, 법계法界에 자재한 대 삼매, 막힘이나 걸림 없는 바퀴(無礙輪) 대 삼매, 즉 반야지般若智 공空을 근본(十信)으로 한 초발심주初發心住의 마음자리로서 지륜地輪, 수행에 마땅한 적정寂靜의 마음자리로서 십주十住와 십행十行의 수륜水輪, 중중묘원中中妙圓한 선근善根 공덕功德의 원만圓滿함으로 상구하화上求下化에 자재한 무색정無色定의 마음자리로서 십회향十迴向의 화륜火輪, 두타행인頭陀行인 무생법인無生法忍의 마음자리로서 십지十地의 풍륜風輪을 설하고 끝맺음을 한다.

28. 십통품十通品

    보현보살普賢菩薩이 보살마하살이 지닌 열 가지 막힘이나 걸림 없이 통하는 일을 설한다. 십정품十定品의 대 삼매에 의지하여 신통神通함을 일으키는 것이니, 1. 타인他人의 마음을 선근善根으로 밝게 아는 신통으로 일체 중생심衆生心의 차별을 아는 신통과(善知他心智神通) 2. 선근善根이 청정한 천안天眼의 신통으로 무량無量한 부처 세계의 티끌 수와 같은 세계 가운데 중생을 들여다보는 신통과(天眼智神通) 3. 과거를 들여다보는 숙명통과(知過去際劫宿住智神通) 4. 미래의 경계가 다 하도록 아는 신통으로서 누진통과(知盡未來際劫智神通) 5. 막힘이나 걸림 없는 청정한 천이통과(天耳智神通) 6. 체성體性이 없고 움직여 지어가는 것도 없이(空如來藏) 일체 부처 세계에 가는 신통과(無體性無動作往一切佛刹智神通) 7. 일체 모든 언사言辭를 선근으로 분별하는 신통과(善分別一切言辭智神通) 8. 수 없는 색신色身으로서의 신통과(無數色身智神通) 9. 일체 모든 법에 대한 신통과(一切法智神通) 10. 일체 모든 법을 없앤 삼매三昧에 들어가는 신통(入一切滅盡三昧智神通)을 설하며, 이를 찬탄하고 맺음을 한다.

29. 십인품十忍品

　여래행如來行의 열 가지 인忍, 즉 일체 모든 법과 불보살에 따른 언어나 문자, 모양이나 상태에 의지하거나 처하거나 머물거나 집착이 없음을 견디어내는 여래행如來行을 이른다.

　식견識見으로서의 반야般若 공空(我空. 我執)과 이웃한 허공虛空이 둘이 아님과 이 둘(我空. 虛空)이 아님도 또한 색色(法空. 法執)으로서 간혜지乾慧地일 뿐임을 분명하게 알아차리고 의지하거나 처하거나 머물거나 집착할 바가 없음을 분명하게 깨달아 얻음이 바른 반야지般若智 공空이며, 이 바른 반야지般若智 공空을 깨달아 얻고 일으킴(十信)으로부터, 즉 초발심주初發心住로부터 수행에 마땅한 적정寂靜의 마음자리에 들어가 머물며(十住), 중중묘원中中妙圓의 선근수행善根修行(十行)을 거듭 쌓고 쌓아서 불생중불멸중不生中不滅中 불구중부정중不垢中不淨中 부증중불감중不增中不減中한 중중묘원中中妙圓의 공덕功德(識見에 의지하거나 처하거나 머물거나 집착하지 않는 마음이)이 두루 원만圓滿해지면 상구보리하화중생上求菩提下化衆生에 막힘이나 걸림 없이 자재自在해지며, 또한 선정禪定 삼매三昧에 막힘이나 걸림 없이 자유자재한 무색정無色定의 마음자리(十迴向)로서 두타행頭陀行(如來行)의 무생법인無生法忍(十地)에 이르고 이 모두를 청정淸淨하게 또 아우르는 공여래장空如來藏(等覺. 無上道. 無垢地. 眞空妙有)에 이른다.

　반야바라밀다般若波羅蜜多의 요긴要緊한 가르침인 반야지般若智 공

空의 궁극적窮極的이면서 지극至極한 공여래장空如來藏(等覺. 無上道. 無垢地. 眞空妙有)으로 드러내어 나타낸 불공여래장不空如來藏(金剛慧心. 善知識)과 실상實相의 본바탕이 원융무이圓融無二(妙覺. 不二門)한 모양이나 상태相란 "이것"이며, "이것"이 "나我와 내 것我所"이 없음을 분명하게 가리키는 것이고 "이것"에 의지하고 처하고 머물고 집착하는 순간 언어나 문자, 모양이나 상태로서 아상我相, 곧 "나我와 내 것我所"이 있게 됨을 밝게 믿고 이해해야만 한다. 또한 "나我와 내 것我所"이 없음이라는 생각과 생각 아님이 아뇩다라삼먁삼보리阿耨多羅三藐三菩提의 경계境界임을 확실하게 이해하고 알아야만 한다. 그래야만 십인품十忍品 뿐만 아니라 아승기품阿僧祇品, 여래수량품如來壽量品, 보살주처품菩薩住處品, 불부사의품佛不思議品, 여래십신상해품如來十身相海品, 여래수호광명공덕품如來隨好光明功德品, 보현행품普賢行品, 여래출현품如來出現品, 이세간품離世間品, 입법계품入法界品에 이르기까지 막힘이나 걸림이 없다.

보현보살普賢菩薩이 여래행如來行으로서 의지하거나 처하거나 머물거나 집착하지 않는 1. 음성인音聲忍, 2. 순인順忍, 3. 무생법인無生法忍, 4. 여환인如幻忍, 5. 여염인如焰忍, 6. 여몽인如夢忍, 7. 여향인如響忍, 8. 여영인如影忍, 9. 여화인如化忍, 10. 여공인如空忍을 설하며, 찬탄하고 마친다.

1) 음성인音聲忍

게송偈頌을 들어 말하자면 이와 같다.

보리菩提를 구하고자 하는 까닭으로 오로지 행하는 바가 원융무이상圓融無二相(妙覺. 不二門)에서 더욱 나아가고자 물러섬이 없으며, 불공여래장不空如來藏(金剛慧心. 善知識)의 선근善根에 의지하거나 처하거나 머물거나 집착하지 않으며, "나我와 내 것我所"이라는 생각과 생각이 아닌 보리菩提의 도道를 구함으로서 마음에 공포와 두려움이 없으며, 법法을 듣고 용맹勇猛함이 거듭 더하고 더하여 부처님께 공양供養하고 기쁘고 즐겁게 하고자 함이다.

2) 순인順忍

게송偈頌을 들어 말하자면 이렇다.

부처님께서 설하신 것과 같이 평등하게 모든 법法을 자세히 살펴서 들여다보고 평등平等한 여래행如來行으로서 능히 평등한 지혜를 이루지 못함이 없으며, 부처님께서 설하신 것을 좇아 이어받고 십인十忍을 성취成就하기에 법과 같이 깨달아 통하여(圓融無二相) 마치고 또한 법法을 분별分別하지(我와 我所) 않는다.

3) 무생법인無生法忍

게송偈頌을 들어 말하자면 이렇다.

보살이 무생법인(十地. 頭陀行. 如來行)에 머물면 시방세계十方世界 모든 여래께서 중중묘원中中妙圓의 찰나중겁중刹那中劫衆에 수기授記를 줌을 볼 것이며, 삼세三世의 법을 깨달아 통하여 마친 것이니, "나我와 내 것我所"이라는 생각과 생각이 아님(寂滅)의 청정淸淨한 모양이나 상태이며, 능히 중생들을 가르쳐 이끌어서 선근善根의 도道(空如來藏. 等覺. 無上道. 無垢地. 眞空妙有) 가운데 편안히 둘 것이다.

4) 여환인如幻忍

게송偈頌을 들어 말하자면 이렇다.

보살菩薩이 능히 이와 같음(空如來藏. 等覺. 無上道. 無垢地. 眞空妙有)

으로 모든 세간에 두루두루 한 있음과 없음의 일체 법을 빠짐없이 다 환幻(허깨비)과 같음을 깨달아 통하여 마치고 중생衆生뿐만 아니라 국토國土(二乘地)에 이르기까지 가지가지의 업(識見으로서의 不生不滅 不垢不淨 不增不減한 身口意 業)으로 지은 것들을 환幻으로서의 경계(空如來藏. 等覺. 無上道. 無垢地. 眞空妙有)에 들어가 의지하거나 처하거나 머물거나 집착함이 없다.

5) 여염인如焰忍

게송偈頌을 들어 말하자면 이렇다.

그와 같은 모든 생각(信. 住. 行. 迴向. 地)에서 벗어날 뿐만 아니라 모든 말장난 같은 언어나 문자에서 벗어나면, 어리석은 생각에 의지하고 머물고 집착하는 자들을 빠짐없이 다 해탈解脫을 얻게 하며, 교만驕慢한 마음을 멀리 벗어나 세간世間의 생각으로서 무거운 쇠 신(信.住.行.迴向.地)을 없애고 다함과(空如來藏) 다함이 없는 곳(不空如來藏)에 머무름이 보살菩薩의 방편方便일 뿐이다.

6) 여몽인如夢忍

게송偈頌을 들어 말하자면 이렇다.

세상(過去.未來.現在)이 다 공여래장空如來藏의 고요하고 평온함임을 깨닫지만, 세간世間의 법法을 무너트리지 않으니, 비유譬喩하면 꿈에서 보는 것으로 길고 짧은 등등의 모든 색色(언어나 문자, 모양이나 상태)과 같기에 이름이 여몽인如夢忍이며, 이로 인하여 세간世間의 법法을 깨우치면 막힘이나 걸림 없는 지혜를 재빨리 이루어서 모든 군생(信. 住. 行. 迴向)을 제도(空如來藏으로 이끎)한다.

7) 여향인如響忍

게송偈頌을 들어 말하자면 이렇다.

세상에 있는 언어나 문자, 모양이나 상태와 같아서(不空如來藏) 분별分別하는 법과 같음을 보이지만, 그 명성名聲이 세상에 빠짐없이 두루두루 하기에 모든 군생(信. 住. 行. 迴向)의 마음을 열어 깨우치게 하며, 보살이 이 여향인如響忍을 얻으면 청정淸淨한 언어나 문자로 세상世上을 가르쳐 이끄는 섬세하고 능숙한 선근善根으로 삼세三世를 설하면서도 삼세三世(五蘊으로서 識見 般若. 我空과 虛空이 둘이 아님. 둘이 아님도 乾慧地일 뿐임)의 세상에 의지하거나 처하거나 머물거나 집착함이 없다.

8) 여영인如影忍

게송偈頌을 들어 말하자면 이렇다.

비유하면 물 가운데의 그림자가 안도 아니며, 또한 밖도 아님과 같아서 보살이 보리菩提를 구함도 세상과 세상이 아님을 깨달아 마친 세상에 머물며 나오지 않지만, 세간世間의 언어나 문자, 모양이나 상태로서는 설할 수 없고 또한 안과 밖도 있지도 않지만, 그림자와 같이 세간世間에 드러난다. 이 깊고 깊은 올바름에 들어감은 더러움을 벗어나 남김없이 다 밝게 뚫어 통하지만, 본래 큰 서원誓願의 마음을 버리지 않고 세간을 두루 비추는 등불이 되며, 세간은 끝이 없으나 지혜로 들어가면 모든 것이 다 가지런하게 평등平等하기에 모든 군생群生(信. 住. 行. 迴向)을 두루두루 가르쳐 이끌어서 의지하거나 처하거나 머물거나 집착하는 것을 없애게 한다.

9) 여화인如化忍

게송偈頌을 들어 말하자면 이렇다.

이 화化의 법법法(圓融無二相. 妙覺. 不二門)이란 분별分別함에서 벗어남
이지만 또한 법법法을 분별分別하는 것이니, 이 둘(不空如來藏과 實相의
본바탕)이 함께 적멸寂滅(我와 我所가 없음)한 것이며, 보살菩薩의 행이
이와 같고 이 화化의 바다로 지혜를 깨달아 마치고 이 화化의 성품性
品(我와 我所가 없다는 생각과 생각이 아닌 것)으로 세간世間에 도장을 찍지
만, 이 화化는 생멸生滅의 법법法이 아니며, 지혜智慧도 또한 이와 같다.

10) 여공인如空忍

게송偈頌을 들어 말하자면 이렇다.

오직 하나의 방편(般若智 空의 十信을 根本으로 한 初發心住)으로 많은
세간에 두루두루 들어가지만, 삼세三世의 법법法이란 빠짐없이 다 허
공虛空의 성품性品(空如來藏)과 평등平等한 것임을 알아야 하고 공여
래장空如來藏(等覺. 無上道. 無垢地. 眞空妙有)의 지혜와 더불어 음성과
또한 보살의 몸(不空如來藏. 金剛慧心. 善知識)이란 그 성품이 허공과
같아서 일체가 모두 적멸寂滅(我와 我所가 없음)함이다.

30. 아승기품阿僧祇品

심왕보살心王菩薩이 법法을 청청請하여 물음과 부처님이 그 물음에 대하여 깊이 찬탄하며, 또 심왕보살心王菩薩이 청설請說함을 허락하고 중 중묘원中中妙圓함이란 생각으로 헤아려 알 수 없음과 그 공덕功德이 다함이 없음을 심왕보살이 설한다. 즉 불생중불멸중不生中不滅中 불 구중부정중不垢中不淨中 부증중불감중不增中不減中한 중중묘원中中妙 圓의 선근善根 공덕功德이 불가칭不可稱 불가수不可數 불가량不可量 불 가사不可思 불가설不可說 불가설불가설不可說不可說 불가설불가설전不 可說不可說轉(東西南北四維上下. 阿僧祇)한 것임을 설하고 반야지般若智 공空의 십신十信을 근본根本으로 한 초발심주初發心住로부터 십주十住 와 십행十行의 공덕功德이 광대廣大하고 부처님의 덕德이 깊고 넓기에 보현보살普賢菩薩이 마지막까지 지극至極히 다 하여 정진精進하는 뛰 어난 행行(上求菩提行)을 설한다.

31. 여래수량품如來壽量品

　　심왕보살心王菩薩이 모든 보살에게 설하기를 사바세계娑婆世界의 석가모니 부처 세계의 일겁一劫(中中妙圓으로서 不可說不可說轉(東西南北四維上下. 阿僧祇)이 극락세계極樂世界(圓融無二相. 妙覺. 不二門)의 아미타阿彌陀부처 세계에서 낮과 밤으로 하루가 되고 극락세계의 일겁一劫이 가사당세계袈裟幢世界(不空如來藏. 金剛慧心. 善知識)의 금강견金剛堅부처 세계에서 낮과 밤으로 하루가 되고 가사당세계의 일겁一劫이 불퇴전음성륜세계不退轉音聲輪世界(空如來藏. 等覺. 無垢地)의 선승광명연화개부善勝光明蓮華開敷 부처 세계에서 낮과 밤으로 하루가 되고 불퇴전음성륜세계의 일겁一劫이 이구세계離垢世界(頭陀行의 無生法忍) 법당法幢 부처 세계에서 낮과 밤으로 하루가 되고 이구세계의 일겁一劫이 선등세계善燈世界(無色定. 上求下化와 禪定 三昧에 自在함)의 사자師子(스승과 제자인 승려) 부처 세계에서 낮과 밤으로 하루가 되고 선등세계의 일겁一劫이 묘광명세계妙光明世界(十行)의 광명장光明藏 부처 세계에서 낮과 밤으로 하루가 되고 묘광명세계의 일겁이 난초과세계難超過世界(十住)의 법광명연화개부法光明蓮華開敷 부처 세계에서 낮과 밤으로 하루가 되고 난초과세계의 일겁一劫이 장엄혜세계莊嚴慧世界(初發心住)의 일체신통광명一切神通光明 부처의 세계에서 낮과 밤으로 하루가 되고 장엄혜세계의 일겁一劫이 경광명세계鏡光明世界(般若智空. 十信)의 월지月智 부처 세계에서 낮과 밤으로 하루가 된다. 이와 같은 차례를 따를 뿐만 아니라 백만百萬 아승기阿僧祇 세계의 지극함을 지나서 최후세계最後世界의 일겁一劫이 승연화세계勝蓮華世界(普賢行)의 현승賢勝 부처 세계에서 낮과 밤으로 하루가 되니, 보현보살普賢菩薩뿐만 아니라 더불어 동행同行하는 대보살大菩薩 등이 그 가운데 충만充滿함을 여래수량품如來壽量品이라 이른다.

32. 보살주처품菩薩住處品

심왕보살마하살心王菩薩摩訶薩이 모든 보살에게 말하기를 동서남북東西南北 사유四維 상하上下에 중중묘원中中妙圓으로서 찰나중겁중刹那中劫中 가운데 처할 바 머무는 곳이 있으니, 산과 바다와 십이처十二處의 성과 읍을 설한다.

보살이 처할 바 머무는 십이처十二處를 말하면, 1. 이름이 선주근善住根이며, 2. 이름이 만족굴滿足窟이며, 3. 이름이 법좌法座이며, 4. 이름이 진린타굴眞隣陀窟이며, 5. 이름이 무애無礙이며, 6. 이름이 출생자出生慈이며, 7. 이름이 나라연굴那羅延窟이며, 8. 이름이 우두산牛頭山이며, 9. 이름이 차제次第이며, 10. 이름이 존자굴尊者窟이며, 11. 이름이 견억장광명見億藏光明이며, 12. 고사라굴苦娑羅窟을 이른다. 이는 일체 처에 보살의 덕이 두루두루 함을 설하고 모든 보살이 빠짐없이 다 처할 바 머무는 곳이기에 보살주처품菩薩住處品이라 이른다.

33. 불부사의법품佛不思議法品

　모임의 모든 보살이 제불諸佛이 깨우친 가지가지의 모든 것이란 어찌하여 생각으로는 헤아릴 수 없는지에 대한 의문疑問으로 부처님이 청련화장보살靑蓮華藏菩薩에게 법계法界에 들어가 일체 다함이 없는 지혜의 문을 깨달아 얻게 하여 총지總持(不空如來藏. 金剛慧心. 善知識)의 변재辯才를 다 갖추게 하고 법法을 설하게 한다.

　청련화장보살靑蓮華藏菩薩이 답으로서 설한 법을 들자면, 국토로서 법계에 상주常住함, 두루두루 가득함과 본원本願으로서 팔상八相, 때를 잃지 않음(中中妙圓)과 종성種性으로서 보신報身, 화신化身, 법신法身의 종성種性과 출현出現으로서 두루두루 나타냄, 출현의 모양이나 상태와 불신佛身으로서 허물이나 잘못이 없음, 허물이나 잘못을 일으키지 않음, 신업身業의 작용, 지혜로 상응相應함, 업業의 작용이 끊어지지 않음과 음성으로서 변재辯才 연설, 가지가지의 설법說法과 지혜로서 지혜가 가장 수승殊勝함, 지혜가 막힘이나 걸림이 없음, 지혜로 이익을 이룸과 자재함으로서 자재함을 모두 밝힘, 두루 원만한 자재법, 능숙하고 섬세한 선근善根 방편, 선근 방편으로 광대廣大한 불사佛事를 설하니, 도솔천에 올라 태어남, 강신降神함, 생을 나타냄, 출가出家, 도를 이룸, 법륜法輪을 전함, 위의, 행을 일으킴, 작용을 일으킴, 열반, 둘이 없는 자재법, 일체 법에 머무름, 일체 법을 다하고 남음 없음이 없음을 설한다.

제불諸佛 세존世尊의 광대한 힘을 설하니, 신명神明은 무너트릴 수가 없음, 모공毛孔(般若智 空)이 작용하는 힘, 모공毛孔(般若智 空)이 수미산須彌山을 가지는 힘, 삼매三昧 작용의 자재함, 늘 두루두루 한 법을 설함, 공덕功德의 모양이나 상태(中中妙圓. 一中觀)로 마군을 항복받음, 원만한 음성의 간절함, 마음에 막힘이나 걸림이 없음, 법신法身의 섬세하고 비밀스러움, 행과 지혜를 온전하게 갖춘 힘을 설하고 무애無礙를 답하니 지어가는 모든 것이 막힘이나 걸림이 없음, 다른 이도 막힘이나 걸림이 없게 함, 생각으로 가지는 것이 막힘이나 걸림이 없음을 설한다.

해탈解脫에 대한 답으로서 지혜에 막힘이나 걸림에서 벗어남, 정定이라는 막힘이나 걸림에서 벗어남, 업業의 작용에서 벗어남을 설한다.

34. 여래십신상해품如來十身相海品

여래의 정수리 위, 즉 두타행頭陀行으로 무생법인無生法忍의 마음
자리를 두루 원만하게 아우르는 공여래장空如來藏을 따라 32종의 대
인상大人相을 보현보살마하살普賢菩薩摩訶薩이 설하니, 불공여래장不
空如來藏과 원융무이상圓融無二相(妙覺. 不二門)의 "이것"과 "이것"이 가
리키는 "나我와 내 것我所"이 없음과 "나我와 내 것我所"이 없음이라
는 생각과 생각 아님을 나타내는 여래의 몸으로서 대인大人의 모양
이나 상태를 말하고 또한 여래 몸의 미간眉間으로부터 여래의 발까
지 65종 대인의 모양이나 상태를 설한다.

공여래장空如來藏을 따라 32종의 대인상大人相을 말하면, 1. 이름
이 광조일체방光照一切方이며, 2. 이름이 불안광명운佛眼光明雲이며,
3. 이름이 법계충만운法界充滿雲이며, 4. 이름이 시현보조운示現普照
雲이며, 5. 이름이 방보광명운放寶光明雲이며, 6. 이름이 시현여래변법
계대자재운示現如來徧法界大自在雲이며, 7. 이름이 여래보등운如來寶燈
雲이며, 8. 이름이 보조제불광대운普照諸佛廣大雲이며, 9. 이름이 원
만광명운圓滿光明雲이며, 10. 이름이 보조일체보살행장광명운普照一
切菩薩行藏光明雲이며, 11. 이름이 보광조요운普光照耀雲이며, 12. 이
름이 정각운正覺雲이며, 13. 이름이 광명조요운光明照耀雲이며, 14.
이름이 장엄보조운莊嚴普照雲이며, 15. 이름이 현불삼매해행운現佛三
昧解行雲이며, 16. 이름이 변화해보조운變化海普照雲이며, 17. 이름이

일체여래해탈운一切如來解脫雲이며, 18. 이름이 자재방편보조운自在方便普照雲이며, 19. 이름이 각불종성운覺佛種性雲이며, 20. 이름이 현일체여래상자재운現一切如來相自在雲이며, 21. 이름이 변조일체법계운徧照一切法界雲이며, 22. 이름이 비로자나여래상운毘盧遮那如來相雲이며, 23. 이름이 보조일체불광명운普照一切佛光明雲이며, 24. 이름이 보현일체장엄운普賢一切莊嚴雲이며, 25. 이름이 출일체법계음성운出一切法界音聲雲이며, 26. 이름이 보조제불변화륜운普照諸佛變化輪雲이며, 27. 이름이 광조불해운光照佛海雲이며, 28. 이름이 보등운寶燈雲이며, 29. 이름이 법계무차별운法界無差別雲이며, 30. 이름이 안주일체세계해보조운安住一切世界海普照雲이며, 31. 이름이 일체보청정광염운一切寶淸淨光焰雲이며, 32. 이름이 보조일체법계장엄운普照一切法界莊嚴雲을 이른다.

여래 몸의 미간眉間으로부터 여래의 발까지 65종 대인大人의 모양이나 상태를 말하자면, 1. 미간의 대인상大人相으로 이름이 변법계광명운徧法界光明雲이며, 2. 눈의 대인상으로 이름이 자재보견운自在普見雲이며, 3. 코의 대인상으로 이름이 일체신통지혜운一切神通智慧雲을 이른다. 4. 혀의 대인상인 4가지 모양이나 상태로 이름이 1) 시현음성영상운示現音聲影像雲, 2) 법계운法界雲, 3) 조법계광염운照法界光明雲, 4) 조요법계운照耀法界雲을 이른다. 5. 입천장의 대인상으로 시현부사의법계운示現不思議法界雲이며, 6. 어금니의 대인상인 4가지 모양이나 상태로 이름이 1) 불아운佛牙雲, 2) 보염미노장운寶焰彌盧藏雲, 3) 보등보조운寶燈普照雲, 4) 조현여래운照現如來雲을 이른다. 7. 치아의 대인상으로 이름이 보현광명운普現光明雲이며, 8. 입술의 대인상으로 이름이 영현일체보광운影現一切寶光雲이며, 9. 목의 대인상으로 보조일체세계운普照一切世界雲이며, 10. 어깨의 대인상인 5가지 모양이나 상태로 이름이 1) 불광대일체보운佛廣大一切寶雲, 2) 최승보보조운最勝寶普照雲, 3) 최승광조법계운最勝光照法界雲, 4) 광명변조운光明徧照雲, 5) 보조요운普照耀雲을 이른다. **11.** 가슴에 가지고 있는 대인상인 11가지 모양이나 상태로 이름이 1) 길상해운吉祥海雲, 2) 시현광조운示現光照雲, 3) 보현여래운普現如來雲, 4) 개부화운開敷華雲, 5) 가열락금색운可悅樂金色雲, 6) 불해운佛海雲, 7) 시현광명운示現光明雲, 8) 시현변법계광명운示現徧法界光明雲, 9) 보승운普勝雲, 10) 전법륜묘음운轉法輪妙音雲, 11) 장엄운莊嚴雲을 이른다. **12.** 손의 대인상인 13가지 모양이나 상태로 이름이 1) 해조운海照雲, 2) 영현조요운影現照耀雲, 3) 등염만보엄정운燈焰鬘普嚴淨雲, 4) 보현일체마니운普現一切摩尼雲, 5) 광명운光明雲, 6) 비유리청정등운毘琉璃淸淨燈雲, 7) 일체찰지혜등음성운一切刹智慧燈音聲雲, 8) 안주등보연화광명운安住寶蓮華光明雲, 9) 변조법계운徧照法界雲, 10) 현제겁찰해선운現諸劫刹海旋雲, 11) 안주일체보운安住一切寶雲, 12) 조요운照耀雲, 13) 염륜보증장화현법계도량운焰輪普增長化現法界道場雲을 이른다. **13.** 음장의 대인상으로 이름이 보류출생불음성운普流出佛音聲雲이며, **14.** 양 볼기의 대인상인 2가지 모양이나 상태의 이름이 1) 보등만보조운寶燈鬘普照雲, 2) 시현일체법계해광명미복허공운示現一切法界海光明彌覆虛空雲을 이른다. **15.** 양 허벅지의 대인상인 2가지 모양인 상태의 이름이 1) 보현운普現雲, 2) 현일체불무량상해운現一切佛無量相海雲을 이른다. **16.** 장딴지의 대인상인 3가지 모양이나 상태의 이름이 1) 일체허공법계운一切虛空法界雲, 2) 장엄해운莊嚴海雲, 3) 보현법계영상운普現法界影像雲을 이른다. **17.** 발의 대인상인 13가지 모양이나 상태의 이름이 1) 일체보살해안주운一切菩薩海安住雲, 2) 보조일체광명운普照一切光明雲, 3) 보현일체제불운普現一切諸佛雲, 4) 광조일체법계해

운光照一切法界海雲, 5) 현일체불해운現一切佛海雲, 6) 자재조요운自在
照耀雲, 7) 시현묘음연설제법해운示現妙音演說諸法海雲, 8) 시현일체장
엄광명운示現一切莊嚴光明雲, 9) 현중색상운現衆色相雲, 10) 보장운保
藏雲, 11) 광명변조법계운光明徧照法界雲, 12) 시현장엄운示現莊嚴雲,
13) 현일체불신변운現一切佛神變雲을 이른다.

비로자나여래毘盧遮那如來는 이와 같은 등의 열 가지 화엄세계華藏
世界 바다의 티끌 수와 같은 대인상大人相이 있으며, 하나하나의 신
분을 따라 보배(두루 원만해지고 청정한 마음자리)의 빼어난 모양이나 상
태를 써서 장엄莊嚴으로 삼는다.

35. 여래수호광명공덕품如來隨好光明功德品

석가세존釋迦世尊이 설하시길 특히 뛰어난 결과로서 옛적 수행修行에 든 까닭을 설하시고 청정淸淨한 중중묘원中中妙圓의 선근善根에 들어 하늘의 북소리, 즉 "나我와 내 것我所"이 없음이라는 생각과 생각 아님을 설하신다.

모든 하늘에 권하여 가르침으로서 반야바라밀다般若波羅蜜多의 공덕功德으로 여래의 헤아릴 수 없는 경계를 권하여 수행修行하고 또한 공양供養함을 가르친다. 이러한 석가세존의 가르침에 의지하여 보리菩提를 향해 나아가도 만나기 어려움이란 왜곡歪曲된 소견所見 때문임을 설하고 모든 허물이나 잘못을 돌아보고 득견得見할 수 있도록 법法(般若波羅蜜多)과 같이 가르침을 설한다. 그리고 중중묘원中中妙圓한 하늘의 북소리를 듣고 곧바로 백천 억 나유타那由陀 부처 세계의 티끌 수와도 같은 세계 가운데 모든 천자天子가 무생법인無生法忍을 얻으며, 헤아릴 수 없는 아승기阿僧祇 육욕六欲(身口意 業에 의하는 天)의 모든 천자가 아뇩다라삼먁삼보리심阿耨多羅三藐三菩提心을 일으키고 육욕천六欲天 가운데의 모든 천녀天女가 여자의 몸을 버리고 위 없는 보리菩提의 뜻을 일으킴을 설한다.

이와 같음의 바른 법을 듣고 모든 대중이 이익을 얻으며, 부처님을 보고 이익을 얻으며, 향기를 맡고 이익을 얻으며, 일체 모든 법과 불보살에 따른 언어나 문자, 모양이나 상태를 보고 이익을 얻으며,

중생을 가르쳐 이끌고 비유로서 청정淸淨한 십지十地(無生法忍)에 오
르게 하여 모든 불국토佛國土의 경계에 들어감(空如來藏)이 십十 부처
세계의 티끌 수와도 같은 세계를 비춤과 같음을 설한다.

36. 보현행품普賢行品

　보현보살普賢菩薩이 근기根器를 따라 설하니, 불같이 성내는 마음이란 수백만 가지의 막힘이나 걸림을 일으킴과 성내는 마음을 다스리는 깊고도 빼어난 법法을 이른다.

　반야지般若智 공空을 근본根本으로 한 십신十信의 신심信心을 초발심주初發心住로 하여 십행十行의 법法과 청정淸淨(空如來藏)함과 광대廣大한 지혜智慧(不空如來藏)로 두루두루 행도行道에 들어가 특히 뛰어나고 빼어난 마음자리와 능숙하고 섬세한 선근善根의 가르침(中中妙圓. 一中觀)을 공경恭敬하게 지니어 가지기를 권한다. 그리고 게송偈頌으로 초발심주初發心住로부터 모든 경계에 막힘이나 걸림이 없음(空如來藏. 無上道. 等覺. 無垢地. 眞空妙有)에 이르기까지 설함이 보현행품普賢行品이다.

37. 여래출현품如來出現品

세존世尊이 광명光明을 놓아 모든 보살에게 힘을 주어 돕고 또 지켜주는 위력으로 여래성기묘덕보살如來性起妙德菩薩이 법法을 묻고 여래의 출현하는 법法(空如來藏. 無上道. 等覺. 無垢地)과 이를 게송偈頌으로 거듭 청함을 이른다.

이에 보현보살普賢菩薩이 법을 설하니, 무량無量한 아승기阿僧祇(初發心住의 至極함인 空如來藏)의 여래행如來行과 여래 출현出現을 비유譬喩로 들어 성취成就하는 모든 것과 이에 따른 중생에게 이익이 됨과 또 여래 출현의 무량無量한 일을 게송과 비유를 들어 설하고 끝맺음한다.

덧붙여 여래의 신구의身口意 업業으로서 작용作用함을 모두 드러내어 법에 나아감과 곧 육취六趣로부터 공여래장空如來藏(等覺. 無上道. 無垢地)의 법계法界와 삼승三乘의 해탈解脫까지 열 가지 비유譬喩를 들어 거듭 게송으로 설함이 여래출현품如來出現品이다.

여덟째 모임.

보광명전普光明殿에서
설說하신
부처님의 3번째 법문法門

38. 이세간품離世間品

보혜보살普慧菩薩의 이백二百 가지의 물음에 대하여 보현보살普賢菩薩이 불화장엄佛華莊嚴 삼매三昧에서 일어나 답을 설하는 품이다.

보혜보살普慧菩薩의 물음이란, 십신十信의 행行(初發心住)과 십주十住(寂靜), 십행十行(寂靜의 行)의 행을 따라 각각의 마음자리에 대한 10가지의 물음, 곧 200가지의 물음에 대하여 보현보살普賢菩薩이 200가지 각각 물음에 10가지의 비유로서 답을 설하니, 그 답함이 2,000가지에 이르며, 이 모든 행의 마음자리에 의지하거나 처하거나 머물거나 집착할 바가 없음을 가지가지의 방편方便으로 분명하게 설하여, 즉 일체 모든 법과 불보살에 따른 언어나 문자, 모양이나 상태에 의지하거나 처하거나 머물거나 집착할 바가 없음을 설하여 세간世間으로부터 멀리 벗어나 법계法界로서 공여래장空如來藏을 설한 것이 이세간품離世間品이다.

아홉째 모임.

급고독원給孤獨園에서
설說하신
부처님의 법문法門

39. 입법계품入法界品

공여래장空如來藏의 마음자리로서 법계法界에 들어갔음을 설설說說한다.

근본根本 법회法會, 즉 반야지般若智 공空을 근본根本으로 한 십신十信을 초발심주初發心住로 하여 보현보살普賢菩薩과 문수사리보살文殊師利菩薩이 상수上首가 되어 십회향十迴向의 마음자리에 들어선 보살 대중을 드러내고 십행十行의 마음자리에 들어선 보살 대중과 십주十住의 마음자리에 들어선 보살 대중과 초발심주初發心住에 들어선 보살 대중과 십지十地의 마음자리에 들어선 각각의 마음자리를 표하는 보살 대중의 명호名號를 설한다.

공여래장空如來藏의 자리에 들어선 보살 대중을 따로 드러내어 각각의 명호를 설한다.

1. 반야바라밀般若波羅蜜의 지혜, 곧 반야지般若智 공空을 근본根本으로 한 십신十信의 신심信心을 초발심주初發心住로 환희행歡喜行과 구호중생이중생상회향救護衆生離衆生相迴向의 환희지歡喜地로서 보시바라밀布施波羅蜜이 두루 원만圓滿해지고 견고堅固해진 청정淸淨한 공여래장空如來藏에 들어선 동서남북東西南北 사유四維 상하上下의 보살 대중을 설한다.

2. 반야바라밀般若波羅蜜의 지혜, 곧 반야지般若智 공空을 근본根本

으로 한 십신十信의 염심念心을 치지주治地住로 요익행饒益行과 불괴회향不壞迴向의 이구지離垢地로서 지계바라밀持戒波羅蜜이 두루 원만圓滿해지고 견고堅固해진 청정淸淨한 공여래장空如來藏에 들어선 동서남북東西南北 사유四維 상하上下의 보살 대중을 설한다.

3. 반야바라밀般若波羅蜜의 지혜, 곧 반야지般若智 공空을 근본根本으로 한 십신十信의 정진심精進心을 수행주修行住로 무위역행無違逆行과 등일체불회향等一切佛迴向의 발광지發光地로서 인욕바라밀忍辱波羅蜜이 두루 원만圓滿해지고 견고堅固해진 청정淸淨한 공여래장空如來藏에 들어선 동서남북東西南北 사유四維 상하上下의 보살 대중을 설한다.

4. 반야바라밀般若波羅蜜의 지혜, 곧 반야지般若智 공空을 근본根本으로 한 십신十信의 혜심慧心을 생귀주生貴住로 무굴요행無屈橈行과 지일체처회향至一切處迴向의 염혜지焰慧地로서 정진바라밀精進波羅蜜이 두루 원만圓滿해지고 견고堅固해진 청정淸淨한 공여래장空如來藏에 들어선 동서남북東西南北 사유四維 상하上下의 보살 대중을 설한다.

5. 반야바라밀般若波羅蜜의 지혜, 곧 반야지般若智 공空을 근본根本으로 한 십신十信의 정심定心을 방편구족주方便具足住로 이치난행離痴亂行과 무진공덕장회향無盡功德藏迴向의 난승지難勝地로서 선정바라밀禪定波羅蜜이 두루 원만圓滿해지고 견고堅固해진 청정淸淨한 공여래장空如來藏에 들어선 동서남북東西南北 사유四維 상하上下의 보살 대중을 설한다.

6. 반야바라밀般若波羅蜜의 지혜, 곧 반야지般若智 공空을 근본根本으로 한 십신十信의 불퇴심不退心을 정심주正心住로 선현행善現行과 수순평등선근회향隨順平等善根迴向의 현전지現前地로서 반야바라밀般若波羅蜜이 두루 원만圓滿해지고 견고堅固해진 청정淸淨한 공여래장空如來藏에 들어선 동서남북東西南北 사유四維 상하上下의 보살 대중을 설한다.

7. 반야바라밀般若波羅蜜의 지혜, 곧 반야지般若智 공空을 근본根本으로 한 십신十信의 호법심護法心을 불퇴주不退住로 무착행無著行과 수순등관중생회향隨順等觀衆生迴向의 원행지遠行地로서 방편바라밀方便波羅蜜이 두루 원만圓滿해지고 견고堅固해진 청정淸淨한 공여래장空如來藏에 들어선 동서남북東西南北 사유四維 상하上下의 보살 대중을 설한다.

8. 반야바라밀般若波羅蜜의 지혜, 곧 반야지般若智 공空을 근본根本으로 한 십신十信의 회향심迴向心을 동진주童眞住로 난득행難得行과 진여상회향眞如相迴向의 부동지不動地로서 원바라밀願波羅蜜이 두루 원만圓滿해지고 견고堅固해진 청정淸淨한 공여래장空如來藏에 들어선 동서남북東西南北 사유四維 상하上下의 보살 대중을 설한다.

9. 반야바라밀般若波羅蜜의 지혜, 곧 반야지般若智 공空을 근본根本으로 한 십신十信의 계심戒心을 법왕자주法王子住로 선법행善法行과 무박해탈회향無縛解脫迴向의 선혜지善慧地로서 역바라밀力波羅密이 두루 원만圓滿해지고 견고堅固해진 청정淸淨한 공여래장空如來藏에 들어선 동서남북東西南北 사유四維 상하上下의 보살 대중을 설한다.

10. 반야바라밀般若波羅蜜의 지혜, 곧 반야지般若智 공空을 근본根本으로 한 십신十信의 원심願心을 관정주灌頂住로 진실행眞實行과 법계무량회향法界無量迴向의 법운지法雲地로서 지혜바라밀智慧波羅蜜이 두루 원만圓滿해지고 견고堅固해진 청정淸淨한 공여래장空如來藏에 들어선 동서남북東西南北 사유四維 상하上下의 보살 대중을 말한다.

시방十方의 보살 대중이 법법法을 청청請하고 삼매三昧에 들며, 동서남북東西南北 사유四維 상하上下의 보살 대중 모임을 말하며, 모인 보살 대중이 버리고 벗어남의 법 듣고는 얻은 바를 나타내며, 여래의 경계境界를 얻지 못하는 이들을 위해 그 까닭을 비유로써 밝히고 시방 보살 대중이 게송偈頌으로 찬탄讚歎함을 이른다.

보현보살普賢菩薩이 삼매三昧를 설하고 광명光明을 놓아 이익利益이 됨을 드러내어 나타내고 옛적의 인연因緣을 증명證明하며, 보살 대중이 여래의 경계에 들어가 가지가지 삼매三昧의 광명光明으로 공덕功德 갖춤을 보이며, 보살 대중이 공양供養함을 설한다.

문수보살文殊菩薩이 게송으로 찬탄하고 큰 작용作用(不空如來藏)의 다함이 없음을 말하니, 삼매三昧의 광명으로 모양이나 상태를 드러내어 나타내고 가지가지의 문門을 보며, 십바라밀十波羅蜜의 지혜로운 문을 얻고 온갖 처처를 따른 중생에게 이익이 되게 하며, 보살 대중이 가지가지로 분신分身(初發心住로부터 空如來藏까지 막힘이나 걸림이 없음을 보임)함을 보인다.

지말枝末 법회法會, 즉 53위를 따라 각각의 마음자리를 설함이니, 동진주童眞住로 난득행難得行과 진여상회향眞如相迴向의 부동지不動地로서 이미 아뇩다라삼먁삼보리심阿耨多羅三藐三菩提心을 일으킨 문수사리동자文殊師利童子의 행도行道를 설하면서 각각 마음자리의 경계를 다시금 점검點檢하면서 법계法界에 머무름을 증명證明하는 품이다.

　식견識見으로서의 반야般若 공空(我空. 我執)과 이웃한 허공虛空이 둘이 아님과 이 둘(我空. 虛空)이 아님도 또한 색色(法空. 法執)으로서 간혜지乾慧地일 뿐임을 분명하게 알아차리고 의지하거나 처하거나 머물거나 집착할 바가 없음을 분명하게 깨달아 얻음이 바른 반야지般若智 공空이며, 이 바른 반야지般若智 공空을 깨달아 얻고 일으킴(十信)으로부터, 즉 초발심주初發心住로부터 수행에 마땅한 적정寂靜의 마음자리에 들어가 머물며(十住), 중중묘원中中妙圓의 선근수행善根修行(十行)을 거듭 쌓고 쌓아서 불생중불멸중不生中不滅中 불구중부정중不垢中不淨中 부증중불감중不增中不減中한 중중묘원中中妙圓의 공덕功德(識見에 의지하거나 처하거나 머물거나 집착하지 않는 마음이)이 두루 원만圓滿해지면 상구보리하화중생上求菩提下化衆生에 막힘이나 걸림 없이 자재自在해지며, 또한 선정禪定 삼매三昧에 막힘이나 걸림 없이 자유자재한 무색정無色定의 마음자리(十迴向)로서 두타행頭陀行(如來行)의 무생법인無生法忍(十地)에 이르고 이 모두를 청정淸淨하게 아우르는 공여래장空如來藏(等覺. 無上道. 無垢地)에 이른다.

　반야바라밀다般若波羅蜜多의 요긴要緊한 가르침인 반야지般若智 공空의 궁극적窮極的이면서 지극至極한 공여래장空如來藏(等覺. 無上道. 無垢地. 眞空妙有)으로 드러내어 나타낸 불공여래장不空如來藏(金剛慧心. 善知識)과 실상實相의 본바탕이 원융무이圓融無二(妙覺. 不二門)한 모양이나 상태相란 "이것"이며, "이것"이 "나我와 내 것我所"이 없음을 분명하게 가리키는 것이고 "이것"에 의지하고 처하고 머물고 집착하는 순간 언어나 문자, 모양이나 상태로서 아상我相, 곧 "나我와 내 것

我所"이 있게 됨을 밝게 믿고 이해해야만 한다. 또한 "나我와 내 것我所"이 없음이라는 생각과 생각 아님이 아뇩다라삼먁삼보리심阿耨多羅三藐三菩提心의 경계境界임을 확실하게 이해하고 알아야만 한다.

선오후수先悟後修라 일렀다. 이는 식견識見으로서의 반야般若 공空(我空. 我執)과 이웃한 허공虛空이 둘이 아님과 이 둘(我空. 虛空)이 아님도 또한 색색(法空. 法執)으로서 간혜지乾慧地일 뿐임을 분명하게 알아차리고 의지하거나 처하거나 머물거나 집착할 바가 없음을 분명하게 깨달아 얻은 후에 곧 반야바라밀般若波羅蜜의 지혜로서 올바른 반야지般若智 공空을 깨달아 얻은 후 수행修行해야 함을 이른다. 선수후오先修後悟라면, 즉 먼저 수행修行하고(무엇을 어떻게 修行하는가?) 깨우침을 얻는다면 잘못된 깨우침이 아니겠는가.

후기後記

恩師 一休 스님, 또 한 번 고개를 넘깁니다.

게으르고 나태한 마음에 억지스럽게 불을 지피고 글로 정리해보
았습니다.

늘 감사한 마음을 올려 드립니다.

桂芳山 始發山房에서

제자 一智가 合掌拜禮 합니다.